U0744771

中资美元债券市场

彭振中　徐志引　张晓婧　著

中国金融出版社

责任编辑：黄海清
责任校对：潘　洁
责任印制：陈晓川

图书在版编目（CIP）数据

中资美元债券市场/彭振中，徐志引，张晓婧著.—北京：中国金融出版社，2020.1
ISBN 978－7－5220－0371－9

Ⅰ.①中…　Ⅱ.①彭…②徐…③张…　Ⅲ.①债券市场—研究—中国
Ⅳ.①F832.51

中国版本图书馆 CIP 数据核字（2019）第 269170 号

中资美元债券市场
Zhongzi Meiyuan Zhaiquan Shichang
出版
发行　**中国金融出版社**
社址　北京市丰台区益泽路 2 号
市场开发部　（010）63266347，63805472，63439533（传真）
网 上 书 店　http://www.chinafph.com
　　　　　　（010）63286832，63365686（传真）
读者服务部　（010）66070833，62568380
邮编　100071
经销　新华书店
印刷　保利达印务有限公司
尺寸　169 毫米×239 毫米
印张　18.25
字数　270 千
版次　2020 年 1 月第 1 版
印次　2020 年 1 月第 1 次印刷
定价　65.00 元
ISBN 978－7－5220－0371－9
如出现印装错误本社负责调换　联系电话（010）63263947

序　言

当前，中资美元债券市场已经成为国内理论界和实务界人士广泛热议的话题，其背后很大一部分原因是近年来中资美元债券市场的快速发展。近些年越来越多的国内企业在境外发行美元债券进行融资，发行规模快速增长。彭博数据显示，中资美元债券发行规模从 2010 年的 183 亿美元快速增长至 2017 年的 2183 亿美元，在短短的七年时间里增长了 11 倍，年均增速超过 40%。虽然受融资政策、市场调整等因素的影响，2018 年发行规模出现小幅回落，但 2019 年发行规模再次企稳回升，预计 2019 年发行规模将与 2017 年的历史最高峰值基本持平。

一方面，当前中资美元债券市场已经成为美国本土债券市场之外最大的离岸美元债券市场，其发行规模在亚洲美元债券市场的占比已经达到六成左右，中资美元债券市场已经成为全球美元债券市场的重要组成部分。

另一方面，从全球投资的角度来说，与其他新兴市场国家相比，中资美元债券收益相对较高而且违约风险相对较低，投资价值相对较好。中资美元债券的上述特征导致境内外投资者对中资美元债券的投资兴趣日益高涨，投资规模也逐步增长，中资美元债券已经成为境内外投资者进行全球资产配置不可或缺的重要投资品种。

近年来中国资本市场对外开放进程日益加快，开放程度日益提高。2014 年沪港通的推出开启了中国内地与境外资本市场互联互通的大幕，随后深港通、债券通、沪伦通等资本市场对外开放措施也先后推出，上述措施有助于吸引外部增量资金，优化投资者结构，增强市场活力，降低市场波动风险，整体来说有利于中国资本市场的发展壮大。

然而，当前债券市场互联互通机制仍不完整，目前债券通只有北向通，而暂不包括南向通，即目前境外投资者可以通过香港债券市场基础设施买卖境内债券，而境内投资者尚不能通过境内债券市场基础设施买卖境外债券。长期来说，资本市场双向开放依然是大势所趋，随着北向通等互联互通机制的日益完善以及内外部金融条件的逐步成熟，预计南向通推出的日期也将日益临近，最终实现债券市场双向开放的目标值得期待。

南向通一旦推出，预计将对中资美元债券市场带来长期而深远的影响。首先，南向通推出将进一步丰富境内投资者的投资品种，拓展投资范围，方便境内投资者进行全球资产配置，从而降低单一市场的投资风险。其次，南向通推出将进一步提高中资美元债券市场的规模和流动性水平，支持境内企业通过境外债券市场融资并降低融资成本，从而有利于境内企业实施国家"走出去"战略，充分利用两个市场、两种资源，为境内企业做大做强提供充足的资金支持。

当前中资美元债券市场方兴未艾，未来成长空间依然较大，当前国内发行人和投资者对于中资美元债券市场的兴趣大幅上升，加强对这一市场的研究具有较强的理论和现实意义。然而目前国内关于这方面的专业书籍却寥寥无几，几乎处于空白地带。我们团队成员均在中资美元债券一二级市场工作多年，积累了丰富的理论知识和实践经验，我们希望通过撰写本书能够将上述知识和经验进行总结提炼并呈现给读者，希望读者通过阅读本书能够对中资美元债券市场有一个相对全面而深入的了解。

基于上述初衷，我们团队成员共同创作了本书，全书共七章，具体内容安排如下：

第一章是中资美元债券市场概况，主要包括中资美元债券相关概念辨析、市场发展历史回顾、发展现状及影响因素等。

第二章是外币债券融资的动因、影响及其实证分析。本章首先对外币债券融资的动因进行理论分析，接着分析了外币债券融资的经济影响，并结合国内企业美元债券融资的实践对部分典型案例进行了剖析，最后对中国企业在境内外债券市场融资特征进行了实证分析。

第三章是美元债券的发行实务。本章对美元债券发行程序、相关中介结构和分工安排、主要发行结构和发行方式、发行文件和主要条款等进行了介绍，并对境内外债券发行程序及优缺点进行了比较分析。

第四章是美元债券的国际评级。本章对国际评级的发展历史及国际三大评级机构进行了介绍，接着对三大评级机构的评级方法论和中资企业的境内外评级水平进行了比较分析。

第五章是美元债券的投资研究理论与实务。本章首先对美元基准利率和信用利差的理论分析框架进行了介绍，并对美元债券的主要投资者、做市商及其报价方式进行了介绍，最后对近年部分中资美元债券信用违约案例进行了深入分析。

第六章是境外混合资本工具，本章首先对混合资本工具的概念及其发行动因进行了介绍，并分别对其他一级资本应急可转债、优先股、二级资本债、可转债、永续债等具体品种的特性、条款、市场情况等内容进行阐述。

第七章是中资美元债券市场的监管政策，主要内容包括国家发改委的审批备案制度、中国人民银行的宏观审慎管理政策和国家外汇管理局的外债登记制度。

我们希望本书能为对中资美元债券市场感兴趣或者相关市场参与者提供一些借鉴和参考。由于时间仓促和能力有限，本书难免存在不足之处，对其中的纰漏恳请广大读者批评指正。

本书作者
2019 年 7 月

目　　录

第一章　中资美元债券市场概况

第一节　相关概念定义及辨析

近年来，中国企业在境外债券市场发行的美元债券规模日益增长，境内外投资者的投资兴趣日益浓厚，越来越多的投资者已经将上述中资美元债券作为投资标的。2018 年 3 月，全球最大的财经资讯公司彭博（Bloomberg）宣布将上述中国公司和金融机构在境外债券市场发行的以美元计价的债券命名为"功夫债券"（Kungfu bond），该名称由彭博发起投票并经过亚洲 400 多名市场投资者票选最终确定。彭博同时宣布为全球投资者提供一套专门追踪中资美元债券市场的工具组合，包括全新的基准收益率曲线、中资美元债券市场实时新闻以及彭博巴克莱新兴市场综合中国指数。

从彭博对于功夫债券的定义可以看出，中资美元债券与外国债券、欧洲债券和外币债券均存在一定的关联，然而现实中很多人对上述不同概念容易产生混淆，有必要对其定义及内涵进行仔细辨析。

具体来说，外国债券是指一国公司和金融机构等发行人在另一国市场发行的、以发行地所在国家的货币计价的债券。也就是说，外国债券的发行地以及计价货币属于同一个国家或地区，而发行人却来自该债券发行地所在国家或地区之外。根据市场惯例，投资者对于在不同国家发行的外国债券均有特定的称呼，比如扬基债券、武士债券、熊猫债券等。其中，扬基债券（Yankee bond）是指非美国发行人在美国国内市场发行的、以美元计价的外国债券；武士债券（Samurai bond）是指非日本发行人在日本国内市场发行的、以日元计价的外国债券；熊猫债券（Panda bond）是指非中国发行人在

（二）红筹国企率先走出国门，小试牛刀

20 世纪 90 年代，我国改革开放进程逐步推进，引进国外资金成为改革开放进程中的重要一环。部分国有企业特别是具有境外红筹结构的国企成为引进国外资金的领头羊，中信集团、招商局集团、中海油、港中旅等大型国有企业率先走出国门，先后在境外市场发行外币债券融资。

以中信集团为例，自 1979 年创立以来，中信集团充分发挥经济改革试点和对外开放窗口的重要作用，在吸收和运用外资、引进先进技术等方面敢为人先，锐意进取，成为中国企业在境外发行债券融资的领头羊。中信集团最早于 1982 年在日本发行 100 亿日元私募债券，这是国内企业第一只外币债券。1994 年 10 月，中信集团在美国发行一只 12 年期固息美元债券，发行规模为 2 亿美元，息票利率为 9%，这是国内企业在境外发行的第一只美元债券。之后，中信集团自身或者通过中信资源、中信泰富等子公司在境外发行美元债券。例如 2007 年 5 月，中信资源为收购哈萨克斯坦石油项目而在境外发行 10 亿美元的 7 年期美元债，息票收益率为 7%。

总体来说，这一时期在境外融资的国有企业数量和融资规模相对较小，主要有以下几个方面原因：首先，当时我国改革开放刚刚起步，大多数国有企业的业务经营基本在境内，海外业务和对外投资相对较少，对于外币资金的融资需求也相对较小。其次，当时境内企业发行外债实行严格的资格审核批准制，上述审批流程需要经国家发展和改革委员会审核并会签国家外汇管理局后报国务院审批，发债资格每两年评审一次。由于上述审批流程涉及部门较多而且周期较长，审批难度相对较大，最终能够获批的企业可以说是凤毛麟角。最后，从融资成本来说，在 2008 年国际金融危机之前，相比境内银行贷款或债券市场，境外债券市场融资并无明显的成本优势。有两个方面原因：一是 2008 年国际金融危机爆发之前，相比于境内人民币贷款或者债券市场利率来说，美元基准利率相对较高；二是长期以来我国是发展中国家或新兴市场国家，境外债券投资人对于新兴市场国家企业发行的债券需求相对较小，相比发达国家企业债券，国内企业需要支付额外的风险溢价才能吸引国际投资者购买，因此其信用溢价也相对更高。

第一章 中资美元债券市场概况

第一节 相关概念定义及辨析

近年来，中国企业在境外债券市场发行的美元债券规模日益增长，境内外投资者的投资兴趣日益浓厚，越来越多的投资者已经将上述中资美元债券作为投资标的。2018 年 3 月，全球最大的财经资讯公司彭博（Bloomberg）宣布将上述中国公司和金融机构在境外债券市场发行的以美元计价的债券命名为"功夫债券"（Kungfu bond），该名称由彭博发起投票并经过亚洲 400 多名市场投资者票选最终确定。彭博同时宣布为全球投资者提供一套专门追踪中资美元债券市场的工具组合，包括全新的基准收益率曲线、中资美元债券市场实时新闻以及彭博巴克莱新兴市场综合中国指数。

从彭博对于功夫债券的定义可以看出，中资美元债券与外国债券、欧洲债券和外币债券均存在一定的关联，然而现实中很多人对上述不同概念容易产生混淆，有必要对其定义及内涵进行仔细辨析。

具体来说，外国债券是指一国公司和金融机构等发行人在另一国市场发行的、以发行地所在国家的货币计价的债券。也就是说，外国债券的发行地以及计价货币属于同一个国家或地区，而发行人却来自该债券发行地所在国家或地区之外。根据市场惯例，投资者对于在不同国家发行的外国债券均有特定的称呼，比如扬基债券、武士债券、熊猫债券等。其中，扬基债券（Yankee bond）是指非美国发行人在美国国内市场发行的、以美元计价的外国债券；武士债券（Samurai bond）是指非日本发行人在日本国内市场发行的、以日元计价的外国债券；熊猫债券（Panda bond）是指非中国发行人在中国国内市场发行的、以人民币计价的外国债券。欧洲债券是指一国公司和金融机构等发行人在该国之外发行的、以发行人所在国和发行地所在国之外的第三国货币计价发行的债券。也就是说，欧洲债券的发行人、发行地以及计价货币分别属于三个不同的国家或地区，例如，日本发行人在美国市场发行以欧元计价的债券。而外币债券是指一国公司和金融机构等发行人以非本国货币计价发行的债券。

从上述不同债券的定义可以看出，它们之间具有一定并列和包含关系。具体来说，外国债券和欧洲债券是相对独立的，两者不存在重合关系；而外币债券的概念相对宽泛，它既包含外国债券又包括欧洲债券，它是外国债券和欧洲债券的加总；而中资美元债券是外币债券的一个子类别，它特指由中国公司和金融机构发行的外币债券，而且该外币仅指美元。

第二节　中资美元债券市场发展历史回顾

一、2008 年国际金融危机之前的萌芽阶段

（一）地方窗口公司首尝螃蟹却惨淡收场

在 2008 年国际金融危机之前，中国企业在境外债券市场融资的整体规模及频率均较小，特别是 1998 年亚洲金融危机期间发生过地方窗口公司等债券违约事件，导致中国企业在境外债券市场发行一直比较低迷。

最早在境外债券市场融资的中国企业是 20 世纪 80 年代出现的地方政府窗口公司。上述窗口公司是由国内省、自治区、直辖市人民政府或中央部门直接出资在香港、澳门等地区注册成立，对本地区本部门或本行业驻香港、澳门的企业行使行政管理职能的经济实体。上述窗口公司基本上都是以信托公司或投资公司的名义成立，实体经营较少，主要从事贸易或者金融服务。由于上述窗口公司是由地方政府或中央部门直接出资在境外注册成立，这类窗口公司被市场投资者视为政府信用，因此具有在境外债券市场融资的先天优势。

1986 年 2 月 5 日，上海国际信托在境外发行 250 亿日元债券，期限为 10

年，息票利率为 6.6%，这是我国历史上第一只外币债券，也是第一只以日元计价的外币债券。1986 年 11 月 25 日，福建国际信托在境外发行 0.5 亿美元债券，期限为 10 年，息票利率为 8%，这是我国历史上第一只以美元计价的外币债券。从此之后，地方窗口公司在境外发行外币债券日益活跃。根据统计，从 1986 年至 1997 年，地方窗口公司在境外共计发行 29 期外币债券，主要币种是日元和美元，折合 43 亿美元。

上述地方窗口公司由于无实体业务经营，公司经营收入及净利润等规模相对较小，却通过发行债券、银行借款等方式大量借入资金并进行高风险投资，公司整体负债率较高。此外，很多债权人将地方窗口公司视为政府信用，忽视了地方窗口公司自身财务状况薄弱而导致的潜在的债务风险。

长期高利率大肆举债导致地方窗口公司债务逐步增加，加上自身经营业绩欠佳，地方窗口公司的债务偿还压力与日俱增，债务泡沫终于在 1998 年亚洲金融危机爆发之时破灭。广东省最大的地方窗口公司广东国际信托在 1998 年因为债务集中到期而无力偿还，在向广东省政府求助无果的情况下最终实施破产清算。这是新中国成立后国内第一个非银行金融机构破产案，在公司破产清算之后，债券持有人仅收回债券面值的 3.6%，可谓损失惨重。广东国际信托债务违约并非个别现象，在其实施破产清算之时，广东省另外一个重要的窗口公司粤海集团也在 1998 年 12 月宣布债务重组。经过两年的漫长谈判，债务人和债权人双方最终达成债务重组协议，将总计 49.4 亿美元的债务转换为 18.4 亿美元的新债券、5.3 亿美元股权和 4.7 亿美元现金。上述地方窗口公司破产重组案发生之后，境外债权人对地方窗口公司避之不及，之后地方窗口公司再没有成功发行外币债券。再融资环境的恶化导致部分地方窗口公司无法借新还旧并产生债务违约连锁反应，海南国际信托和福建国际信托分别在 2000 年和 2001 年出现外币债务违约，并最终于 2003 年和 2002 年实施破产清算。

上述地方窗口公司发生债务违约后，中国政府于 1999 年逐步关闭部分经营业绩不佳的信托投资公司并禁止地方政府或部门在港澳地区设立窗口公司，地方窗口公司境外债券融资的历史由此终结。

（二）红筹国企率先走出国门，小试牛刀

20 世纪 90 年代，我国改革开放进程逐步推进，引进国外资金成为改革开放进程中的重要一环。部分国有企业特别是具有境外红筹结构的国企成为引进国外资金的领头羊，中信集团、招商局集团、中海油、港中旅等大型国有企业率先走出国门，先后在境外市场发行外币债券融资。

以中信集团为例，自 1979 年创立以来，中信集团充分发挥经济改革试点和对外开放窗口的重要作用，在吸收和运用外资、引进先进技术等方面敢为人先，锐意进取，成为中国企业在境外发行债券融资的领头羊。中信集团最早于 1982 年在日本发行 100 亿日元私募债券，这是国内企业第一只外币债券。1994 年 10 月，中信集团在美国发行一只 12 年期固息美元债券，发行规模为 2 亿美元，息票利率为 9%，这是国内企业在境外发行的第一只美元债券。之后，中信集团自身或者通过中信资源、中信泰富等子公司在境外发行美元债券。例如 2007 年 5 月，中信资源为收购哈萨克斯坦石油项目而在境外发行 10 亿美元的 7 年期美元债，息票收益率为 7%。

总体来说，这一时期在境外融资的国有企业数量和融资规模相对较小，主要有以下几个方面原因：首先，当时我国改革开放刚刚起步，大多数国有企业的业务经营基本在境内，海外业务和对外投资相对较少，对于外币资金的融资需求也相对较小。其次，当时境内企业发行外债实行严格的资格审核批准制，上述审批流程需要经国家发展和改革委员会审核并会签国家外汇管理局后报国务院审批，发债资格每两年评审一次。由于上述审批流程涉及部门较多而且周期较长，审批难度相对较大，最终能够获批的企业可以说是凤毛麟角。最后，从融资成本来说，在 2008 年国际金融危机之前，相比境内银行贷款或债券市场，境外债券市场融资并无明显的成本优势。有两个方面原因：一是 2008 年国际金融危机爆发之前，相比于境内人民币贷款或者债券市场利率来说，美元基准利率相对较高；二是长期以来我国是发展中国家或新兴市场国家，境外债券投资人对于新兴市场国家企业发行的债券需求相对较小，相比发达国家企业债券，国内企业需要支付额外的风险溢价才能吸引国际投资者购买，因此其信用溢价也相对更高。

（三）民营企业资质参差不齐，违约乱象层出不穷

在该阶段，大量国内民营企业纷纷在香港股票市场上市，其中部分企业也在境外市场发行外币债券进行融资。但从发行量和发行只数来看，市场整体比较冷清，并且出现了较多的违约事件，这对于中资美元债券市场的发展造成一定的负面影响。

1996 年 2 月，康师傅控股有限公司在香港联交所成功上市，并于当年 11 月在境外首次发行 3 年期美元债券，金额为 1.5 亿美元，这是我国民营企业在境外发行的第一只美元债券。之后陆续有一些民营企业尝试在境外融资，行业分布较广，包括房地产、公用事业、农业等。但总体来说，上述民营企业融资规模较小，并且信用资质参差不齐。部分企业自身经营相对稳健，通过境外债券市场融资逐步发展壮大，如今依然经常在境外债券市场进行融资，如新奥能源、路劲基建、世贸地产等；而另外一些企业自身经营实力较弱、业务风险较大，但凭借财务造假、承销商包装等手段也大肆在境外市场融资，这也为之后出现的大量违约事件埋下了伏笔。根据相关统计，1996—2007 年，国内民营企业在境外共计发行 35 只外币债券，最终却有 9 只债券出现了违约，违约率高达 25.7%，具体违约企业包括京冠高速、ASAT 控股、嘉汉林业、曼图林业、亚洲铝业、海域集团、中科智担保、恒丰金业等。

二、2010 年至今的快速发展阶段

2010 年以来，中资美元债发行量大规模增长，发行量和发行只数分别由 2010 年的 183 亿美元和 56 只增长至 2013 年的 800 亿美元和 159 只。不同行业的境内企业纷纷到境外融资，包括石油石化、建筑施工、电力电网等，中资美元债券市场发展取得较快发展。2017 年中资美元债券的发行量达到历史峰值，全年发行规模达到 2181 亿美元，当年中资企业发行美元债券数量在亚洲美元债券市场的占比达到 65%。中资美元债券在近年来取得快速发展主要有以下几个方面的原因。

第一，近年来国家大力实施"走出去"战略，境内企业对外投资规模大幅增长。数据统计显示，2003 年中国有关部门发布年度数据以来，中国对外直接投资规模实现爆发性增长，由 2003 年的 28.5 亿美元大幅增长至 2016 年

的 1961.5 亿美元，增长了 67.8 倍。国内企业对外投资规模的增长导致其外币资金需求增加，从而促进了外币债券的发行规模大幅增长。

以中海油为例，2008 年国际金融危机之后，中海油先后在阿根廷、美国、加拿大等国完成多个项目的收购，其中 2012 年 7 月中海油宣布以 191 亿美元收购加拿大石油公司尼克森，这一收购最为引人注目，该笔收购金额创造了当时中国企业对外投资单笔金额最大纪录。中海油首先以过桥贷款和自有资金完成了该笔交易的交割，随后在 2013 年 5 月发行了 3 年、5 年、10 年和 30 年共计 4 个期限美元债券，合计规模达 40 亿美元。同年 9 月，中海油再次发行 13 亿美元的 10 年期美元债券和 5 亿欧元的 7 年期欧元债券，上述发债融资金额主要用于投资澳大利亚昆士兰液化天然气项目。

第二，2008 年国际金融危机之后，美联储、欧央行、日本央行等纷纷多次下调主要基准利率至零利率附近，并在常规利率工具无进一步下调空间之后，纷纷采取资产购买等量化宽松货币政策。上述常规和非常规的宽松货币政策导致美元、欧元等外币各期限基准利率大幅下降。另外，量化宽松货币政策在推动各国国债利率逐步走低的同时，也进一步拉低了企业债券的收益率。境外债券市场不断走低的利率导致境外债券融资的成本优势不断扩大，越来越多的境内企业纷纷到境外发行债券融资。

第三，2008 年国际金融危机之后人民币单边升值趋势导致美元负债融资成本下降。2004 年以来的很长一段时期内，受国际收支双顺差的影响，人民币汇率大部分时期内均处于单边升值的趋势之中。长期单边升值的趋势导致单边升值的预期较强，部分企业因此热衷于以借用美元贷款或者发行美元债券等方式进行外币融资，从而享受美元低利率和美元相对贬值的双重优势，降低了融资成本。

第四，2015 年 9 月 14 日国家发展改革委发布的《关于推进企业发行外债备案登记制管理改革的通知》（发改外资〔2015〕2044 号，以下简称 2044 号文），正式将企业发行外债由事前审批改为事前备案登记，放开了对境内企业直接发债的监管。具体来说，发改委就中长期境外债的事前备案制规定了"5+7"的备案流程，即企业向发改委申请备案，发改委在 5 个工作日内审批是否受理，若受理则在受理之日起 7 个工作日内出具《企业发行外债备案登记

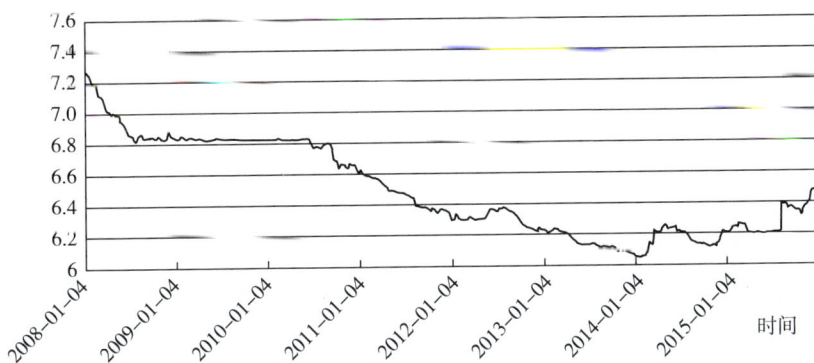

数据来源：Bloomberg。

图1-1 2008—2015年人民币兑美元汇率走势

证明》，企业凭借该备案登记证明方能办理外债资金流出流入等有关手续。整体而言，2044号文放开了境内企业境外直接发债的审批，降低企业在境外直接发债的难度，使得越来越多的境内企业到境外发债融资，债券发行规模快速增长。

第三节 中资美元债券市场的现状与特征

一、2018年中资美元债券市场回顾

（一）一级市场发行概况和特点

在经历了过去几年快速增长之后，相较于2017年，2018年中资美元债发行量出现萎缩。截至2018年底，中资企业在境外债券市场共计发行430只美元债券，发行规模为1543亿美元，较上年同期下降29%，其中投资级债券889亿美元，较上年同期下降26.5%，高收益或无评级债券654亿美元，较上年同期下降32.7%。

从发行主体类别来看，2018年发行的中资美元债以房地产和金融为主。具体来说，房地产债券规模最大，为484亿美元，占比为31.4%；金融机构为394亿美元，占比为25.4%（其中国有及政策性银行为186亿美元，占比

为12%，股份制商业银行为73亿美元，占比为4.7%，非银行金融机构为134亿美元，占比为8.7%）；央企为200亿美元，占比为13%；地方国企为115亿美元，占比为7.5%；城投债券为190亿美元，占比为12.3%；其他行业为161亿美元，占比为10.4%。与上年同期相比，央企和金融机构债券发行规模均出现不同程度下降，其中央企和非银行金融机构下降幅度较大，分别达到41%和47%。而城投和房地产美元债券发行规模同比大幅增长，其中城投同比增长高达70%，而房地产增长23%。

从发行期限来看，2018年发行债券以5年期及以内的中短期债券为主，占比超过84%，其中3年期及以内债券发行量为950亿美元，较上年同期增加238亿美元，3年期及以内债券占比为61.5%，较上年同期上涨28.9个百分点，其他期限债券占比均出现一定幅度下降。

从债券息票类型来看，随着美联储逐步加息，投资者对于浮息债券需求逐步上升，浮息债券的发行规模逐步上升，发行人类型从传统的商业银行等金融机构逐步扩大到房地产等非金融机构。2018年浮息债券发行规模达到313亿美元，较上年同期增加64亿美元，占比为20.3%，较上年提高8.9个百分点。

（二）二级市场走势简要回顾

1.美元利率走势。2018年2月，受美国总统特朗普提名，鲍威尔接替耶伦出任新一任美联储主席，然而出乎特朗普的预料，鲍威尔上台之后的货币政策与前任并无太大区别。虽然特朗普在年内多次抨击美联储的加息政策，但美联储依然坚持自身货币政策的独立性，先后在3月、6月、9月和12月的议息会议后提高联邦基金利率目标利率25个基点。美联储的加息政策导致短期货币市场利率随之上扬，其中隔夜联邦基金实际利率上升98个基点，由年初的1.42%上升至年末的2.4%；3个月LIBOR利率上升111个基点，由年初的1.7%上升至年末的2.81%；2年期美国国债收益率上升61个基点，由年初的1.88%上升至年末的2.49%。长期国债利率方面，虽然年内受美股下跌、中美贸易摩擦、意大利政治预算僵局等风险事件影响出现短暂下跌，但在美国经济增速提高、国债供给增加等背景下，10年期美国国债收益率震荡走高，由年初的2.41%上升至2.69%。具体来说，2017年底美国新税改方案在美国国会顺利通过，个人和企业所得税税率下调导致财政赤字和国债供给的预期升温，并刺激国债收益率逐步走高。第一季度10年期国债收益率快速上行，随着美国第一季度相对强劲的GDP数据出炉，国债收益率在4月突破3%的关口。然而，5月意大利极左和极右党派组成联合政府，市场对丁意大利政局前景比较担忧。7月中美贸易战升级，避险情绪导致国债收益率一度走低，但在强劲的第二、第三季度美国GDP增长及就业数据的推动下，第三、第四季度美国国债收益率继续走高。但临近年末，受美股股市连续暴跌影响，国债收益率高位出现大幅回落，但仍高于年初水平。

2. 信用利差变化。2018年对于中资企业美元债来说可能是一个转折点，中资企业信用债利差一改前些年持续收窄的态势，出现不同程度的拉宽，特别是房地产、城投等行业债券受冲击程度更大。具体来说，虽然2018年初市场情绪延续了2017年以来的牛市行情，但好景不长，在2月上旬短短几个交易日内美国股市出现连续暴跌，下跌幅度超过10%，信用市场情绪急转直下，投资者紧张情绪逐步蔓延。3月之后，美国率先挑起贸易战，针对价值500亿美元中国商品征收额外关税，随后中国采取对等措施进行反击。中美贸易摩擦逐步升级，导致市场避险情绪升温，并导致中资外币债券市场受到冲击，一级市场认购倍数下降，新发难度加大。其间中原豫资、天津物产等多只美元债券因投资者认购订单不足而推迟或取消发行，二级市场供大于求，市场流动性降低。7月之后，随着国家层面"宽货币、宽信用"等各项宏观经济政策的陆续出台，市场情绪有所好转，整体利差出现短暂回落但幅度依然有限，特别是接近年末，部分房地产和城投公司因为担心外债额度到期后无法顺利延期，为了抓住有限的时间窗口而扎堆发行，市场供给大量增加，新发债券二级市场表现较差并导致整体市场情绪低迷。全年来看，不同评级的中资公司债券信用利差较年初均呈现不同程度的放宽，其中低贝塔的信用体如国有银行、大型央企债券信用利差小幅拉宽10~20个基点，高贝塔的信用体如房地产、资产管理公司债券信用利差大幅拉宽80~100个基点。

二、当前中资美元债券市场总体特征

近些年中资美元债券市场蓬勃发展，在境外发行外币债券的境内企业的类型和地域分布日益广泛，中资美元债券存量规模日益增长。彭博数据统计显示，截至2018年末，中资企业在境外发行的美元债券（不包括商业银行CDs）存量规模为6298亿美元，其中投资级债券4060亿美元，占比为64.5%，高收益或无评级债券2238亿美元，占比为35.5%。从债券评级水平分布来看，A-及以上评级的债券规模为2427.5亿美元，占比为38.5%；BBB-至BBB+评级的债券规模为1632.7亿美元，占比为25.9%；BBB-以下评级债券规模为1289.8亿美元，占比为20.6%；无评级债券规模为947.5亿美元，占比为15%。

表1-1 中资美元债券评级分布情况

评级水平	规模（亿美元）	占比（%）
A-及以上	2427.5	38.5
BBB-至BBB+	1632.7	25.9
BB-至BB+	645.6	10.3
B-至B+	589.4	9.4
B-以下	54.8	0.9
无评级	947.5	15.0

从发行期限来看，1年期及以内债券规模为117亿美元，占比为1.9%；1~3年（含）债券规模为1875亿美元，占比为29.8%；3~5年（含）债券规模为1881亿美元，占比为29.9%；5~10年（含）债券规模为1453亿美元，占比为23.1%；10年期以上债券（含永续债）规模为972亿美元，占比为15.4%。

从到期分布来看，中资企业美元债到期分布呈现前高后低的趋势，2019年至2021年到期量逐步增加，每年到期量均超过900亿美元，未来三年到期压力相对较大，而自2022年开始，到期量逐步缩小，其中2026年和2028年到期规模仅106亿美元和108.5亿美元。当前存量永续债规模为681亿美元，其中很大部分永续债由于设置了2年至5年等不可赎回期且存在较大的息票利率跳升机制，在不可赎回期过后上述永续债被提前赎回的可能性较大。

从发行主体的类别来看，主要以大型央企、房地产、国有及政策性银行为主，其规模均超过1000亿美元，三者占比合计接近六成；其次是其他行业

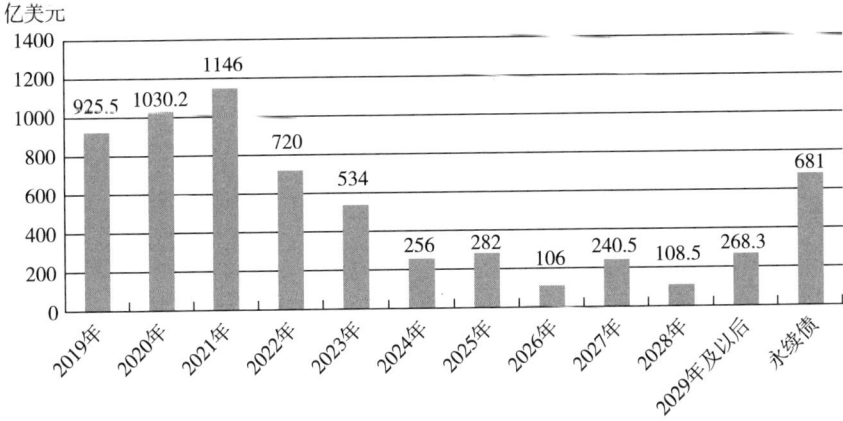

数据来源：Bloomberg。

图1－2 中资美元债券到期分布

和非银行金融机构，占比分别为 13.7% 和 12.7%，而城投、地方国企和股份制商业银行占比相对较小。

表1－2 中资美元债发行主体类别、规模及占比

发行主体类别	规模（亿美元）	占比（%）
大型央企	1362	21.6
国有及政策性银行	1018	16.2
股份制商业银行	281	4.5
非银行金融机构	799	12.7
城投	431	6.8
地方国企	313	5.0
房地产	1228	19.5
其他（制造业、科技等）	865	13.7
总计	6298	100.0

从债券的息票类型来看，主要以固息债券为主，占比超过九成；而浮息债券存量规模为 596 亿美元，占比为 9.5%。其中，浮息债券发行主体主要以金融机构（商业银行和非银行金融机构）为主，占比为 93%；另外，2018 年随着美联储加息节奏的加快，浮息债券供需两旺，部分房地产企业、地方国

企和城投企业发行了浮息债券，规模仅 40 亿美元，占比较小。

表 1 - 3　　　　　　　　　2018 年非金融企业浮息债券发行概况

发行主体	发行日期	发行期限 （年）	发行规模 （亿美元）	类别	穆迪/标普/ 惠誉评级
腾讯公司	2018 - 01 - 10	5	5	其他	A1/A +/A +
成都新都香城	2018 - 01 - 17	1	0.5	城投	无评级
北大资源	2018 - 05 - 14	3	3.1	地方国企	无评级
万科地产	2018 - 05 - 17	5	6.5	房地产	Baa2/BBB/BBB +
绿地全球控股	2018 - 06 - 15	3	2.5	房地产	Ba2
首创钜大	2018 - 06 - 25	3	4	地方国企	BBB
远洋地产	2018 - 07 - 24	3	7	房地产	Baa3/BBB -
绿地全球控股	2018 - 07 - 25	3	3	房地产	Ba2
西安世博园投资	2018 - 09 - 19	3	3	城投	无评级
陕西西咸新区	2018 - 11 - 29	3	1.2	城投	无评级

第四节　　中资美元债券市场长期影响因素分析

随着国内企业"走出去"战略的实施，境外投资日益活跃，中资美元债券市场蓬勃发展，但近年来中资美元债券市场发展也面临一定的风险因素。

第一，国内外不利的政策与环境导致中国对外直接投资规模出现近 15 年以来的首次下降。根据商务部、国家统计局、国家外汇管理局联合发布的《2017 年度中国对外直接投资统计公报》的数据，2017 年中国对外直接投资 1582.9 亿美元，同比下降 19.3%，这是自 2003 年中国发布年度统计数据以来，首次出现负增长。中国对外直接投资规模出现下降主要受国内和国际两个方面因素的影响。

国内方面，2016 年底以来，中国政府逐步收紧并规范境内企业对外投资政策，加强对境外企业对外投资的真实性、合规性审查，市场主体对外投资更趋成熟和回归理性，部分之前进行大量海外投资并购的企业逐步减少对外投资甚至出售相关海外资产，其中以海南航空、万达集团、安邦保险等大型民营企业为主。

以海航集团为例，2018 年 2 月瑞士银行（UBS）发布的一篇研究报告显示，2015 年以来海航宣布的海外直接投资（ODI）总额达 520 亿美元，主要投资领域为运输（包括航空和物流）、旅游和酒店、房地产、技术以及金融相关资产。按区域来看，海航海外直接投资总额中的 54% 投向了美国，32% 投向欧洲、11% 投向东亚。海航主要的海外收购对象包括维珍澳洲航空、希尔顿全球控股、嘉能可的石油存储业务、启德香港地块、德意志银行以及瑞士机场零售商 Dufry AG。自 2017 年下半年，国内监管层开始限制部分境内企业海外投资并购，为缓解财务压力，海航不得不开始大规模抛售资产。据不完全统计，2017 年下半年以来，减持德意志银行、希尔顿股份等大量金融和地产资产。海航集团董事长陈峰在 2018 年 11 月接受采访时表示，海航集团已累计出售 3000 亿元规模资产。

国际方面，2017 年初美国新一任总统特朗普上台之后，以美国为代表的欧美国家对于外国投资的保护主义有所抬头，对于外资投资的审查更加严格。2018 年 8 月 13 日，美国总统特朗普签署生效《2019 财年国防授权法案》，其中，法案要求美国外国投资委员会（CFIUS）更加严格审查外资收购美国公司。该法案旨在大规模强化对外国投资的审查，将赋予 CFIUS 更广泛的权力，以国家安全为由，审查并可能阻止外国交易，而且允许 CFIUS 审查涉及关键基础设施或关键技术公司的少数股权转让。

国内外不利的投资环境导致中国企业对美国直接投资规模出现一定程度的下降。根据相关研究机构的数据统计，2017 年中国对美国的直接投资从2016 年的 460 亿美元降到了 290 亿美元。2018 年上半年，这个数字更是进一步降到了 18 亿美元，较 2017 年上半年同期下降 90%，为近 7 年以来的最低水平。

第二，中美货币政策走向分化导致利率变化趋势截然不同，外币债券融资丧失低成本优势。金融危机之后，以美联储为代表的发达国家中央银行在实施多轮降息及量化宽松货币政策的刺激之后，全球经济逐步企稳复苏，特别是美国经济增速相对强劲，美联储的宽松货币政策逐步回归常态化。美联储自 2013 年逐步退出量化宽松政策，减少新增资产购买规模，并于 2015 年12 月开始启动金融危机之后的首次加息。截至 2018 年 12 月，美联储已经先后 9 次加息，联邦基金利率目标区间由 0~0.25% 逐步上升至 2.25%~2.5%。另外，从 2017 年 10 月开始，美联储开始缩减资产负债表规模，逐步减少每月购买国债和 MBS 的规模。美联储渐进加息和缩减购买资产规模的货币政策措施导致全球美元流动性逐步紧张，短中长各期限美元利率逐步上行，中资企业发行美元债券的融资成本较前些年出现明显上升。以中石化集团美元债券为例，2015 年 4 月中石化集团发行 5 年期美元债券利率为同期限美国国债利率加 125 个基点，息票利率为 2.5%，而 2018 年 9 月发行的 5 年期美元债券利率为同期限美国国债利率加 110 个基点，息票利率为 3.75%。由此可见，美国国债利率的上行导致中石化集团境外发行的美元债券融资成本上升 1.25%，增幅达到 50%。

反观国内，2018 年以来，国内经济下行压力增加，中美贸易摩擦升级，为实现稳增长的目标，中国人民银行先后实施降准等宽松货币政策，国内债券市场利率出现震荡下行，10 年期国债利率和国开行收益率较年初下行 60 个基点和 110 个基点。境内外不同的利率走势导致中美两国国债利差逐步收窄甚至出现倒挂的情形，外币债券融资的低成本优势逐步丧失。以武汉地产为例，其在境内发行的 5 年期人民币债券息票利率仅为 4.7%，而在境外发行的 3 年期美元债券息票利率为 5.7%，债券期限更短，息票利率反而高 1%。

图 1-3 2009—2018 年中国和美国 5 年期国债收益率走势

表 1-4　　　部分中资企业 2018 年境内外债券融资成本比较

发行主体	境外美元债券			境内人民币债券		
	发行日期	期限	息票利率	发行日期	期限	息票利率
武汉地产	2018 - 08 - 02	3 年	5.70%	2018 - 07 - 19	5 年	4.70%
广州地铁	2018 - 12 - 11	3 年	4.30%	2018 - 08 - 13	5 年	4%
成都高新	2018 - 11 - 06	3 年	6.28%	2018 - 07 - 18	3 年	6.20%
绍兴城投	2018 - 12 - 11	3 年	5.875%	2018 - 04 - 20	5 年	4.99%

第三，2015 年"8·11 汇改"之后人民币双向波动程度加剧，单边升值的趋势和预期逐步打破，企业外币负债面临的汇率风险上升。2004 年以来的很长一段时期内，受国际收支双顺差的影响，人民币汇率大部分时期内均处于单边升值的趋势之中。长期单边升值的趋势导致单边升值的预期较强，部分企业因此热衷于借用美元贷款或者发行美元债券等方式进行外币融资，从而享受美元低利率和美元相对贬值的双重优势，降低融资成本。

然而好景不长，人民币单边升值趋势和预期在 2015 年 8 月 11 日汇改之后戛然而止。"8·11 汇改"之后，人民币汇率出现阶段性贬值，双向波动程度明显加剧，导致部分行业由于存在较多的外币负债而面临的汇率风险日益上升。以房地产行业为例，2013 年到 2015 年上半年，因为国内融资渠道受限，一些房企选择发行美元债来解决资金难题。然而，随着 2015 年下半年国内融资通道逐步宽松和融资成本下降，再加上 2015 年 8 月人民币汇率开始下跌，美元债成本开始大幅上升。据彭博统计，2015 年全年房地产企业汇兑损失超过 120 亿元，其中恒大、雅居乐、碧桂园等美元债规模较大的房企损失均超过 10 亿元。

随着我国国际收支顺差逐步缩小，人民币汇率形成机制市场化程度越来越高，未来人民币汇率长期单边升值或者贬值的可能性较低，未来人民币汇率在一定水平上双向波动将成为常态，企图利用人民币单边升值并从事投机套利的汇率风险与日俱增。

第四，信用风险上升导致再融资成本及难度上升。随着国内去杠杠、严监管等宏观政策的实施，部分企业再融资环境有所恶化，信用风险逐步暴露。近年来国内企业债券违约数量和规模逐步上涨，特别是 2018 年以来，债券违约规模大幅攀升。根据彭博的统计，截至 2018 年 12 月末，境内债券市场发生了 105 起债券违约事件，合计规模已超过 1100 亿元人民币；外币债券方面，2018 年国储能源、五洲国际、兴业太阳能、洛娃科技等多只境外美元债券出现违约，违约规模达到 33 亿美元。当前中资企业整体信用市场环境依然严峻，信用风险仍处于逐步暴露阶段，部分较低资质的企业再融资难度和成本出现明显上升。

表 1－5　　　　　　　2018 年部分中资美元债市场违约事件概况

公司	日期	违约事件概况
国储能源	2018－05－11	未能支付到期的 3.5 亿美元本金，并触发合计 18 亿美元的 6 只境外债券的交叉违约
五洲国际（01369. HK）	2018－08－05	未能支付到期的 3 亿美元债券本金和利息，后续境内公司发行的人民币债券也出现违约
兴业太阳能（00750. HK）	2018－10－17	未能支付到期的 1.6 亿美元债券本金和利息，并触发 9.3 亿元人民币可转债和 2.6 亿美元债交叉违约
洛娃科技	2018－12－20	未能支付到期的短期融资券的本金和利息，并导致境外 2 亿美元债券交叉违约

展望未来，虽然近两年受对外直接投资政策逐步收紧的不利影响，中国企业对外直接投资规模出现小幅萎缩，但是，随着我国对外开放进程的不断深化，国内企业对外贸易与投资活动将日益活跃。长期来说，我国企业对外直接投资规模将逐步回升，企业对于外币资金的融资需求也将相应地增长，越来越多的国内企业将借助境外债券市场实现外币融资的目标。另外，考虑到近年来国内房地产调控、去杠杆等宏观背景下，部分房地产企业、地方融资平台等发行主体在境内债券市场融资受到一定的政策限制，上述企业迫切需要在境外债券市场融资，未来上述企业将继续利用境外市场的融资渠道，境外美元债券市场依然是境内人民币债券市场的重要补充，两者缺一不可。因此，当前中资美元债券市场方兴未艾，未来成长空间依然较大。

第二章 外币债券融资的动因、影响及其实证分析

第一节 外币债券融资的动因分析

一、外汇风险对冲

当前学术界一般把外汇风险分为三类：交易风险、折算风险和经济风险。

交易风险也称交易结算风险，是指运用外币进行计价收付的交易中，经济主体因外汇汇率变动而蒙受损失的可能性。它是一种流量风险，交易风险主要表现在以下几个方面。（1）在商品、劳务的进出口交易中，从合同的签订到货款结算的这一期间，外汇汇率变化所产生的风险。（2）在以外币计价的国际信贷中，债权债务未清偿之前存在的风险。（3）商业银行在外汇买卖中持有外汇头寸的多头或空头，也会因汇率变动而遭受风险。

折算风险又称会计风险，是指经济主体对资产负债表进行会计处理的过程中，因汇率变动而引起海外资产和负债价值的变化而产生的风险。它是一种存量风险，同一般的企业相比，跨国公司的海外分公司或子公司所面临的折算风险更为复杂。一方面，当它们以东道国的货币入账和编制会计报表时，需要将所使用的外币转换成东道国的货币，面临折算风险；另一方面，当它们向总公司或母公司上报会计报表时，又要将东道国的货币折算成总公司或母公司所在国的货币，同样面临折算风险。

经济风险又称经营风险，是指意料之外的汇率波动引起公司或企业未来一定期间的收益或现金流量变化的一种潜在风险。经济风险可包括真实资产

风险、金融资产风险和营业收入风险三个方面，其大小主要取决于汇率变动对生产成本、销售价格以及产销数量的影响程度。例如，一国货币贬值可能使得出口货物的外币价格下降从而刺激出口，也可能使得使用的进口原材料的本币成本提高而减少供给，此外，汇率变动对价格和数量的影响可能无法立即体现，这些因素都直接影响着企业收益变化幅度的大小。

与交易风险不同，经济风险侧重企业的全局，从企业的整体预测将来一定时间内发生的现金流量变化。折算风险和交易风险的影响是一次性的，而经济风险的影响是长期的，它不仅影响企业在国内的经济行为与效益，而且直接影响企业在海外的经营效果和投资收益。因此，经济风险一般被认为是三种外汇风险中最重要的。但是由于经济风险跨度较长，对其测量存在着很大的主观性和不确定性，要准确计量企业的经济风险存在很大的难度，所以企业的经营者通常更重视对交易风险和折算风险的管理。

随着全球化进程的不断深入，跨国企业的国际经济与贸易活动日益活跃，如何进行外汇风险管理成为许多企业风险管理者必须考虑的一个重要问题，企业通过发行外币债券或买卖外汇衍生品等手段来对冲外汇风险。

外币债务为外币计价的对外出口或直接投资收入（资产）提供了一种自然对冲，即同一种外币债务和外币资产的外汇风险相互抵消。因此，出口企业更可能进行外币债务融资，且出口收入比例越高，公司越有可能使用外币债务（Keloharju 和 Niskanen，2001；Gelos，2003）。Kedia 和 Mozumdar（2003）利用美国大型企业数据从外币债务总水平和单个币种外币债务水平两个层面，发现企业借入外币债务可以对冲外币收入的汇率波动风险。Elliott 等（2003）基于美国大型跨国公司研究发现，外币债务的使用和外汇风险敞口正相关，与外汇衍生品的使用负相关，外币债务和外汇衍生品都有对冲外汇风险的作用。Allayannis 等（2003）基于 1997 年亚洲金融危机中 8 个亚洲国家跨国公司的研究发现，外币债务被用作风险管理的工具以对冲特定货币风险。Cowan 等（2005）研究发现智利非金融公司积极使用外币债务与其外币资产和收入匹配以形成自然对冲。Bleakley 和 Cowan（2008）发现拉美公司外币债务的使用与汇率敏感性收入相匹配。Nandy（2010）以加拿大和英国公司为样本研究发现美元收入比重越大的公司越倾向于借入美元债务对冲外汇风险敞口。Bartram 等（2010）在研究外汇风险管理时指出，金融对冲（通过借入外币债务或者利用外汇衍生品）可以有效降低外汇风险敞口。Brown 等（2011）对 25 个转型国家中小公司的外币银行借款使用的研究表明，外币债务使用与外币收入的相关程度比国家间利差更大。Mora 等（2013）基于国内银行提供美元贷款的角度，发现出口公司基于自然对冲的目的更倾向于使用外币债务。Bae 和 Kwon（2013）发现韩国企业外币债务对降低外汇风险敞口有积极作用。

二、降低融资成本

境外市场相对较低的融资成本是许多企业发行外币债券的原因之一。Keloharju 和 Niskanen（2001）以 44 家芬兰企业为例，研究发现样本企业中有 1/4 的外币债务没有对应的外币出口收入，可能是出于投机动机。实证结果也得出同样结论，企业倾向于利率较低时期借入更多外币债务。Allayannis 等（2003）实证证明了东南亚金融危机之前东南亚跨国公司外债使用和利差之间显著的正相关关系。Cowan 等（2005）的模型预测，那些拥有更多的外汇收入、更高的利息差和较低汇率风险的公司，外币债务金额较大。Brown 等（2011）对 25 个中东欧及独联体国家 2002—2005 年 3101 家中小公司的外币银行借款使用进行了研究，结果表明外币债务使用和国家间利差显著相关。Gatopoulos 和 Louberge（2013）以 2000—2003 年拉美 5 个国家的公司为研究样本，指出公司使用外币债务来替代本币债务，从而获取较低的融资成本。

国内方面，许多学者对外汇贷款或外币债务的增长原因进行了研究。韩贵新（2006）对 2000—2005 年外汇贷款快速增长原因进行研究，认为利率、汇率是主要影响因素。刘川巍（2008）通过构造 ARDL 模型对外汇贷款的影响因素进行实证研究，指出人民币贷款利率短期内对外汇贷款增长有显著影响，人民币汇率对外汇贷款具有负的长期效应。也就是说，外汇贷款快速增长主要源于客户赚取利差、汇差的投机性需要。陶川和陈永伟（2009）指出本外币贷款间正的利差和人民币升值预期的结合构成了微观主体利用外汇贷款套利的双重动因。刘鹏（2011）分析了外汇贷款套利的成因，认为利率机制割裂形成基本套利机会（利差），人民币单边升值预期放大套利获利空间。中国人民银行南京分行课题组（2011）在分析江苏省外币贷款剧增的原因时也得出了同样结论。范言慧等（2014）发现贸易信贷的增加主要来自人民币升值预期，而对于非贸易信贷的短期外债，除因基本的融资需求外，人民币升值预期、国内外利差也是造成其增加的主要因素。郭飞、游绘新和郭慧敏（2018）基于2013—2015年2154家中国上市公司年报中金融负债的币种结构信息，对中国企业使用外币债务的原因进行了实证研究，研究发现，外币债务的使用很大程度上是出于外汇风险对冲动机，出口收入越多，外币资产越多，外币债务使用程度越高。基于信息不对称理论，国际化水平较高的公司，比如跨国经营和海外上市，越可能使用（更多）外币债务。另外，负债水平较高的企业可能使用更多的外币债务。

另外，境外市场相对宽松的监管要求及较低的税收水平等因素导致境外债券融资成本相对更低。20世纪90年代以来，主要发达国家监管机构纷纷放松市场准入限制，吸引更多的企业和投资人进入。例如，发达经济体的债券市场对于企业发行债券并不强制要求必须有主体评级或债项评级，从而节省了发行企业的评级费用，进而降低了融资成本。1990年，美国证监会批准实施144A准则，这意味着外国公司无须在美国证监会注册和按照美国通用会计准则（GAAP）披露信息便可以发行私募债券，合格机构投资者也可以购买这些债券。144A准则降低了融资企业的信息披露标准和发行成本，吸引了很多国际公司到美国债券市场融资。另外，境外市场税收减免等优惠政策也可以降低债券发行成本。例如，当前很多发达国家监管机构减少甚至取消了预提税。预提税的取消降低了发行者的融资成本，影响企业海外发行债券情况。Newberry和Dan（2001）利用1987—1997年美国跨国公司以澳大利亚、加拿大、法国、德国、意大利、日本或英国货币计价的国际债券情况研究税收激励是否会影响美国跨国公司海外债券情况，结果表明美国跨国公司发债市场决策考虑到了特定管辖权的税收损失结转和对税盾价值具有约束力的外国税收抵免限制。

第二节　外币债券融资的经济影响分析

一、宏观层面的影响研究

20 世纪拉美债务危机、亚洲金融危机等货币金融危机重创了许多发展中国家，而这些国家普遍具有高额的外币债务，国内外学者纷纷认为外币债务是引起危机的主要原因之一。Bordo 和 Meissner（2006）研究发现，过量外币债务使用所导致的资产负债错配是引发金融危机的直接原因。相对于发达国家，新兴市场国家使用外币债务时更容易发生金融危机。Cowan 和 Gregorio（2007）在研究智利金融危机时指出无法偿还的外币债务是引起金融危机的主要原因之一。Bordo 等（2010）研究了东欧 45 个国家外币债务的影响，他们发现外币债务比重越高，货币危机或者债务危机的风险就越大，虽然影响程度也和国家储备及政策可信度（policy credibility）有关。另外，他们还发现由外币债务敞口引起的金融危机会导致长期的产出损失。Harvey 和 Roper（1999）指出很多亚洲企业在经营困难时期借入大量外币债务，本币贬值引发的资产负债表效应加速了危机的蔓延。Céspedcs 等（2004）指出在有大量外币债务的经济体中，本币贬值会加重偿债危机并恶化资产负债表，甚至致使扩张性货币政策产生紧缩性效果。与前面宏观层面的研究不同，Brown 等（2011）以 2002—2005 年 25 个中东欧及独联体国家 3101 家企业数据为对象，研究发现小型企业在使用外币债务时已经做好了外汇风险管理准备，因此并不会引发金融危机或者货币危机。

二、微观企业层面的影响研究

许多学者也从微观层面研究使用外币债务对企业带来的经济后果，主要是关于利润表效应、资产负债表效应等问题。Allayannis 等（2003）基于 1997 年亚洲金融危机中 8 个亚洲国家跨国公司的数据，第一次系统研究了 315 家样本公司资本结构中债务资本的使用及其影响。他们发现了外币债务的使用和公司财务绩效的显著负相关关系。Galindo 等（2003）利用 6 个拉美国家的 8500 家企业的样本数据进行实证分析，结果表明负债美元化会降低甚至逆转本币贬值的扩张效应。与前两位学者有所不同，Luengnaruemitchai（2004）对亚洲金融危机中货币贬值较大的 7 个国家的非金融企业的研究发现，本币贬值并没有对拥有外币债务的出口企业的投资水平产生负面影响；并且有外币债务的公司在危机期间盈利能力更强，可能是由于这些公司能够从本币贬值中获益，如出口型企业。同样地，Bleakley 和 Cowan（2008）对 5 个拉美国家近 500 家非金融贸易企业的研究发现，使用美元债务的公司在比索贬值时并没有减少投资，其原因是本币贬值导致的出口增加抵消了美元债务对资产负债表的不利影响。Prasetyan-toko（2007）对印度尼西亚 226 家非金融上市公司的研究也得出了类似证据。除了对多个国家的企业数据进行实证研究之外，许多学者以单个国家企业为研究对象进行了实证分析。Echeverry（2003）分析哥伦比亚企业层面的数据时发现，当使用投资率作为相关产出的衡量标准时没有发现存在资产负债表效应的证据；但是，他们发现在汇率贬值后具有较高外币债务的企业利润存在较大幅度的下降。Bonomo（2003）在研究巴西非金融企业时发现，大企业的债务币种组成比小企业的债务币种组成对于本币贬值更敏感，持有较多外币债务的企业在本币贬值时期现金流和销售量较低；此外，他们发现汇率贬值对于投资有明显的削弱效应。Aguiar（2005）发现在比索贬值前，由于不少墨西哥出口公司使用大量的外币债务，在比索大幅贬值后，这些公司的市值和流动资本大幅降低，导致了后续投资水平降低。Cowan 和 Hansen（2005）在研究智利非金融企业时发现，汇率贬值时持有更多美元债务企业的业绩并没有比同行业企业差，但在控制了资产、收入和衍生品的币种结构后发现了严重的资产负债表效应。Kim 等（2015）发现在金融危机发生时，对于韩国小企业（出口较少），外币债务的资产负债表效应更加突出，经营业绩较差，更可能宣告破产；那些没有破产的小企业也经历了收入的大幅下滑。但是，对大企业（出口较多）而言，外币债务的利润表效应显现：外币债务敞口和收入增长正相关。此外，也有不少学者研究外币债务对外汇风险的影响。Clark 和 Judge（2009）以英国大型企业为例，研究发现单纯使用外币债务并不能提升企业价值，因此外币债务不是一个有效的外汇风险对冲工具。但是同时使用外币债务和外汇衍生品就能有效对冲外汇风险，并提升企业价值。Bae 和 Kwon（2013）利用韩国 337 家制造型企业的数据进行实证分析，结果表明美元债务的使用有助于减缓企业外汇波动的不对称影响，即同幅度的外币升值或贬值会带来不同幅度的股票收益波动。但 Chiang 和 Lin（2005）研究了 1998—2002 年的我国台湾非金融企业，认为外币债务的使用提升了外汇风险敞口。

国内学者关于外币债务影响的研究较少，现有的研究大多关注宏观层面外币债务风险及其管理策略问题。王培志（2005）分析了我国外债风险管理存在的主要问题及其成因并进行了对策研究。王培志和李红（2006）进一步探析了我国企业外债风险及规避策略。孙玲芳（2006）针对我国企业外债风险管理普遍存在的问题，借鉴国内外成功经验，论述了企业如何进行外债风险管理以达到规避风险的目的。彭兴韵（2008）指出外汇贷款的快速增长给我国的流动性管理及从紧货币政策带来了不利的影响，让中国银行业积聚了大量金融风险。一旦人民币升值预期逆转，将会引发一系列不良的连锁反应。韩宝兴和贾彦东（2009）从我国外债安全预警机制的角度作了深入分析。李超和马昀（2012）深入探讨了我国外币债务的管理问题，提出未来深化外债管理体制改革应着力于提高外债统计的完整性和准确性，提高统筹防范风险的监管能力。王中昭和易扬（2012）考察了我国和东盟货币错配对汇率和外币负债冲击的响应程度，发现外币负债对货币错配有重大影响。而微观企业层面的影响研究相对较少。郭飞和游绘新（2016）利用我国 613 家上市公司金融负债的币种结构信息，基于 2015 年 8 月 11 日人民币中间价报价机制调整引发人民币汇率短期大幅下跌的背景，利用事件研究法，发现与没有外币债务的公司相比，使用外币债务的公司其股票累积异常回报显著为负；而且，外币债务水平越高，股票的累积异常回报越低。这说明当人民币突然贬值时，投资者没有预期到明显的利润表扩张效应；相反，外债使用的资产负债表效应处于主导地位。

第三节　中国企业外币债券融资动因的案例分析

一、海外投资并购导致的外币融资需求——以中国化工收购先正达为例

中国化工集团有限公司（以下简称中国化工）是在原化工部直属企业中

国蓝星（集团）总公司、中国昊华化工（集团）总公司的基础上重组设立的国有大型企业。中国化工是中国最大的化工企业，直接隶属国资委控制与管理，国资委持有中国化工100%的股权。

从2004年组建中国化工集团开始，按照国资委对大型国有企业"做大做强"的要求，中国化工通过国内外兼并收购快速扩张。首先自2004年开始在国内兼并重组了大量地方化工企业和设计院。从2006年开始，中国化工将收购目标瞄准海外，在各细分领域寻找投资标的，通过收购的方式对各业务板块进行补充，被并购企业不乏国际细分行业翘楚。例如2006年，中国化工成功收购的世界第二大蛋氨酸企业法国安迪苏公司。同年10月又收购了世界第三大有机硅单体制造商法国罗地亚集团的有机硅业务。2011年1月，中国化工收购主营硅材料业务的挪威埃肯公司100%的股权。同年10月，中国化工通过下属子公司中国化工农化总公司以24亿美元对价，收购了全球最大的非专利农药企业以色列安稻麦公司60%的股权，并在全球农化市场低迷的环境中逆势增长，与收购之初相比，利润增长2倍以上，成为世界第六大农药企业。2015年，中国化工收购了世界高端轮胎企业意大利倍耐力公司。2016年1月，中国化工以9.25亿欧元，收购全球领先的塑料和橡胶加工机械设备制造商克劳斯玛菲集团。

十余年间，中国化工先后收购了法国、英国、德国、意大利、以色列等国9家行业领先企业，在全球150个国家和地区拥有生产、研发基地，以及营销机构，有6家专业公司、92家生产经营企业，控股8家A股上市公司、10家海外企业。中国化工资产规模从不到600亿元扩充到2016年的超过3700亿元，主营业务主要包括化工新材料及特种化学品、基础化学品、石油加工、农用化学品、轮胎橡胶和化工装备等6个业务板块。公司数据显示，2016年，中国化工资产总额3776亿元、销售收入3001亿元，成为中国最大的化工企业，位列《财富》500强第234位。

中国化工收购先正达的背景与当时全球农化和种业领域的竞争格局密切相关。长期以来，全球农化和种业领域呈现"六巨头"的格局，孟山都、先正达、拜耳、陶氏化学和巴斯夫六家大型跨国企业处于行业前列。2012年以来，国际农产品市场低迷盘整，几大巨头意图通过强强联合的方式来获得协同效应并降低成本，从而占据市场份额。2015 年 4 月，孟山都正式向先正达发出要约收购，但是孟山都提出拆分业务、干预先正达日常经营的要约遭受到先正达管理层的反对。2015 年 5 月 8 日，就在先正达拒绝孟山都收购要约的同一天，中国化工向先正达表达了收购意愿，经过多次艰辛的谈判，中国化工终于以全现金收购、保留管理层和纯财务投资等承诺获得先正达董事会的认可。2016 年 2 月 3 日，中国化工正式宣布公开要约收购先正达，全市场大为震惊。根据公开资料，先正达是位于瑞士的农化及种子生产商，是全球农药领域第一、种业第三的大公司，拥有最全的农药产品线，并有多个明星产品。总部位于瑞士巴塞尔，有员工 2.8 万人，在全球 90 个国家和地区拥有 107 个生产和供应基地，119 个研发基地，研发团队达 5000 多人，年研发投入超过 90 亿元，在全球拥有专利超过 13000 件。2016 年先正达销售收入 900 亿元，净利润 84 亿元，农药和种子分别占全球市场份额的 20% 和 8%。而作为传统种子市场领导者，先正达在全球拥有大田种子大豆、玉米、甜菜、麦类等，其中玉米和大豆销售收入占企业总收入近 50%。

　　为了达成此项交易，中国化工先后通过了包括美国外国投资委员会（CFIUS）等 11 个国家的投资审查机构及美国、欧盟等 20 个国家和地区反垄断机构的审查。

　　另外，中国化工此次收购金额也创造了中国企业海外收购的最高纪录。2016 年 3 月 8 日中国化工披露的要约收购公告显示，要约收购先正达 100% 股权，价格为每股 465 美元及每 ADS（存托凭证）93 美元，并在交割时支付约每股 5 美元的特别股息，交易总对价为 430 亿美元。在整个报价过程中，中国化工始终坚持用全现金方式支付股权对价，虽然交易对价锁定在 430 亿美元，但整体实际所需资金总额高达 504 亿美元，包括 250 亿美元股权融资和 254 亿美元债权融资，其中 250 亿美元的股权包括 150 亿美元的专项资金、50 亿美元的优先级资金和 50 亿美元的普通股。美国证券交易委员会披露的交易文件显示，中国银行、兴业银行、国信控股等为该交易提供了股权融资；254 亿美元债权融资主要由中信银行和汇丰银行牵头负责，金额分别为 127 亿美元，其中中信银行牵头筹组的融资包括 125 亿美元银团贷款和 2 亿美元流动资金贷款，汇丰银行牵头筹组的融资包括 75 亿美元银团贷款、给予先正达 50

亿美元债务重组贷款及 2 亿美元流动资金贷款。根据中信银行披露的信息，其牵头的 125 亿美元银团贷款期限为 12 个月，可延期 6 个月；年利率在 3.65% 左右，为 3 个月 Libor + 300 个基点，按季度付息，到期还本。

　　通过上述股权融资和银团贷款融资完成收购之后，2016 年 11 月至今，中国化工多次通过其境外子公司发行外币债券，共计发行 122.5 亿美元和 19 亿欧元债券以归还上述银团贷款资金。未来几年，中国化工可能继续在境外市场发行外币债券以满足境外收购的资金需求。

表 2 - 1　　　　　　　　　中国化工在境外发行的外币债券概况

ISIN	发行日期	货币	债券期限	发行规模 （亿美元或欧元）	息票利率 （%）
XS1525358054	2016 年 11 月 30 日	EUR	5	7	1.871
XS1608624166	2017 年 5 月 3 日	USD	3	20	5
XS1622745203	2017 年 5 月 19 日	USD	永续债	6	3.9
XS1644429695	2017 年 7 月 12 日	USD	5	15	3.5
XS1644428614	2017 年 7 月 12 日	USD	3	5	3
XS1644429935	2017 年 7 月 5 日	USD	10	10	4.125
XS1734558791	2017 年 12 月 15 日	USD	3	20	3.85
XS1791704189	2018 年 3 月 7 日	EUR	4	12	1.75
XS1788511951	2018 年 3 月 7 日	USD	3	10	4.125
XS1788513494	2018 年 3 月 7 日	USD	5	13	4.625
XS1788514039	2018 年 3 月 7 日	USD	7	8	4.875
XS1788515515	2018 年 3 月 7 日	USD	30	1	5.5
XS1788513734	2018 年 3 月 7 日	USD	10	17.5	5.125

数据来源：Bloomberg。

二、相较于境内市场，境外市场具有相对较低的融资成本

　　2008 年国际金融危机之后，美联储多次下调联邦基金利率至 0 ~ 0.25% 区间，随后先后实施三轮量化宽松货币政策，导致美元基准利率水平大幅下降。另外，近年来中资美元债券市场蓬勃发展，国内外投资者对该市场的投资兴趣大幅上升，投资者购买需求日益高涨，中资美元债信用利差也大幅收

窄。美元基准利率和信用利差水平的双双下降导致境外债券融资的成本逐步降低，相较于境内债券市场的成本优势不断扩大，越来越多的境内企业纷纷到境外发行债券融资。

以国家开发投资集团有限公司为例，该公司于 2017 年 4 月首次在境外发行 5 年期美元债，债项评级分别为穆迪评级 A2、标普 A、惠誉 A＋，该美元债的息票利率为 2.875％，而其 2017 年 8 月在境内发行了 5 年期公司债，联合评级有限公司对其债项评级为 AAA，该公司债的息票利率为 4.55％，境外美元债较境内债券融资成本低 167 个基点。由此可见，该公司在境外债券的融资成本的优势非常明显。

从当前境内外两个市场整体融资成本来看，通过比较境内和境外可比企业的收益率水平，发现境外评级为 A－至 A＋的非金融企业的收益率明显低于境内评级为 AAA 的企业的收益率，而且呈现债券期限越长，境内外债券利差越大的趋势。例如境外 10 年期债券收益率为 3.29％，而同期境内债券收益率为 4.32％，利差达到 103 个基点，而 3 年期境内外债券利差仅 83 个基点。

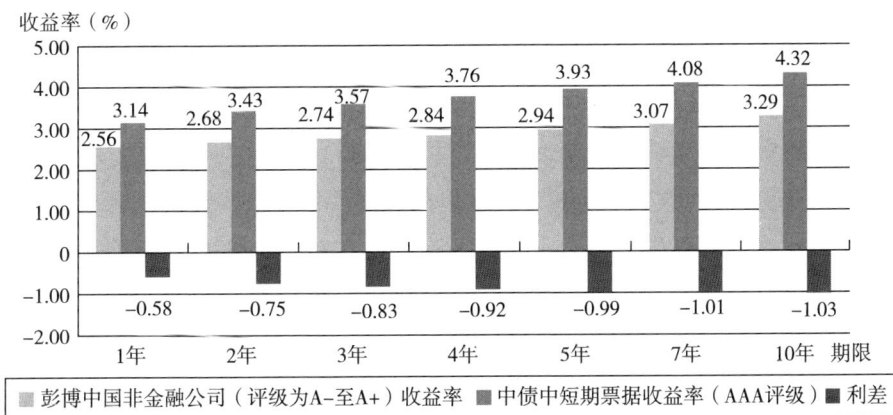

数据来源：Bloomberg。

图 2－1　2019 年 7 月非金融企业境内外债券收益率比较

三、部分行业在境内市场的融资政策限制

以房地产企业为例，作为资金密集型行业，房地产行业的项目开发周期

一般较长而且资金需求较大，因此房地产企业成为境内外债券市场融资的主力之一。由于境外发债融资政策相对宽松，并没有明确限制，当境内房地产融资政策出现收紧时，许多房地产企业将境外债券市场作为其融资来源的重要补充。房地产公司在境内和境外债券市场融资规模出现此消彼长的关系，两者存在一定的互补。

例如，2014 年下半年，在国家"保增长""去库存"背景下，房地产调控政策逐步放松，二线、三线城市陆续放松楼市限购限贷等调控政策，房地产企业在境内融资的政策也出现松动。2015 年境内债券融资规模达到 6034 亿元，较 2014 年同比增长 2.5 倍，而同期房地产企业在境外债券融资规模却呈现小幅萎缩态势，境外债券融资规模为 97 亿美元，同比下降 52%。2016 年房地产企业在境内外债券市场融资规模均出现回升，其中境内债券融资规模增速高于境外债券。2016 年境内债券融资规模高达 10123 亿元，同比增长 68%，境外债券融资规模为 126 亿美元，同比增长 30%。

然而，2014 年以来的房地产调控政策的放松导致全国房价涨幅高位运行和不断累积的楼市风险，这引起了中央高度警惕和关注。2016 年 7 月，中央经济会议提出"抑制资产泡沫"，楼市调控政策又开始转向。2016 年 9 月 30 日之后，北京等 16 个热点城市推出楼市新政，紧缩力度空前。2016 年 10 月，上海交易所和深圳交易所发布《关于试行房地产、产能过剩行业公司债券分类监管的函》，全面收紧了房地产企业境内公司债的发行，导致房地产企业在境内债券市场的融资门槛提高，融资用途也受到限制，境内债券融资规模大幅减少，部分房地产企业转向境外市场融资。根据彭博的统计，2017 年房地产企业境内市场（含银行间市场及沪深交易所）发行债券规模约 3600 亿元人民币，较上年大幅减少 64%，而同期中资房地产企业在境外发行债券规模增长超过两倍，累计发行量达到 473.4 亿美元（折合 3244 亿元人民币）。2018 年，在房地产融资政策不放松的背景下，房地产融资环境依然不乐观，境内外融资成本也逐步上升。但在行业集中度上升和规模至上的背景下，规模较大或者具有国企背景的房地产企业依然具有一定的融资优势，这将推动境内房地产债券发行规模大幅上升，2018 年境内债券融资规模达到 6662 亿元，同期境外美元债券融资规模继续维持高位，达到 508 亿美元（折合 3454 亿元人民币），同比增长 6.5% 。

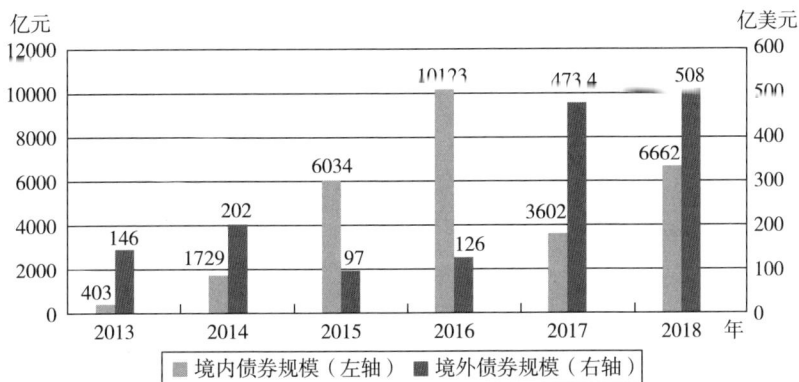

图 2-2　房地产企业境内外债券融资规模

四、其他因素

近年来，城投平台在境外发行外币债券的数量和规模均呈现快速增长态势。2014 年是城投平台在境外发债的发行元年，只有北京基础设施投资有限公司在境外发行 3 只美元债，规模合计为 12.5 亿美元。2015 年开始，越来越多的地方城投平台纷纷到境外发行外币债券融资。2015 年，广州交通投资、安徽交通投资、广州地铁等多个省级或省会城市平台在境外共计发行 12 只美元债，规模增长至 44.5 亿美元。2016 年开始，城投平台的层级逐步下移，包括株洲城建、常德城建、福建漳龙集团等多个地级市或区县级平台也开始在境外尝试发债，当年城投平台在境外共计发行 31 只美元债券，规模进一步增长至 96 亿美元。2017 年、2018 年城投平台境外发行债券数量分别为 36 只和76 只，规模增加至 120 亿美元和 197 亿美元。

上述城投平台一般在境外没有实际业务或项目经营，部分评级较低的城投平台在境外的债券融资成本较境内更高或基本持平。上述城投平台不惜花费大量时间和精力去境外融资的动机不能完全以对冲外汇风险或者节省融资成本等经济方面的原因来解释，其背后可能有两个方面的原因。

一方面，城投平台可以通过境外发债整个流程提高其国际形象和知名度。一般来说，境内企业在境外发债一般有国际评级公司评级、制作债券

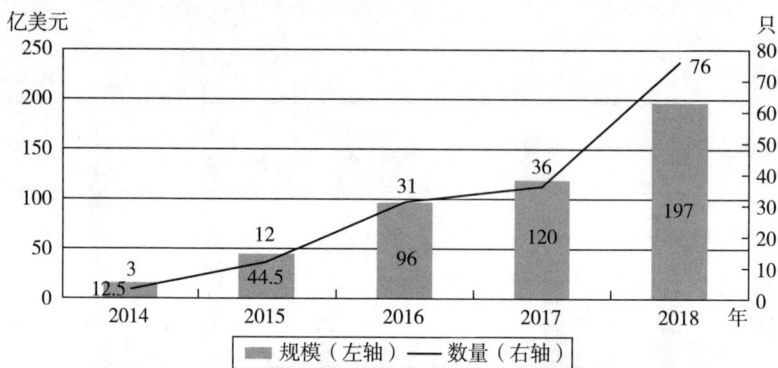

图 2 - 3　2014—2018 年国内城投平台美元债数量和规模

募集说明书等文件、投资者现场路演和问答等多个环节。通过上述环节，城投平台对外信息披露更加充分并获得评级公司和投资者的认可，有利于提升其国际形象和知名度，为未来在境外市场资本运作和地方政府招商引资铺平道路。

　　另一方面，近年来，部分中资大型银行和证券公司纷纷加大在境外债券承销业务方面的人力和财力投入。部分承销商为增加承销业务规模，提升市场份额，以拓宽城投平台债券融资渠道等种种理由大力鼓动城投平台在境外发行债券。

　　上述城投平台和承销商两方面的需求一拍即合，从而推动了城投平台境外债券融资规模的快速发展。

第四节　中国企业境内外债券市场融资特征的比较分析

　　为了研究分析国内企业发行国内公司债券和外币债券的特征差异，本节利用中国非金融企业 1993—2017 年海内外债券市场发行的 33169 笔债券数据，系统地检验了国内债券和国际债券的非价格特征（规模、到期时间和利率类型），并考察同一企业在国内外市场融资利率是否存在差别。尽管国外部分文献指出了企业发行的国内债券和国际债券的不同特征，但中国是否出现相同情况，还有待系统研究。

一、数据来源与统计描述

为了比较国际债券和国内债券之间的主要差别和分析哪些企业从两个市场中获益，我们利用 Wind 和彭博（Bloomberg）公布的数据设立三类数据信息：债券数据、公司财务数据和市场数据。债券数据包括国内债券和国际债券，国内债券数据摘自 Wind，海外债券数据取自 Bloomberg，并用 Wind 和企业债券募集书佐证。债券信息包括发行人、债券金额、发行日期、融资期限、票面利率、利率类型、计价货币、发行市场、债券评级、发行人评级等。

公司数据为 2011—2017 年 4807 家中资背景的非金融上市公司，包括3464 家沪深上市的企业和1343 家在中国香港、新加坡、美国、英国等交易所上市的中资企业，已覆盖各个行业的大中小市值公司的情况。考虑到上市公司负债币种结构信息问题，补充同期债券募集说明书相关信息，样本信息较为全面。由于金融机构往往有较高的负债率及外币负债水平，加之其债券融资动因与风险和普通非金融企业不同，所以剔除金融类机构（包括商业银行、互助储蓄银行和抵押信贷、多远金融服务、资本市场、保险公司等）及 ST 公司和退市公司，剩余 4555 家上市公司。将上市公司数据与债券数据匹配后得到包含上市公司信息的债券数据，共计 5028 笔债券。

公司数据包含是否为海外上市公司、是否为国有企业、公司规模、上市时长、杠杆率、盈利能力、流动性、资产性质等。选取是否为海外上市公司衡量上市企业的国际化程度。相对于其他公司而言，海外上市公司的信息披露相对透明，且更接近国际资本市场，与国际投资者的信息不对称程度有所降低，更容易被国际投资者熟悉和认可，从而获得海外债券融资。若公司在中国香港及其他海外上市或存在 B 股情况，则海外上市公司赋值为1，反之为0。本书还参考资本结构理论的研究成果，引入如下控制公司变量，控制公司特征对债券特征的影响：上市时长、公司规模、杠杆率、盈利能力、流动性、资产性质和是否为国有企业。

市场数据主要是债券市场相对规模、股票市场交易规模和衍生品市场交易规模等变量，用于衡量市场深度和流动性，数据取自国际清算银行（BIS）和 Wind 等，具体说明见表 2 - 2。

表 2-2　　　　　　　　　　变量说明及来源

指标	含义	数据来源
是否海外发债	虚拟变量，海外发债为 1，反之为 0	Bloomberg
是否发美元债	虚拟变量，海外发美元债为 1，反之为 0	Bloomberg
债券规模	单笔债券金额的对数	Bloomberg 和 Wind
债券期限	单笔债券的到期时长	Bloomberg 和 Wind
债券利率类型	债券票面利率是否为浮动利率，是为 1，反之为 0	Bloomberg 和 Wind
是否存在出口收入	虚拟变量，存在出口收入或海外收入为 1，反之为 0	Wind
出口收入份额	出口收入或海外收入占营业总收入的比例	Wind
是否海外上市	虚拟变量，海外上市为 1，反之为 0	Wind
中美利差	中美两国 3 个月国债收益率之差	Bloomberg 和 Wind
公司规模	总收入的对数	Wind
上市时长	研究年份 - 上市年份 + 1	Wind
杠杆率	总资产占总负债的比例	Wind
盈利能力	营业利润占营业总收入的比例	Wind
流动性	流动资产占总负债的比例	Wind
资产性质	固定资产占总资产的比例	Wind
是否国有企业	虚拟变量，国有企业为 1，其他为 0	Wind
股票市场交易规模	股票市场交易相对同期 GDP 的占比	Wind
债券市场相对规模	在岸债券市场存量相对在岸和离岸债券市场存量之和的占比	BIS
衍生品市场交易规模	衍生品市场交易量相对同期 GDP 的占比	Wind

二、中资机构发行的国内外债券差异

（一）统计描述

中国非金融企业 1993—2017 年在海内外债券市场发行了 33169 只债券，其中 31958 只国内债券、1211 只国际债券。先后有 6506 家企业发行债券，其中 6075 家企业发行国内债券，431 家企业发行国际债券，119 家企业在国内外市场均有债券发行。以发行当年汇率计算，海外融资规模占比为 1.09%。中资非金融企业在债券市场发行债券以中长期为主，短期债券在国际债券中比例稍高，其发行债券以固定利率债券为主，单笔债券的融资金额多为 5 亿～

30亿元。从融资总量和单笔债券金额看，发展迅速的国内债券市场满足了相当企业的资金需求，且市场深度不容忽视。

表2-3　　　　　　　中资非金融企业在国内外债券市场融资情况

	融资规模（亿元）	融资债券数量（只）	融资企业数量（家）
国内市场	395897.87	31958	6075
海外市场	4680.82	1211	431
总计	427532.96	33169	6506
海外市场占比	1.09%	3.66%	6.62%

数据来源：Bloomberg 和 Wind。

表2-4　　　　中资非金融企业在国内外债券市场发行的债券特征

类型		国内债券市场的债券结构		海外债券市场的债券结构		海外债券市场占比
		数量	占比	数量	占比	
债券期限	短期（不超过3年）	141	0.44%	101	8.33%	41.74%
	中期（超过3年不超过10年）	21156	66.20%	450	37.10%	2.08%
	长期（10年以上）	10661	33.36%	662	54.58%	5.85%
利率类型	固定利率	26352	82.46%	1132	93.32%	4.12%
	浮动利率	219	0.69%	25	2.06%	10.25%
	累进利率	5387	16.86%	56	4.62%	1.03%
融资规模	小于5亿元	7048	22.05%	119	9.81%	1.66%
	大于等于5亿元小于10亿元	9619	30.10%	145	11.95%	1.49%
	大于等于10亿元小于30亿元	12306	38.51%	534	44.02%	4.16%
	大于等于30亿元	2985	9.34%	415	34.21%	12.21%

数据来源：Bloomberg 和 Wind。

（二）实证结果及稳健性检验

为了进一步明确国内市场发行的债券与国际市场发行的债券在融资规模、期限和利率类型等方面是否存在差异，笔者首先检验中资非金融企业在国内外债券市场发行的所有债券的非价格特征。被解释变量为是否为海外债券，解释变量为单笔债券规模、期限和利率类型，并控制年份和行业。回归（1）

利用普通最小二乘法，结果显示海外市场发行的债券期限更长，但规模相对更小，利率类型的系数并不显著；回归（2）加入企业固定效应，结果并未发生变化，且在1%置信水平下依然显著，而这与以往研究结果并不相同，一般认为海外债券市场发行的债券期限更长，规模更大，且多为固定利率。为检验结果稳健性，回归（3）利用Probit，回归（4）加入企业固定效应，回归（5）使用Logit，回归（6）加入企业固定效应，所得结果并无变化，且依然十分显著（见表2-5）。

表2-5 中资非金融企业在国内外债券市场发行的所有企业债券特征对比

变量	均值			(1)	(2)	(3)	(4)	(5)	(6)
	国内债券	国际债券	差值	OLS	FE	Probit	Probit + FE	Logit	Logit + FE
债券规模	8.902	8.411	0.491***	-0.098***	-0.100***	-1.472***	-1.489***	-2.884***	-2.913***
				(0.007)	(0.007)	(0.066)	(0.061)	(0.122)	(0.117)
债券期限	3.054	9.615	-6.561***	0.010***	0.010***	0.165***	0.165***	0.323***	0.323***
				(0.001)	(0.001)	(0.007)	(0.007)	(0.015)	(0.015)
利率类型	0.007	0.021	-0.014***	-0.010	-0.008	0.037	0.043	0.044	0.076
				(0.020)	(0.021)	(0.190)	(0.191)	(0.360)	(0.370)
常数项				1.716***	1.707***	10.485***	10.428***	20.741***	20.566***
				(0.053)	(0.052)	(0.561)	(0.554)	(1.036)	(1.056)
样本数	31958	1211		33169	33169	33159	33159	33159	33159
企业数	6075	431		6385	6385	6384	6384	6384	6384

注：括号内为标准误，*、**、***分别表示在10%、5%和1%的水平上显著。

为了剔除企业特征导致的债券特征差异，本文利用在样本期间内，在国内外债券市场均发行债券的119家企业所发行的债券，分析国内债券和国际债券的特征差异。控制年份和行业后，采用相同的计量方法，得到的结论与之前一致，即海外市场发行的债券期限更长，但融资金额相对更小，且所得结果十分显著，而利率类型特征仍不显著。

表 2-6　国内外债券市场均发行债券的同一企业所发行的债券特征对比

变量	均值			(7)	(8)	(9)	(10)	(11)	(12)
	国内债券	国际债券	差值	OLS	OLS + FE	Probit	Probit + FE	Logit	Logit + FE
债券规模	9.263	8.527	0.736 ***	− 0.458 ***	− 0.463 ***	− 3.943 ***	− 4.078 ***	− 7.353 ***	− 7.588 ***
				(0.032)	(0.033)	(0.501)	(0.431)	(1.000)	(0.892)
债券期限	2.736	11.736	− 9.000 ***	0.008 ***	0.008 ***	0.241 ***	0.240 ***	0.441 ***	0.438 ***
				(0.001)	(0.001)	(0.023)	(0.024)	(0.044)	(0.045)
利率类型	0.005	0.02	− 0.016 ***	0.128	0.131	1.427 ***	1.442 ***	2.523 ***	2.608 ***
				(0.130)	(0.128)	(0.480)	(0.462)	(0.952)	(0.892)
常数项				4.628 ***	4.649 ***	33.094 ***	33.998 ***	61.831 ***	63.380 ***
				(0.263)	(0.267)	(4.302)	(3.795)	(8.582)	(7.812)
样本数	2252	392		2644	2644	2635	2635	2635	2635
企业数	119	119		119	119	118	118	118	118

注：括号内为标准误，*、**、***分别表示在10%、5%和1%的水平上显著。

中资非金融企业发行的国际债券金额并不比国内债券金额更大，这可能得益于中国债券市场蓬勃发展。按债券市场存量计算，中国拥有世界第三大债券市场，第二大公司债券市场，企业在国内债券市场的融资规模与日俱增，已经具备一定的市场深度，这与日本公司发行国内外债券的差异较为相似（Black 和 Munro，2010）。为控制企业特征和市场差异的影响并找到哪些企业从蓬勃发展的国内债券市场中获益，哪些企业更倾向于海外债券市场融资，笔者将企业信息匹配到债券数据中，作深入研究。

三、海外债券融资的企业特征差异

中国先后有1006家非金融上市企业自2011—2017年在海内外债券市场发行5028只债券，其中4501只国内债券，527只国际债券。国际债券中有64只人民币债券，463只外币债券，且以美元债券为主。在当前样本中，绝大多数债券为固定利率，平均而言，35.14%的公司为海外上市公司或存在 B 股，59.95%的公司为国有企业。

表 2-7　　　　　　　　　　主要变量描述性统计

变量名称	样本数量（个）	均值	标准差	最小值	最大值
是否是海外债券	5028	0.1050	0.3066	0	1
是否是外币债券	5028	0.0921	0.2891	0	1
债券规模	5028	8.8836	0.4399	6.3010	10.3010
债券期限	5028	3.1352	7.1174	0.0192	30
是否是浮动利率	5028	0.0060	0.0770	0	1
是否海外上市	5028	0.3514	0.4774	0	1
是否是国有企业	5028	0.5993	0.4901	0	1
中美利差	5028	2.4220	0.6018	1.6262	4.5323
企业规模	5028	6.1942	0.7226	3.7161	8.4594
上市时长	5028	13.2589	6.4349	1	21
杠杆率	5028	61.6513	15.1394	14.8552	94.0050
盈利能力	5028	12.7903	11.8886	0.0185	88.4185
流动性	5028	48.1574	26.5927	0	99.6915
资产性质	5028	48.1947	32.0783	0.1491	99.9999
债券市场相对规模	5028	0.9191	0.0227	0.9030	0.9649
股票市场交易规模	5028	3.5933	0.2848	3.1039	4.0151
衍生品市场交易规模	5028	3.7726	0.3874	3.3890	4.5869

（一）实证结果

本书使用 Probit 模型对是否是海外市场债券进行回归。回归（13）中加入企业是否海外上市、是否是国有企业和中美 3 个月利差三个变量，债券规模、期限和利率类型的回归结果并无变化。海外上市的系数显著为正，说明国际化程度较高的企业更容易进入海外债券市场，这一结果与 Brown 等（2011）一致。国有企业的系数显著为负，国有企业并未更容易发行海外债券融资，这可能与国有企业有更多融资途径有关。近些年中国债券市场发展迅速，国有企业更容易从国内资本市场和信贷市场的发展中融得资金。中美利差系数显著为正，说明中美利差越大；为进一步降低融资成本，中资企业更倾向于在海外市场融资，与 Siegfried 等（2007）和 Mizen 等（2012）的结论一致。

为进一步控制企业差异对债券特征的影响，参考资本结构理论，在回归（14）中引入企业规模、上市时长、杠杆率、盈利性、流动性及资产性质等控制变量。企业规模的系数显著为正，说明规模越大的企业可以更容易消化发行的固定成本，更容易降低进入海外市场的成本，支持了静态权衡理论（Static Trade – off Theory）。企业规模大的另一优势是投资者可以获取到发行人更长久的信息，降低投资者的信息不对称，所以上市时长的系数显著为正。换言之，克服信息不对称问题能力越大的企业越容易进入海外市场发行债券，这一结果支持了代理理论（Agency Cost Theory）。杠杆率的系数显著为正，说明高杠杆率的企业拥有较高的负债，有债务融资偏好。企业盈利性的系数显著为正，偿债能力强的企业有举债能力，这一结果与 Allaynnis 等（2003）的结论一致。流动性的系数显著为正，说明企业需要资金补充流动性不足。资产性质系数显著为正，说明投资者监督企业能力有限，有形资产有助于降低投资者对企业违约的担忧，支持了代理理论的观点。

为控制国内外市场差异，回归（15）～（18）相继引入市场变量。回归（15）增加了国内债券市场相对规模，其系数显著为负，说明国内债券市场相对规模越大，企业可能不会去海外债券市场融资，在一定程度上说明，多数上市公司可以从国内债券市场的发展中获益。回归（16）中再引入股票市场交易规模，其系数为负，但并不显著，说明企业倾向以外部债务融资，而非股权融资，一定程度上印证了啄序理论（Pecking Order Theory）。回归（17）增加了衍生品市场交易规模，其系数显著为正，说明衍生品市场发展有助于对冲一定外汇风险，促使发行海外债券，也从侧面说明发行海外债券和使用外汇衍生品有一定的互补关系，与 Cowan 等（2005）、Batram 等（2010）和郭飞等（2018）的研究结果一致。回归（18）中同时引入债券市场相对规模、股票市场交易规模和衍生品市场交易规模后，衍生品市场交易规模系数依然显著，进一步说明了衍生品市场的重要性。

表 2 - 8　　　　　　　　　　　海外债券融资的企业特征

变量	(13)	(14)	(15)	(16)	(17)	(18)
债券规模	- 2. 130 ***	- 2. 976 ***	- 3. 006 ***	- 3. 005 ***	- 2. 969 ***	- 2. 992 ***
	(0. 105)	(0. 131)	(0. 133)	(0. 133)	(0. 132)	(0. 134)
债券期限	0. 285 ***	0. 270 ***	0. 285 ***	0. 284 ***	0. 278 ***	0. 287 ***
	(0. 016)	(0. 019)	(0. 020)	(0. 020)	(0. 019)	(0. 020)
是否是浮动利率	- 0. 136	- 0. 513	- 0. 482	- 0. 498	- 0. 483	- 0. 466
	(0. 345)	(0. 424)	(0. 443)	(0. 445)	(0. 433)	(0. 443)
是否是上市公司	1. 887 ***	0. 851 ***	0. 897 ***	0. 900 ***	0. 900 ***	0. 918 ***
	(0. 083)	(0. 150)	(0. 152)	(0. 152)	(0. 152)	(0. 153)
是否是国有企业	- 0. 320 ***	- 0. 557 ***	- 0. 582 ***	- 0. 578 ***	- 0. 531 ***	- 0. 557 ***
	(0. 075)	(0. 100)	(0. 101)	(0. 102)	(0. 101)	(0. 102)
中美利差	0. 258 ***	0. 423 ***	0. 535 ***	0. 510 ***	0. 507 ***	0. 567 ***
	(0. 059)	(0. 069)	(0. 075)	(0. 080)	(0. 073)	(0. 085)
企业规模		0. 927 ***	0. 932 ***	0. 931 ***	0. 919 ***	0. 925 ***
		(0. 071)	(0. 072)	(0. 072)	(0. 072)	(0. 072)
上市时长		0. 042 ***	0. 039 ***	0. 039 ***	0. 040 ***	0. 038 ***
		(0. 007)	(0. 007)	(0. 007)	(0. 007)	(0. 007)
杠杆率		0. 017 ***	0. 016 ***	0. 016 ***	0. 016 ***	0. 016 ***
		(0. 003)	(0. 003)	(0. 003)	(0. 003)	(0. 003)
盈利能力		0. 029 ***	0. 029 ***	0. 029 ***	0. 029 ***	0. 029 ***
		(0. 004)	(0. 004)	(0. 004)	(0. 004)	(0. 004)
流动性		0. 005 ***	0. 005 **	0. 005 ***	0. 006 ***	0. 005 ***
		(0. 002)	(0. 002)	(0. 002)	(0. 002)	(0. 002)
资产性质		0. 015 ***	0. 015 ***	0. 015 ***	0. 015 ***	0. 015 ***
		(0. 002)	(0. 002)	(0. 002)	(0. 002)	(0. 002)
债券市场相对规模			- 8. 520 ***	- 10. 667 ***		- 5. 150
			(2. 333)	(3. 288)		(4. 075)
股票市场交易规模				- 0. 256		0. 070
				(0. 277)		(0. 313)
衍生品市场交易规模					0. 420 ***	0. 314 **
					(0. 108)	(0. 135)

续表

变量	（13）	（14）	（15）	（16）	（17）	（18）
常数项	14.896 ***	13.615 ***	21.426 ***	24.393 ***	11.863 ***	16.753 ***
	(0.888)	(0.966)	(2.383)	(4.004)	(1.062)	(5.196)
样本数	5028	5028	5028	5028	5028	5028
Pseudo R²	0.576	0.689	0.693	0.694	0.694	0.695
chi2	1944	2326	2340	2341	2341	2346

注：括号内为标准误，＊、＊＊、＊＊＊分别表示在10%、5%和1%的水平上显著。

（二）稳健性检验

为检验结果稳健性，回归（19）～（21）将被解释变量由是否发行海外债券替换为是否发行美元债券，债券特征的回归结果并无显著变化，国际化程度较高的企业更可能选择海外债券融资，而国有企业并未倾向海外债券融资。考虑到当前中国证券市场不允许企业发行外币债券和股票，因此企业的需求仅能通过衍生品市场满足，回归（21）增加了衍生品市场交易规模后，其系数显著为正，说明以外币债券融资后，企业使用外汇衍生品的需求更大，结果依然稳健。回归（22）～（25）还使用普通最小二乘法分别对是否为国际债券和是否为美元债券回归，回归结果系数变大，但符号和显著性并无显著变化。

表 2 - 9 稳健性检验

变量	（19）美元债券	（20）美元债券	（21）美元债券	（22）国际债券	（23）美元债券	（24）国际债券	（25）美元债券
债券规模	- 1.600 ***	- 2.141 ***	- 2.155 ***	- 0.386 ***	- 0.310 ***	- 0.386 ***	- 0.307 ***
	(0.094)	(0.109)	(0.112)	(0.009)	(0.009)	(0.009)	(0.009)
债券期限	0.271 ***	0.250 ***	0.268 ***	0.010 ***	0.010 ***	0.010 ***	0.010 ***
	(0.016)	(0.018)	(0.019)	(0.000)	(0.000)	(0.000)	(0.000)
是否是浮动利率	0.221	0.113	0.165	0.022	0.059	0.022	0.064
	(0.330)	(0.399)	(0.418)	(0.041)	(0.041)	(0.041)	(0.041)
是否是上市公司	1.606 ***	0.667 ***	0.749 ***	0.098 ***	0.076 ***	0.098 ***	0.077 ***
	(0.078)	(0.145)	(0.149)	(0.012)	(0.012)	(0.012)	(0.012)

续表

变量	(19)	(20)	(21)	(22)	(23)	(24)	(25)
	美元债券	美元债券	美元债券	国际债券	美元债券	国际债券	美元债券
是否是国有企业	−0.326 ***	−0.437 ***	−0.402 ***	−0.088 ***	−0.077 ***	−0.088 ***	−0.075 ***
	(0.074)	(0.095)	(0.097)	(0.007)	(0.007)	(0.008)	(0.007)
中美利差	0.118 **	0.202 ***	0.334 ***	0.056 ***	0.039 ***	0.056 ***	0.043 ***
	(0.058)	(0.064)	(0.070)	(0.005)	(0.005)	(0.005)	(0.005)
企业规模		0.749 ***	0.740 ***	0.155 ***	0.134 ***	0.155 ***	0.132 ***
		(0.065)	(0.066)	(0.006)	(0.006)	(0.006)	(0.006)
上市时长		0.036 ***	0.032 ***	0.005 ***	0.004 ***	0.005 ***	0.004 ***
		(0.007)	(0.007)	(0.001)	(0.001)	(0.001)	(0.001)
杠杆率		0.008 ***	0.005 *	0.002 ***	0.002 ***	0.002 ***	0.001 ***
		(0.003)	(0.003)	(0.000)	(0.000)	(0.000)	(0.000)
盈利能力		0.026 ***	0.025 ***	0.005 ***	0.004 ***	0.005 ***	0.004 ***
		(0.004)	(0.004)	(0.000)	(0.000)	(0.000)	(0.000)
流动性		0.008 ***	0.009 ***	0.001 ***	0.001 ***	0.001 ***	0.001 ***
		(0.002)	(0.002)	(0.000)	(0.000)	(0.000)	(0.000)
资产性质		0.013 ***	0.013 ***	0.002 ***	0.002 ***	0.002 ***	0.002 ***
		(0.002)	(0.002)	(0.000)	(0.000)	(0.000)	(0.000)
衍生品市场交易规模			0.649 ***			0.001	0.024 ***
			(0.102)			(0.009)	(0.009)
常数项	10.715 ***	8.638 ***	6.075 ***	2.034 ***	1.560 ***	2.029 ***	1.455 ***
	(0.812)	(0.860)	(0.958)	(0.072)	(0.072)	(0.081)	(0.081)
样本数	5028	5028	5028	5028	5028	5028	5028
Pseudo R^2	0.520	0.615	0.628				
chi2	1606	1898	1938				
调整 R^2				0.477	0.416	0.477	0.417
F 值				382.9	299.6	353.4	277.5

注：括号内为标准误，*、* *、* * *分别表示在10%、5%和1%的水平上显著。

四、结论与建议

基于1993—2017 年中国非金融企业在海内外债券市场发行的 33169 只债

券数据，首次大样本分析国内外债券的非价格特征差异，本书发现中资企业发行的国际债券利率期限更长但融资金额并未更大。为进一步控制企业差异对债券非价格特征差异的影响，本书选取在国内债券市场和国际债券市场均发债的企业，分析其发行债券的非价格特征，结果依然不变。这说明中国债券市场蓬勃发展，取得了很大进步，国内债券市场存量规模与日俱增，已经具备一定的市场深度，并不逊于发达国家债券市场。另外，企业可以在国内市场和国际市场发行不同特征的债券，说明在为企业提供融资服务方面，国内债券市场和国际债券市场具有一定的互补性。

为控制企业差异和市场差异的影响，本书将 4555 家非金融上市公司2011—2017 年公司数据与 33169 只债券数据匹配，得到 1006 家上市公司发行的 5028 只债券。研究结果表明非价格特征不变，还发现国际化水平较高的公司更可能选择海外债券融资，而国有企业并未倾向海外债券融资。这一方面可能得益于国内金融市场和信贷市场发展，另一方面受限于去杠杆的融资限制。另外，本书还验证了市场深度假说，市场相对深度和衍生品市场的发展是吸引中资企业海外债券融资的因素，间接验证了外汇衍生品和发行海外债券存在互补关系。文章同样支持了权衡理论，并证明了中美利差是中国上市企业海外债券融资的重要影响因素。公司规模越大、上市时间越长，拥有有形资产抵押的企业能有效地降低信息不对称，越容易进入国际资本市场进行海外债券融资，支持了代理理论。

国际金融危机后，以美国为代表的发达经济体先后实施量化宽松的货币政策，全球债券市场利率持续走低，新兴市场经济体发行的国际债券规模和数量创出历史高点，且以非金融公司发行国际债券的数量和规模尤为突出。中国自 1982 发行第一只国际债券以来，国际债券规模和数量一直相对平稳，2007 年国际债券存量仅为 200 亿美元，占全球国际债券存量的 3.5%，而至2017 年末，国际债券存量高达 9040 亿美元，占全球国际债券存量的四分之一。随着美元走强和美国国债收益率走高，新兴市场经济体企业海外债券发行成本及偿债压力逐渐凸显。非金融企业的国际借贷已成为不可忽视的风险传递渠道，其金融脆弱性可能构成主权债务的风险来源（Du 和 Schreger，2016）。

　　考虑到未来人民币的贬值压力，为化解中资公司的财务困境，提出如下建议：一是建议企业提升公司治理和风险管理的能力，有效利用金融工具对冲风险，增强抵御外汇风险的能力；二是建议发展和完善衍生品市场，提供更多有效的金融对冲工具；三是为减少企业因监管套利和息差套利而选择海外发债的情况，建议应着力建设高质量开放型的债券市场；四是建议采取宏观审慎原则，实时监测跨境资本流动情况，完善我国外债管理体系和外债预警机制，防范贬值加剧货币错配风险。

第三章　中资美元债券的发行实务

第一节　发行程序及时间周期

中资美元债的发行流程一般包括指定中介机构、启动项目、准备发行文件、路演与定价、发行与簿记五个环节。对于首发投资级项目而言，理论耗时 6～8 周，实际耗时 6～12 周，具体项目会存在进度差异。与其他币种发行的流程一样，不存在工作流程上的异同。

指定中介机构：在债券发行的第 1 周初，选聘法律顾问，通知审计师发债事宜，并选择受托人、上市代理商和印刷商。参与中介一般包括承销商、国际发行人律师、国际承销商律师、中国发行人律师、中国承销商律师、评级机构（如需要）、审计师、信托银行和印刷商。

启动项目：召开启动大会并启动业务、法律、财务等方面的尽职调查，联系评级机构并准备评级说明材料，一般在第 1 周完成。企业也可在此阶段初步接触潜在投资者，为后期销售策略制定做准备。

准备发行文件：包括展开尽职调查，草拟募集说明书、安慰函、法律意见书、条款协议、代理协议、认购协议等文件，召开评级机构说明会，草拟路演演示材料及投资者问题等具体工作。如果进度较快，一般在债券发行的第 2 周至第 8 周完成。

路演与定价：包括安排路演及投资者会议、录制网上路演、分发发行通函、公布交易、路演、公布交易前尽职调查、定价及签署等细项。一般在债券发行的第 9 周完成。

发行与簿记：包括发行通函定稿、投资者认购、结算前尽职调查、提交法律意见、结算及交割等具体工作。一般在债券发行的第 9 周完成。

如果发行人拟采用私募发行的方式，流程一般可以简化，时间缩短至 4 周左右。

如果是高收益债券的发行人，时间则会更长。在各方全力以赴的情况下，从最初的项目启动会到发行启动（即正式对外宣布拟议发行），需要 8～10 周时间。可延误这一过程的因素包括：缺乏现成的有关发行人及其业务介绍的英文材料；发行人内部会计团队及外部审计师按照要求编制财务资料所需的时间；与发行人的现有债权人进行必要谈判过程中出现的各类难题及延迟；解除现有担保权益（有利于债务将得到清偿的债权人）及设立新的担保权益（有利于债券持有人）的相关难题；评级过程中出现的各类难题及延迟；第三方 KYC（了解你的客户）程序，该程序主要是进行强化审查，甄别反洗钱风险，了解资金往来的合法性；总体市场状况。

在整个项目执行过程中，最耗时的是尽职调查。为了更好地了解发行人的业务，在起草招债说明书时，经办人及其法律顾问，和发行人的法律顾问需要同时对发行人经营相关的法律、业务和财务状况进行广泛评估。这一般包括对所有重大合同、政府授权和业务的其他关键文件进行评估。此外，各方还需和发行人的高级管理层、财务人员和负责编制报告的会计师进行一系列的讨论。

取决于实际情况，不同案例中所需尽职调查的程度各不相同，而且不可避免地涉及主观判断。在尽职调查过程中获取的信息有助于起草文件，并确保发行人业务的所有重大事项都得到了恰当的披露。尽职调查还有助于确保招债说明书中的信息披露是精确的，并基于最新可获得的数据。

尽职调查可以被宽泛地分为三大类，即法律、业务和财务尽职调查。尽职调查一般由承销商的国际法律顾问主导，辅之以发行人的国际法律顾问，其职能是帮助发行人回答问题。

法律和业务尽职调查包括对发行人公司结构和组织、董事会会议纪要、财务和会计流程、股东信息、发行人的陈述和报告、重大协议、知识产权、税收问题、资产、环境问题、现有和未来诉讼、战略、竞争和行业展望等方面的审查。承销商及其法律顾问向发行人提供一份为起草招债说明书所需审阅文件的清单。该尽职调查需求清单非常广泛全面。由于需求方并不充分知晓发行人的文件档案，该清单必定包含承销商预期在同行业类似公司数据室里能够找到的文件。

在收到尽职调查需求清单后，发行人开始设立一间数据室，除了对应尽职调查需求清单上的文件之外，还包括需求清单上没有但发行人认为重大的任何文件。数据室的地点不一而论，取决于文件和需要审阅文件各方的位置。对大多数发行人而言，更为高效和经济的方法是将文件上传到一个密码保护的安全网站上，只有发行相关方才能够获取这些文件。对某些发行人而言，更为高效和经济的方法是在其办公地点设立一个空间，集中放置所有需要审阅的文件。发行人的国际法律顾问可以帮助发行人的管理团队解释尽职调查需求清单，并就如何最好地为工作组组织材料提供建议。

财务尽职调查涉及发行人的财务、会计和资金部门。一般包括对发行人全年及中期财务报告、经营结果、预测、现金流、财务负债和财务状况的其他方面进行审查。承销商及其法律顾问尤其重视驱动发行人财务表现的因素，以及发行人各期财务状况的显著变化。此外，财务尽职调查还关注发行人的利润和运营资本预测。惯常的做法还包括与发行人的外部审计师召开尽职调查会议，讨论诸如审计师相对于发行人的独立性，在审计中发现的任何问题，以及对于发行人内部会计政策、控制和流程的意见等问题。高级管理层可以行使酌情权或者进行主观判断的会计政策会受到特别关注，目的是检验高级管理层是否合理地行使酌情权。

在尽职调查和起草阶段，管理层和尽职调查会议须由发行人的高级管理层参加。这些会议让承销商和双方的法律顾问可以深入了解发行人的业务，从而更好地撰写招债说明书。

在以上发行准备阶段，还有两个重点环节可同步进行，即备案与主体评级（如需）。

2015年9月14日，国家发展改革委发布《关于推进企业发行外债备案登记制管理改革的通知》，取消发债审批机制，实行登记制度管理，鼓励海外融资并明确资金可以在境内外自由使用。新的制度框架下，企业在发改委和外管局备案发行中资美元债需执行办理备案登记手续、报送发行信息和外债登记三个主要环节。

信用评级是第三方信用评级中介机构对债务人如期足额偿还债务本息能力的评价，是国际投资者进行债券投资的重要参考，在国际资本市场中受关注也同样较高。

中资美元债的评级缺失问题较为严重。据不完全统计，当前中资美元债存量较大的房地产板块的 80 多个境外发行人中，存在标普发行人评级的主体不到一半。主要原因是境外评级的流程相对更长。对于境内发行企业来说，境外的发行成本更有优势，评级流程可能使企业错过募集的最佳时间窗口。而且，在财务、法规等问题，以及评级角度上，境外与境内存在些许不同，或导致企业不能获得预期评级，而使得发行成本发生变化。此外，144A 与 Reg S 的私募发行方式本身也并不强行要求有评级结果。

企业如有国际评级需求，需执行提出评级要求、收集资料、召开管理层会议、评级委员会评级、授予评级、公布评级、跟进评级 7 个主要环节。若受评企业对评级内容有异议，可在授予评级后进行上诉，重申评级。

以下是债券项目执行主要步骤及项目示意性时间表，供参考：

表 3 – 1 债券项目执行主要步骤

文件准备	— 按照市场惯例制备文件，确保最佳市场接受程度。 — 承销商及其律师、发行方及其律师协同工作，完成交易所需文件。 — 文件准备将从项目开始直至项目完成交割。
尽职调查	— 尽职调查包括管理层、中国法律与审计师尽职调查及了解客户背景（KYC）工作。 — 承销商会与其境外律师针对公司的管理层进行尽调以及针对审计师进行尽调。 — 中国律师根据中国法律尽调结果出具中国法律意见书。
债券评级	— 若债券需评级，则需和评级机构沟通。
境内审批	— 与境内有关审批机关及时沟通。
投资者路演	— 承销商制定全面的市场推介策略。 — 路演安排会见投资者。
簿记和定价	— 簿记建档。 — 债券承销和销售，从投资者处收到反馈，以决定价格和发行规模。 — 在定价日定稿发行通函（包括债券条款），签署认购协议与安排函，审计师出具安慰函。
交割	— 签署信托契据与代理协议等交割文件。 — 根据交割备忘录进行交割程序，包括交付债券总额证书、支付募集资金等。 — 交割完成后，发行人需要根据法律规定履行发改委信息报送、外管登记等手续（如适用）。

表 3 – 2 债券项目示意性时间表

时间	任务
第1周	— 发行人的法律顾问撰写初步招债说明书提纲，并与发行人进行讨论。 — 发行人、承销商及各自的法律顾问就发行结构达成一致。 — 发行人及其法律顾问讨论债券条款。 — 发行人的法律顾问与承销商就债券条款的关注事项进行讨论。 — 发行人按照发行人的法律顾问及承销商的法律顾问提出的尽职调查资料需求清单准备资料室。
第2周	— 发行人、承销商及各自法律顾问就现有贷款人及抵押品受托人的处理方式达成一致。 — 工作组对招债说明书拟稿从较高层次提供反馈意见。 — 发行人及发行人的法律顾问修改招债说明书拟稿。 — 发行人的法律顾问及承销商的法律顾问开始文件尽职调查。 — 承销商及承销商的法律顾问起草招债书框架、条款条件及交易文件。
第3周	— 选择债券挂牌的证券交易所。 — 甄选受托人及受托人的法律顾问。 — 发行人的法律顾问再次传阅招债说明书拟稿。 — 承销商的法律顾问传阅债券说明拟稿。 — 起草受托人加入信托关系的安排文件（如适用）。 — 承销商及承销商的法律顾问审阅招债说明书拟稿并提出综合修改意见。 — 发行人及发行人的法律顾问就债券说明进行讨论。 — 召开招债说明书起草会议。 — 起草会计师委聘函并传阅安慰函。 — 承销商及承销商的法律顾问传阅债券认购协议拟稿。 — 发行人及承销商撰写信用评级演示材料。
第4周	— 发行人的法律顾问再次向工作组传阅招债说明书。 — 发行人的法律顾问传阅对债券说明的修改意见。 — 承销商及承销商的法律顾问审阅招债说明书拟稿并提出综合修改意见。 — 承销商、发行人及各自的法律顾问讨论债券说明。 — 召开招债说明书起草会议。 — 发行人及发行人的法律顾问讨论债券认购协议并向承销商及承销商的法律顾问传阅修改意见。 — 发行人及承销商撰写信用评级演示材料。

续表

时间	任务
第5周	— 召开招债说明书起草会议（如需）。 — 与受托人及受托人的法律顾问等相关方讨论债券说明及受托人加入债券信托关系的安排文件。 — 讨论债券认购协议（如需）。 — 发行人及承销商撰写信用评级演示材料。 — 准备路演演示报告。
第6周	— 发行人向证券交易所提交招债说明书拟稿并送交印刷商（如果足够完备）。 — 召开招债说明书起草会议（如需）。 — 讨论债券认购协议（如需）。 — 会晤信用评级机构。 — 准备路演演示报告。
第7周	— 发行人收到证券交易所对招债说明书的反馈意见，针对该等反馈意见进行修订并重新向交易所提交招债说明书拟稿。 — 承销商的法律顾问完成债券说明最终稿。 — 讨论债券认购协议（如需）。
第8周	— 发行人的法律顾问征求交易所等方面的意见，完成初步招债说明书的最终稿。 — 债券认购协议定稿。 — 路演演示报告定稿。 — 取得抵押品受托人及所有借款人的同意。 — 收到信用评级机构的初步反馈意见。 — 印刷初步招债说明书。

第二节　发行相关的中介机构分工

　　美元债的发行，不仅要花费一些时间，涉及的各方机构也比较多，包括发行人境内母公司、发行人特殊目的公司（BVI 或开曼群岛）、承销商、审计师、发行人国际律师、发行人境内律师、承销商国际律师、承销商境内律师、发行人 BVI/开曼律师、信托人、信托人律师、结算系统、香港交易所或其他上市交易所等。其中最重要的角色是承销商，有时承销商也被称作全球协调人，顾名思义承销商需要担任协调人的作用，协调各方按照时间表完成发行工作。

一、承销商的职责——驱动各方完成共同的目标

发行人聘请承销商旨在包装发行人、识别潜在投资者、实现最理想定价和筹集资金。承销商履行职责、协调其他工作方并管理整个交易程序。承销商一般还担任评级顾问。承销商将获得占发行金额某个百分比的费用作为报酬。各方的目标是一致的，因为共同目标是成功发行、最大程度地降低责任风险，以及通过认购协议分清发行人和承销商之间的风险。

二、审计师的职责

审计师由发行人聘任并参与项目执行，通常由发行人支付费用。审计师为招债说明书所需要的财务报表进行审计和中期审阅，就招债说明书中使用的财务数据和其他与财务相关的尽职调查事项为承销商出具安慰函。

安慰函由审计师在定价及交割时出具，是承销商尽职调查抗辩的一部分，主要内容是确认审计师已经根据安排函的工作范围进行了审计或者审阅。安排函一般由发行人、承销商及审计师签署，列出其受委任的工作范围，并厘清责任。

审计师的安排函和安慰函有时涉及重要的债券条款谈判点，可能延迟或阻止一项发行交易的完成。

三、律师的职责

就律师职责分工而言，在境外公开发行美元债券时，负责债券发行的主要有四家律所，境内和境外各两家，分别作为发行人境外律师、发行人境内律师、承销商境内律师和承销商境外律师。若采用私募发行方式，可以聘请境内和境外各一家律师事务所提供服务即可。

境外美元债券发行的全英文版发行说明书、认购协议及担保契据等交易文件由境外承销商律师负责撰写，境外主承销商不负责此项工作。而境内律师服务的重点在于对发行人或境内担保人及其重要子公司开展尽职调查，依

据中国境内法律规定对发行涉及的事项作出判断，并出具英文版法律意见书，发表明确法律意见。境外承销商律师依据境内律师的法律意见编写发行说明书中涉及境内法律规定的内容。可以说各律师按照市场惯例履行其各自职责，分工协作，具体如表3-3所示。

表 3-3   债券律师分工

发行人境外律师	— 起草发行通函，审阅法律文件。 — 协助提交债券上市。 — 申请文件。 — 发表法律意见、协助尽职调查。
发行人境内律师	— 尽职调查。 — 协助处理境内法律相关事宜。 — 发表法律意见。
承销商境外律师	— 审阅发行通函。 — 起草认购协议和法律文件。 — 发表法律意见、开展尽职调查。
承销商境内律师	— 尽职调查，境内法律支持。 — 发表法律意见。
信托人律师	— 审阅信托契据、代理协议，发表法律意见。

四、香港联交所的职责——上市申请

有九成以上的美元债选择在香港上市，因为美元债的大部分投资人在香港，香港上市的债券可以获得更大的二级市场流动性，吸引本地投资人的认购。如欲申请债券上市，应在定价前两周向香港联交所提交下列文件以作事先审核：债务证券清单草稿（CD016）、上市文件草稿、正式申请草稿（Form C2）、上市公告草稿、发行人和担保人的董事会决议草稿（如适用）、授权代表草稿、已签署的专业投资者豁免函（如需要）。若发行人或担保人是香港联交所上市公司，则需要分别在交易宣布日和定价日各颁发一份公告。

以下文件需要在定价后一日内递交给联交所：上述所列文件草稿的最终版本以及初始上市费用。在联交所确认没有进一步意见前上市文件不可以公布。

上市公司的董事需要决定是否存在内部信息，内部信息是指满足以下全部三个条件的特别信息：（1）有关于上市公司、其股东和管理层；（2）非公开；（3）价格敏感。根据香港联交所规定，内部信息需要被翻译并分别以中英文公告的方式递交。

五、信托人的职责

信托人的财务代理只能是代表公司行使一些行政职能，例如转发利息支付、处理债券转让或交换事宜。在某些情况下需要代表债券持有人的权利，如发生违约事件时。

第三节　主要发行结构

中资企业境外发行债券的结构通常有四种，直接发行、跨境担保发行、境内公司提供维好协议发行和银行提供备用信用证（SBLC）发行。针对不同的债券发行结构，发行人、承销商以及投资者应当考虑以下几个问题：需取得何种审批或备案？债券发行所得能否汇入中国，并且如何汇入？是否有任何特别的税务考量？对债券评级有什么影响？四种债券发行结构中，前三种发行方式较为常见，占据美元债存续量的95%以上，我们先将这三种基本结构对比分析如下。

一、直接发行

中国境内注册成立的企业直接去境外发债，发债主体是中国境内企业，也是直接持有主要业务和资产的主体。

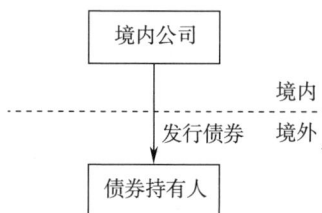

图3-1　直接发行结构

（一）监管审批程序

1. 发改委事前备案/事后报送。根据国家发展改革委 2015 年 9 月发布的《关于推进企业发行外债备案登记制管理改革的通知》（发改外资〔2015〕2044号，以下简称 2044 号文），境内企业及其控制的境外企业或分支机构向境外发行 1 年期以上的债券，需要在发行外债前办理备案登记（事前备案），并在每期发行结束后 10 个工作日内，向国家发展改革委报送发行信息（事后报送）。

2. 外汇局备案/登记。根据中国人民银行于 2017 年 1 月发布的《中国人民银行关于全口径跨境融资宏观审慎管理有关事宜的通知》，非金融企业（不包括政府融资平台和房地产企业）在发行前报备相关材料，并进行跨境融资风险加权余额及上限的计算，在限额内自主开展本外币跨境融资。企业应当在跨境融资合同签约后但不晚于提款前 3 个工作日，向国家外汇管理局的资本项目信息系统办理跨境融资情况签约备案。

根据国家外汇管理局相关规定，发行人应当在外债合同签约后 15 个工作日内，到所在地外汇局办理外债签约登记手续。

（二）内部审批程序

发行人需通过发行境外债券的董事会决议和股东大会决议。

（三）税务影响

根据《中华人民共和国企业所得税法》及《中华人民共和国企业所得税法实施条例》，发行人须为境外投资者缴纳的预提税，其中包含 10% 的所得税（如为香港投资者，该税率为 7%）、相关增值税及附加。

（四）发行主体偿债能力

境内机构作为主体发行，偿债能力强。

（五）募集资金回流要求

募集资金需要调回境内使用。

直接发行结构最为简单直接，是投资人最容易理解的结构。许多高评级发行人由于本身发行票息就不高，票息的税务成本也相对可控，常常选用直接发行的模式。例如农业发展银行首次发行境外美元债券就采用直接发行的结构。

2018 年 9 月 19 日，中国农业发展银行成功发行 7 亿美元及 12 亿元人民币双币种债券，包括人民币 2 年期固息债券，利率 4.16%，以及美元 3 年期浮息债券，利率 3ML + 62BP。美元和人民币债券都获得了近 3 倍的超额认购，在发行供应较多的 9 月中，抢占市场鳌头。直接发行结构简单直接，颇受投资人的欢迎。

表 3 - 4　　　直接发行结构案例——农业发展银行首只境外美元债券

发行人	中国农业发展银行
发行规模	7 亿美元/12 亿元人民币
类型	高级无抵押债券
发行方式	Reg S
票息	3ML + 62BP/4.16%
期限	3 年/2 年
币种	美元/人民币
发行日期	2018/9/19
适用法律	英国法
上市地	香港交易所

二、跨境担保发行

跨境担保结构是指境外子公司（可以是专门为发债成立的壳公司）为债券的发行人，境内注册的母公司对债券提供跨境担保。

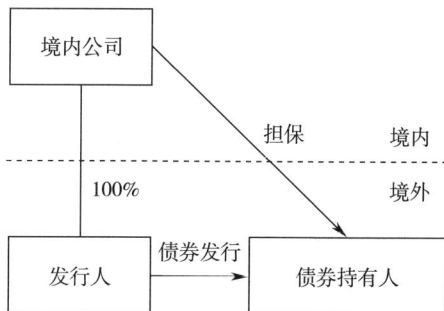

图 3 - 2　跨境担保发行结构

（一）监管审批程序

1. 发改委事前备案/事后报送。与直接发行相同。

2. 外汇局备案/登记。根据国家外汇管理局于 2014 年 6 月发布的《跨境担保外汇管理规定》，担保人应在签订担保合同后 15 个工作日内到所在地外汇局办理内保外贷签约登记手续。

（二）内部审批程序

发行人须通过发行境外债券的董事会决议和/或股东大会决议。

担保人须通过对外提供担保的董事会决议和/或股东大会决议。

（三）税务影响

发行人无须缴纳预提税。

（四）发行主体偿债能力

境内机构提供担保，构成具有法律约束力的义务，该结构下的债券定价主要参考担保人的信用评级，增信效果良好，偿债能力强。

（五）募集资金回流要求

2017 年 1 月 26 日，国家外汇管理局发布了《关于进一步推进外汇管理改革完善真实合规性审核的通知》（汇发〔2017〕3 号），明确放开了《跨境担保外汇管理规定》（汇发〔2014〕29 号）中关于未经外管局批准，禁止将内保外贷项下资金直接或间接调回境内使用的限制（"资金回流限制"），允许内保外贷项下的债务人以发放外债、股权投资等方式将内保外贷项下资金直接或间接调回境内使用。

担保结构由于潜在的税务减免优势，颇受发行人的欢迎，是使用频率最高的一种结构。例如，2017 年 4 月 11 日，江苏省连云港港口集团在境外发行了 3 亿美元 3 年期境外债券，票息 3.875%。本次发行采用了境内集团公司向境外 SPV 提供无条件无从属担保的交易结构，这是苏北地区首家在海外发行的投资级美元债券。

本次发行受到投资者的青睐和追捧，订单合计 24 亿美元，认购倍数达到 8 倍。投资者类型包括国家主权基金、银行、保险、对冲基金、证券公司等，投资者主要分布在中国香港、新加坡、欧洲等地，其中来自欧洲的投资者占比在 15% 左右。黑石基金、JP 摩根、瑞士信贷银行等众多国际著名投资机构踊跃认购。

表 3 – 5　担保结构发行案例——连云港港口集团 3 年期 3 亿美元债券

担保人	江苏省连云港港口集团
发行人	山海（香港）国际投资有限公司
发行日期	2017 年 4 月 11 日
发行期限	3 年
债券类型	高级无抵押债券
发行方式	Reg S
票息	3.875%
发行规模	3 亿美元
主承销商	中国银行
债券评级	BBB –（S&P）
上市地	香港联交所
适用法律	英国法
独家全球协调人及评级顾问	中国银行

三、境内公司提供维好协议或股权收购承诺协议

维好协议（Keepwell Deed）是境内企业与境外发行人之间签署的协议。按照协议规定，境内企业承诺，至少持有一定比例的境外发行人的股份，并为其提供流动性支持，保证其能够保持适当的资产、权益及流动资金，不会出现破产等情况。

股权收购承诺协议（Deed of Equity Interest Purchase Undertaking）安排一般要求境内企业在境外已有存续及运营了一定时间、名下有一定资产的境外控股公司，由该境外控股公司出面发行债券或为境外发行人的债券偿还提供保证担保。同时，为了对该境外控股公司的偿债能力进行增信，境内企业还需向该控股公司提供股权收购承诺，承诺一旦境外发行的债券项下出现或可能出现违约，如果债券受托人提出要求，境内企业将收购该控股公司持有的资产，且收购价格不低于债券到期应付的本金、利息和相关费用之和。

（一）监管审批程序

发改委事前备案/事后报送：与直接发行相同。

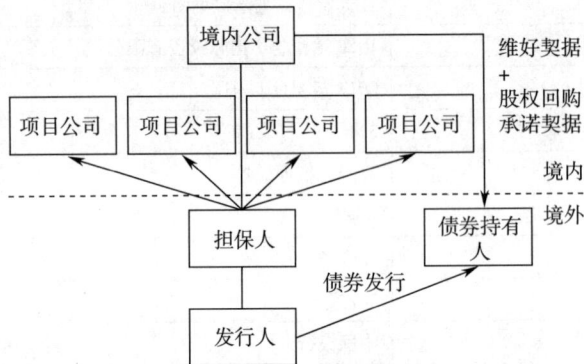

图 3-3 维好协议发行结构

（二）内部审批程序

一般不涉及境内主体层面的内部有权机构决议。

（三）税务影响

发行人无须缴纳预提税。

（四）发行主体偿债能力

需要加强对境外发行主体的管理，使其境外投资收益可以覆盖还本付息所需资金。维好协议项下维好安排被触发时，如涉及境内主体将资金汇出境外则需履行相应监管程序。

（五）募集资金回流要求

没有明确监管规定，发债募集资金可以通过正常外商投资或贸易渠道进入境内。

由于业务性质的特点，银行系租赁公司大多采用维好结构发行，其中工银租赁、国银租赁发行频繁。

2019 年 2 月 26 日，工银金融租赁股份有限公司（工银租赁）发行了 3 年期 7 亿美元及 5 年期 8 亿美元，总金额 15 亿美元的中期票据。本次发行最终获得了约 90 亿美元的订单，相当于近 6 倍的超额认购。

表 3 – 6　　　　　　维好结构发行案例——工银租赁 15 亿美元中期票据

维好协议提供方	工银租赁
发行人	ICBCIL Finance Co. Limited
债券类型	中期票据
债券评级	A1（穆迪）/A（惠誉）/A（标普）
发行货币	美元
发行规模	7 亿美元/8 亿美元
期限	3 年/5 年
发行方式	Reg S
债券类型	高级无抵押、固息债券
票息	T3 + 125bps T5 + 142.5bps
适用法律	英国法

最后，我们用一张表将前三种最普遍使用的结构在评级、资金回流、审批、税务等核心坏节进行对比。

表 3 – 7　　　　　　　　发行结构简要对比

	直接发行	担保结构项下发行	维好结构项下发行
结构	相对简单	相对简单	相对复杂
评级	债券评级 = 发行人评级	债券评级 = 发行人评级	下调 1 ~ 2 级
向境内汇入发行所得	可以（事先与外汇局沟通）	不可以（除非获得外汇局批准）	可以
审批	— 股东会 — 发改委登记① — 外汇局外债登记	— 发改委登记 — 外汇局内保外贷登记	— 发改委登记
境外主体	非必须具备	必须具备	必须具备
税务	通常情况下，发行人需要支付额外金额以补偿预提税以及代缴或已支付的增值税（约 16%）	通常情况下，如通过非中国居民企业支付，无须缴纳预提税和增值税	通常情况下，如通过非中国居民企业支付，无须缴纳预提税和增值税

---

① 某些领域的企业可能需要获得特殊的批准。

四、银行备用信用证担保（Standby Letter of Credit，SBLC）

银行备用信用证担保的发行方式并不常见，其在评级、资金回流、审批、税务等核心环节的发行特征与第二种发行结构基本相同。

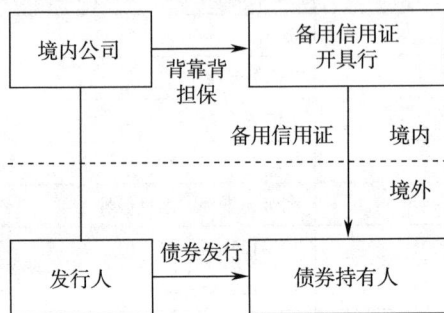

图 3-4　银行备用信用证担保发行结构

本身没有国际评级或者评级较低的中国公司可借助银行增信方式降低发行成本，完成发行。增信方式通常为银行出具的担保函或备用信用证。发行主体需要获得银行备用信用证支持，同时需要取得至少一家国际评级机构的发行债券评级。SBLC 结构项下，发行主体为发行人在境外设立的 SPV，担保人通常为大型国有银行、股份制银行的境内或境外分行。

如果发行人本身没有国际评级或者评级较低，银行的备用信用证可有效提升债券信用，降低票面利率。通过备用信用证或保函作为增信工具，其债券评级基本视同于由其银行发行的债券评级，公司无须向评级机构披露其业务或营运的相关信息。不过考虑到提供增信的银行将会收取保函费，以及银行备用信用证业务准入门槛较高，备用信用证结构发行并不常见。以中国银行为例，最近一次提供发债增信是 2016 年浙江吉利控股集团有限公司 4 亿美元 5 年期绿色债券发行，当时吉利汽车还没有取得国际评级，自身发行成本高出预期。

2016 年 5 月 19 日，中国银行作为全球协调人协助浙江吉利汽车集团完成当年首次境外美元债券发行。该债券由伦敦分行提供备用信用证，获得了 A1（穆迪）的国际评级，票面利率 2.75%、发行金额 4 亿美元、期限 5 年。

该债券是中资企业在 2016 年首单全球发行的绿色债券，获得了全球来自 90 个账户超过 23 亿美元的认购额，认购倍数接近 7 倍，订单簿质量很高。最终价格较初始价格缩窄了 30 个基点，定在 T + 140bps。

表 3 - 8　　SBLC 发行案例介绍——吉利汽车 4 亿美元 5 年期绿色债券

备用信用证提供方	中国银行伦敦分行
发行人	英国伦敦出租车有限公司
评级	A1（穆迪）
期限	5 年
发行规模	4 亿美元
发行日期	2016 年 5 月 19 日
票面利率	2.75%
发行方式	Reg S
适用法律	英国法
清算机构	Euroclear/Clearstream

第四节　主要发行方式

中资企业境外债券发行通常遵循美国证券法中的 S 条例（Reg S）或者 144A 规则，也有少部分是在美国证监会注册的发行（SEC - Registered Offerings），例如中海油集团、百度等。在亚洲债券市场上，144A 规则债券可以向美国境内符合资格的机构投资者发行，而 S 条例债券只能向美国境外的机构投资者发行。在 Reg S 的发行架构下，发行人不能直接向美国账户发售或出售此类债券，比如不能通过美国路演的方式发行。由于 144A 规则可以面向美国本土投资者发行，因此信息披露要求比 Reg S 更加严格。而 SEC 注册格式可以同时销售给美国的零售投资人，故信息披露严格程度高于 144A 规则，除非需要进行特别大规模的发行，一般来说中资发行人很少选择这种注册格式。大部分发行人倾向于发行 S 条例债券，欧洲和亚洲市场的机构投资者已足以消化市场的发行量。

一、S 条例发行（Reg S）

S 条例发行最为常见，近年来在中国企业的境外债券发行中广泛使用。S 条例票据是那些在离岸交易中根据 S 条例在美国境外出售的票据。为符合 S 条例的资格要求，发行和购买订单必须在美国境外进行，在美国或对美国人士必须没有进行"有针对性的销售活动"。有针对性的销售活动是指发行证券所举行的活动目的是针对美国市场，或是能够合理预计将会产生针对美国市场的效果。

S 条例的发行案例较多，本书选择了美元债市场形成以来最有"功夫"的一笔发行，即我国财政部 20 亿美元境外主权债券。2017 年 10 月 26 日，中国银行作为牵头主承销商和簿记管理人，成功协助财政部在香港完成 20 亿美元主权债券发行。财政部本次同时发行 5 年期和 10 年期两个品种，尽管未作评级，但发行仍受市场热烈追捧，定价收益率分别为 2.196%（T5 + 15bps）和 2.687%（T10 + 25bps），相较同期限美国国债收益率的溢价十分有限，并大幅窄于日本发行的同期限可比交易美元债券约 23bps，为亚洲最低。

交易公布后，市场反应如意料之中一样热烈，然而热烈程度还是超出市场普遍预期，认购情况体现增速快、冲量强、分布广三个特征。上午 9 点开簿，10 点整订单合计已超 100 亿美元；下午 2 点半关闭亚洲账簿，3 点整订单规模已达 200 亿美元；最终价格指引公布后，未出现明显撤单情况，订单簿规模稳定在 210 亿美元，两个期限均超过 10 倍超额认购，创下主权美元债券发行认购倍数的历史新高。其中 5 年期有 279 个账户、10 年期有 314 个账户获得配售，投资人类型包括央行、主权基金、基金、保险、银行等，地域横跨亚洲、欧洲、中东及非洲。

选择仅 S 条例发行是因为各方有信心在欧亚市场获得足够的订单数量，这背后是投资者对中国经济的信心，以及对中国政府稳健债务结构的认可。这是 2004 年以来财政部首次在境外发行主权外币债券，是美元债市场发展的一个重要里程碑，以较低成本成功发行美元主权债券协助重构了美元债收益率曲线，降低中国国有企业的借贷成本。

表 3 - 9　　　　　　S 条例发行案例介绍——财政部 20 亿美元主权债券

发行人	中华人民共和国财政部
货币	美元
类型	高级无抵押固定票息债券
评级	无评级
清算机构	明讯，卢森堡
发行方式	Reg S
票面利率	2.125%/2.625%
期限	5 年期/10 年期
发行规模	10 亿美元/10 亿美元
发行日期	2017 年 10 月 26 日
适用法律	英国法
上市地	香港联交所

二、144A 规则

144A 规则证券可以向美国的合资格机构投资者（QIB）销售。144A 规则就承销商、经销商和投资者向某些大型机构投资者（也被称为合资格机构投资者或 QIB）再发行和转售证券提供了豁免。美国拥有 3000 多个合资格机构投资者，通常为大型的共同基金、养老基金、保险公司和专业资产管理公司。合资格机构投资者是那些至少拥有 1 亿美元证券投资的机构。144A 规则豁免的基本理论是未注册证券可以向那些经验丰富到足以不需要全部证券法保护的投资者发行。相比 S 条例，144A 规则通常要求对有关发行人业务运营的信息进行更详细的披露，还须加入"管理层讨论与分析"一节，叙述性地讨论发行人最近三年的财务业绩等。

以中国国有企业历史上最大规模单币种境外债券发行为例，2017 年 4 月 27 日，国家电网公司在境外市场成功完成了横跨 4 个期限共计 50 亿美元的 Reg S/144A 双规则债券发行。其中包含 3 年期 9 亿美元、5 年期 12.5 亿美元、10 年期 23.5 亿美元和 30 年期 5 亿美元。4 只债券的票面利率分别为 2.25%、2.75%、3.5% 和 4%。这是有史以来中资企业在境外市场完成的最大规模的单币种境外债券发行。由于单笔发行量较大，如仅使用 S 条例在美国以外的市场发行，很难取得理想的发行效果，这也是双规则发行应用的典型案例。

表 3 – 10   144A 规则案例介绍——国家电网公司 50 亿美元债券

发行人	国家电网海外投资有限公司
担保人	国家电网有限公司
发行价格	99.836/99.861/99.941/100
类型	固息债券
评级	A1（穆迪），AA –（标普）
发行方式	Reg S/144A
票息	2.25%/2.75%/3.50%/4.00%
期限	3 年期/5 年期/10 年期/30 年期
发行息差	T + 85bps/T + 95bps/T + 120bps/T + 102.6bps
发行规模	9 亿美元/12.5 亿美元/23.5 亿美元/5 亿美元
发行日期	2017 年 4 月 27 日
联席全球协调人	中国银行、花旗集团、高盛（亚洲）、汇丰银行、工银国际、摩根士丹利

三、SEC 注册发行

在 SEC 注册发行的债券可以销售给美国公众市场（即美国零售投资者），也可以销售给非美国投资者，是销售范围最为广泛的一种境外债券发行格式。由于销售范围更加广泛，发行人的责任也就更大，需要向各类投资者，包括零售投资者负责。发行人就发行文件中的任何不准确信息对美国投资者负有无过失责任（也即发行人保证发行文件的准确性和完整性）。发行人的董事和高级管理人员以及承销商需要对其在发行文件准备过程中存在的过失承担法律责任。他们可以使用尽职调查进行抗辩。

我国 SEC 注册发行的案例不多，发行人大都是特大型企业。例如中海油于 2013 年 5 月初以当时中国发行人的市场最低票息水平发行了 10 年期 20 亿美元债券。所得款主要用于偿还收购尼克森公司时的短期贷款，从而使公司的债务结构进一步优化。中国银行、美银美林、中国国际金融香港证券公司、花旗集团、瑞士信贷证券（美国）公司、高盛（亚洲）公司、摩根大通证券及瑞士银行香港分行担任此轮发债的联席牵头经办人及联席账簿管理人。

中海油此次采取 SEC 注册方式发行债券，是一笔大规模长期融资，主要面向全球范围内的机构与个人投资者。仅用了两个半小时，总订单数便达到 125 亿美元，完成了 6 倍规模的认购。公司精准把握了债券发行的时机，仅用 2 个月的时间就完成了前期的尽职调查和路演，同时 SEC 注册发行方式扩大了投资者的规模，利率却比非公开发行方式更低。这笔债券的发行使得中海油成为当时利用国际债券市场募资最多的中国企业，大幅提升了中海油的国际知名度。

表 3 - 11　　SEC 注册方式案例介绍——中海油 10 年期 20 亿美元债券

发行人	中海油财务有限公司
发行类型	高级无担保固息债券
发行格式	SEC 注册
发行评级	Aa3/A +/A +（穆迪/标普/惠誉）
公告日	2013 年 5 月 2 日
期限	10 年
发行规模	20 亿美元
票面利率	3.00%
发行利差	155bps
债券发售价	98.477
债券用途	公司间贷款
债券上市地点	法兰克福交易所、港交所、斯图加特交易所

最后用一张列表来展示中资发行人依据 144A 规则、S 条例发行以及在美国注册的公开发行的主要异同，供参考。

表 3 - 12　　　　　　　　　　　　发行方式对比

	144A 规则 （Rule 144A）	S 条例发行 （Regulation S only）	在美国证监会注册的发行 （SEC - Registered Offerings）
投资者群体/要求	— 销售到美国的证券可向不限数量的合格的机构投资者发售。 — 卖方及代其行事的任何个人须采取合理措施，确保买方知道卖方可能依赖 144A 规则规定的豁免。	— 在美国以外（包括在美国境外设有关联机构或办公室的美国投资者）。[①]	— 美国公众市场（即美国零售投资者）。也可以销售给非美国投资者。

---

① 若发行人的证券在美国存在一个投资群体且该投资群体足够大，那么该发行范围将可能被限制在非美国人（即使他们身处美国境外）中，而不仅是位于美国境外的投资者。在 144A 规则发行中，市场惯例常常是在任何情况下都将发行的国际部分限制在非美国人。

续表

	144A 规则 （Rule 144A）	S 条例发行 （Regulation S only）	在美国证监会注册的发行 （SEC – Registered Offerings）
上市地点或交易所	— 不可以在美国的交易所上市。通常在本地和/或国际交易所上市，例如伦敦、卢森堡、中国香港或新加坡。	— 与依据 144A 规则发行的证券类似。	— 除本地交易所外，通常在纽约交易所或者纳斯达克上市。
信息披露程度和尽职调查	— 没有法律规定。但是由于证券会在美国境内销售，市场惯例要求发行文件的信息披露和尽职调查的水平均与 10b－5 规则标准类似。包括类似于在美国注册的发行中"MD&A"和"风险因素"章节。 — 证券上市的交易所可能对某些类型的信息有披露要求。	— 没有法律规定。市场惯例通常比 144A 规则发行或在美国证监会注册的发行的要求低一些。 — 发行文件可能不包括"管理层就财务情况与运营结果的讨论与分析"章节，即所谓"MD&A"章节。 — 证券上市的交易所可能对某些类型的信息有披露要求。	— 依据注册申请书的 F－1 或 F－3 表格进行完整的信息披露。最高级别的尽职调查。注册申请书中将不得包含任何"对重大事实的不真实陈述或对任何重大事实的遗漏（该重大事实是保证有关陈述在其做出之时不具有误导性所必需的）"。
财务报告	— 市场惯例是在发行文件中包含与在美国注册的发行所要求的财务报表相同的财务报表。同时，证券上市的交易所的相关要求也必须符合。	— 主要取决于证券上市的交易所的要求。市场惯例是要求与 144A 规则发行所需的财务报表相同，尽管偶尔也会根据具体情况产生例外。	— 注册申请书必须包括过去 3 年的审计报告和 MD&A 章节（对于新兴成长企业，要求过去 2 年的审计报告[①]）。 — 年度财务报表要求按照美国 GAAP 或者由 IASB 发布的 IFRS 的要求进行审计。如财务报表使用其他 IFRS 或其他会计标准，则需提供与美国 GAAP 的比对协调。 — 未经审计的中期财务报表也必须提供。

---

① 根据美国《2012 年创业企业扶助法》，新兴成长企业指那些在过去一个财年内总收入少于 10 亿美元的企业。

续表

	144A 规则 （Rule 144A）	S 条例发行 （Regulation S only）	在美国证监会注册的发行 （SEC - Registered Offerings）
对消息公布的限制	— 不允许在美国进行"一般性的邀请和宣传"①。	— 不允许在美国境内的"直接销售活动"（包括不允许在美国进行"一般性的邀请和宣传"）。	— 对被允许的信息发布活动存在严格监管，包括何人被允许在何时发表何种言论，尽管对新兴成长企业的限制略松（例如允许发行前同合格的机构投资者进行信息交流）。美国证券交易委员会对不允许的信息发布活动的宽泛解释可以导致发行时间上的严重延迟。
证券流动性的限制②	— 被认购的证券是美国1933 年《证券法》（"证券法"）注册要求下的"受限证券"，不得立即在美国二级市场上公开转售。可以向其他合格的机构投资者和除美国以外的市场转售（比如根据 S 条例进行转售）。	— 对按照 S 条例进行的向非美国投资者出售的证券的转售通常无限制。	— 证券可以自由交易。
对于投资者的责任	— 主要责任来自《证券交易法》第10 条（b）条款和10b - 5 规则。其核心是针对与证券购买和销售相关联的欺诈和欺骗行为。无尽职调查抗辩，但尽职调查可证明非"蓄意"。 — 次要参与者诸如承销商和律师通常不对私人原告承担 10b - 5 规则项下的法律责任。	— 如果证券不是在美国交易所上市，且该交易不属于国内交易，发行人在美国境内不承担法律责任。发行人和承销商可能继续将对国际投资者的索赔请求根据当地的证券法或合同法承担法律责任。	— 各类投资者，包括零售投资者。 — 发行人就发行文件中的任何不准确信息对美国投资者负有无过失责任（也即发行人保证发行文件的准确性和完整性）。发行人的董事和高级管理人员以及承销商对其在发行文件准备过程中存在的过失承担法律责任（也即他们可以使用尽职调查抗辩）。

① 自根据《2012 年创业企业扶助法》而对 144A 规则和 506 规则进行修订的修正案于 2013 年 9 月 23 日生效之日起，除非是依据证券法 4（a）（2）条款或 506（b）规则在美国境内出售无须注册的证券，否则"不允许在美国进行一般性的邀请和宣传"的规定不适用。但是，市场参与者一般不会就 144A 规则下的发行，在美国进行一般性的邀请和宣传。

② 若发行人的证券在美国存在一个投资群体且该投资群体足够大时，证券随后的转售将存在暂时的限制（通常在发行完成后 40 天内）。在 144A 规则发行中，市场惯例通常在任何情况下均对转售加上 40 天的限制。

	144A 规则 （Rule 144A）	S 条例发行 （Regulation S only）	在美国证监会注册的发行 （SEC – Registered Offerings）
持续性报告 的义务	— 经请求，发行人有义务提供对其基本业务和产品的介绍以及 2 年以上的合理的近期财务报表。 — 除此以外，与 S 条例发行一致。	— 一般来说，除证券上市交易所的要求外，没有额外的要求。	— 有持续报告要求，包括根据美国证券交易委员会的标准发布年报和季报，以及发布重大事件的定期报告。同时该发行人主要股东以及董事和高级管理人员也须对其交易发行人股份进行报告。
其他监管及 合规来源	— 其他可能存在的受到美国法律管辖的领域包括美国税法，以及美国《1940 年投资公司法》。 — 上述法案对 144A 规则发行的发行人不适用，除非该发行人已经或随后发行在美国注册的证券。	— 一般来说，不受到其他方面的美国法规的制约。	— 美国注册发行人同样受到《萨班斯—奥克斯利法案》（Sarbanes – Oxley）的约束，其中包括公司治理方面的监管。《海外反腐败法》的记录保持条款也同样适用于美国注册发行人。

第五节　发行相关的主要法律文件

按照债券评级分类的规则，我们把三大国际评级机构授予的评级为 Baa3/BBB－/BBB－（穆迪/标普/惠誉）或以上的债券称为投资级债券。与投资级债券相对，高收益债券又称投机级债券（High yield bond）。在中资境外债券市场的发行中，投资级和投机级债券的发行大体上各占半壁江山。投资级和投机级的债券条款有所不同，但是法律文件框架大致相同，典型的一笔美元债券的公开发行通常主要涉及的法律文件如表 3 – 13 所示。

表 3 – 13　　　　　　　　境外债券发行主要法律文件

招债说明书	用于向投资人描述本次发行要素并包含对发行人、保证人及二者业务的重要描述
认购协议	约定发行人和承销商之间出售和认购债券
债券凭证	由发行人发行和签署并由信托人认证的债券凭证
信托协议	列明债券条款，委任信托人，同时说明关于信托人履行职责程序的协议

信用支持文件	包括担保合同维好协议、股权回购协议、流动性支持协议、备用贷款协议、备用信用证等
安慰函	验证招债说明书中财务信息，由审计师出具
安排函	设定审计师参与范围及责任范围
法律意见书	由律师事务所出具的包含有关于债券发行的法律意见
交割备忘录	债券清算交割机制及流程描述

一、投资级债券主要文件及条款概述

（一）招债说明书

为什么需要招债说明书？招债说明书是一份披露文件，旨在向潜在投资者提供一切所需重大资料，让投资者在充分了解情况后作出投资决策。它包含的信息与公开发行说明书中的信息类似。除向潜在投资者提供关于拟议发行的信息之外，招债说明书还可保护公司及承销商，使其免于承担适用证券法项下因债券发行及出售中的重大错误陈述或遗漏产生的责任。各工作组（即审计师、承销商、发行人及法律顾问）应当及早明确拟纳入招债说明书的财务报表范畴，方便各方明晰尽职调查、信息披露及安慰函工作成果涵盖的范围，并对各项任务流程进行适当管理以达成既定的时间安排。

招债说明书一般包含以下内容：

- 封面、通知和引用
- 概要
- 维好协议（如有）
- 风险因素
- 债券条款/票据说明书
- 募集资金用途
- 资本结构
- 公司架构
- 管理层讨论和分析
- 行业

- 业务
- 管理层
- 关联交易
- 法规
- 认购和销售/分销计划
- 税务
- 评级
- 一般信息
- F 页

招债说明书不含重大错误陈述或重大遗漏的要求适用于整个文件。这意味着，从事后的角度看，文件中的每个陈述必须"可以进行抗辩"，且文件中略去的任何内容必须"可以进行抗辩"。

招债说明书的时点以出售时为准，即配售得到确认之时。略去定价条款的招债说明书（"红鲱鱼"或初步招债说明书）在发行启动时发布，包括定价条款的定价条款清单和最终招债说明书在定价时发布。

招债说明书的主要章节包括风险因素、债券条款、管理层讨论和分析（如适用）、业务章节、认购与配售、财务报表页等。

1. 风险因素。风险因素章节在发行中披露有关于投资者的重要风险，包括发行人或担保人的业务、发行人或担保人的财务表现，以及证券和交易市场的特征等。举例而言：作为控股公司，担保人通常依赖其子公司和附属公司的分红以支持其付款义务，而分红金额可以被适用法律的条款或者协议性限制所限定；中国的经济和政治政策可能会影响担保人的业务、财务情况和经营结果；债券和担保是无抵押的负债；维好承诺并不构成保证担保义务；等等。

2. 债券条款。债券条款在招债说明书中名为"债券条款"或"条款描述"，是分别由发行人和承销商协定并最终确认后再写入招债说明书的。条款主要集中在任何可能的违约事件、票据赎回的条件、控制权变化以及限制抵押。高收益债券发行相比较投资级债券发行拥有更复杂的一系列限制性条款，我们将在后续章节中单独详述。投资级境外债券的常见条款如表 3 - 14 所示。

表 3 - 14　　　　　　　　　　投资级境外债券常见债券条款

实质性限制条款	— 消极保证：鉴于投资级债券为无抵押债券，通常要求发行人、担保人或维好协议提供方及其主要子公司不得为任何其他的在任何交易所或场外可交易的债券提供任何抵押物 — 主要子公司的确定标准（通常以总资产、收入或利润三项指标在子公司中筛选）
发行人对债券的赎回权	— 由于税负变化导致的赎回：发行人可以（但无义务）以发行日后法律变化导致发行人或担保人需要支付额外税项（需注意中国税法下 10% 以内预提所得税是否设置为例外）为由按照债券本金和未付利息的金额全额赎回债券 — 全额赎回权：发行人可以（但无义务）在任何时候选择以全额赎回价赎回债券。全额赎回价非常昂贵，它包括债券本金、未付利息，以及从赎回日起至债券到期日原本需要支付的全部利息按照美国国债收益加一定基点后折现的金额
境内直接担保发行中，事后担保未完成的赎回情形——常见两种安排	— 发行人有义务按债券本金的面值和未付利息全额赎回债券 — 债券持有人可以（但无义务）要求发行人以债券本金的面值加上未付利息的价格赎回其持有的全部或部分债券
债券持有人的回售权	— 债券持有人可以（但无义务）在出现控制权变更的情况下要求发行人以债券本金的 101% 加上未付利息的价格赎回其持有的全部或部分债券 — 控制权变更的定义由发行人和承销商协定
额外税负	— 发行人和担保人在支付债券本金和利息的时候如果需要代为预扣任何税负，则需要承担该等税负
违约事项	— 投资级债券标准条款：通常包括未能按时还本付息，出现其他违约事项且未能在 30 日内补救，累计一定金额以上的交叉违约，发行人、担保人（或维好协议提供方）及其重要子公司出现资不抵债、破产清算、抵押物被强制执行等情形，本次交易文件不合法或未取得相关审批等 — 交叉违约的标准：依照担保人（或维好协议提供方）的规模及其他债务文件中的交叉违约条款而定
管辖法律和争议解决地点	— 香港法、英国法、纽约法 — 香港法院、英国法院、纽约法院（也存在适用英国法但选择中国香港法院的情形） — 须注意文件接收地址的要求

3. 管理层讨论和分析（144A 规则适用）。管理层讨论和分析是 144A 规则发行中的必备章节，S 条例发行下可能省略。

本章节的目标是通过管理层的角度看公司，提供公司当前的财务表现，以及帮助投资者评估过往的表现是否可以表明未来表现。章节的关键要素是发行人或担保人概览、影响发行人或担保人表现的因素（如法律环境、资本取得和财务开支等）、重要财务政策、有关于某些收入报表事项的讨论、有关于综合业务表现（包括年与年、期间与期间之间的比较）的讨论、流动性和资本资源，以及市场风险概述（比如利率风险、货币风险、通货膨胀等）。

4. 业务描述。业务描述章节的目的是解释发行人或担保人综合的业务，主要解决投资关心的一些业务问题，例如发行人/担保人是谁？发行人/担保人做什么？发行人/担保人的客户在哪里？发行人/担保人如何产生收益？

5. 认购和发售。本章节向投资人描述认购协议中的核心要点，包括发行配售承销费用安排、价格稳定安排机制、在不同法域的销售限制、发行人和其他任何承销商的关系，以及销售锁定条款等。

本章节有时也会被冠名为"承销计划"（由纽约法规制的发行）或"承销"（在资本型债券发行中）。

6. F 页。即财务报告章节，需包含财务报表目录、审计师报告、财务报表财务数据，以及财务报表注释。

（二）认购协议

认购协议是发行人和承销商之间的合约，根据该合约，承销商同意在满足一些条件时购买债券。协议于发行路演推介开始前进行谈判，定价时签署。协议会列出发行人的声明及保证、付款和交付债券的条款、控制发行程序的条款、交割条件（递送法律意见书、安慰函、证书及其他）、承销费用及项目终止条款。主要章节如表 3 - 15 所示。

表 3 - 15　　　　　　　　　　认购协议常见章节

声明及保证	发行人就招债说明书的内容、债券本身、财务报表、"不进行有针对性的销售"、发行人的存续及其他法律和监管事项作出特定声明和保证
购买及交付	设定承销商的购买价和债券付款及交付的方法及时间

续表

交割条件	列载了交割所需的条件，其中包括诸如法律意见书和安慰函等文件的交付 还列出了不得在交割前发生的特定事件，例如评级机构下调评级、发行人的业务或运营发生重大不利变化
发行人的承诺	发行人保证支付某些费用并遵守相关的证券法的规定等
转让限制	承销商声明并保证他们将遵守相关的证券法的规定 目的是确保符合美国证券法登记豁免的规定
赔偿及出资	发行人同意就招债说明书中不真实或误导性的内容和遗漏导致的任何损失对承销商进行赔偿
终止	如果特定事件发生，允许承销商终止购买协议 一般包括敌对行动的爆发、战争，以及金融市场发生重大不利变化
适用法律及司法管辖权	发行人同意购买协议适用中国香港、英国或纽约州法律，受制于中国香港、英国或纽约州立和美国联邦法院的管辖，并同意委任相应的境外法律文书代理人

发行人和承销商之间经常会就认购协议展开谈判，主要的争议点包括佣金/费用、承销安排、发行人声明及保证的范围、"市场肃清"安排（核心内容是限制发行人在45天内发行同等类型的境外债券）、交割条件、终止条款、赔偿条款、安慰函的形式、法律意见书的形式等。

（三）安慰函和安排函

安慰函由审计师在定价和交割时出具，可以构成承销商尽职调查抗辩的一部分。安慰函遵循达成一致的行业标准，并需要确认审计师已经进行了审计并提供支持、已对期中数据进行了审阅、已提供"圈点"安慰（即发行文件中的财务数据是从财务报表或会计记录中以正确方式得出的）。安慰函还需要包括"消极保证"（即在变更期，特定的损益表或资产负债表项目没有重大负面结果）。

在144A条例发行中，审计的有效期为135天。在S规则发行中，则没有硬性规定。

安排函一般由发行人、审计师和非美国承销商签署。安排函列出了会计师的委任范围及其责任。如果涉及美国发行，审计师一般只与发行人签署安排函或委任函。承销商不会签署有关美国发行的信函。

（四）法律意见书

在境外债券发行中，承销商会要求将法律顾问出具意见书作为购买协议的一个交割条件。法律意见书涉及的事宜包括契约和票据的正式授权、有效性及可执行性，发行人的存续，无违法行为，发行已经取得所有所需的审批，以及其他法律及监管事宜。在144A条例发行及特定的S条例发行中，美国律师还需要递送"10b–5"披露函，该函件需要声明该律师没有注意到有任何情况会使其相信招债说明书载有重大事实的任何不真实陈述，或遗漏任何使招债说明书中的陈述（鉴于这些陈述的背景）不具误导性所必需的重大事实的陈述。

（五）信托协议

信托契约是包含有关票据的法律权利和义务的合同，将由信托人、发行人和担保人在项目完成时签署。主要内容包括发行债券的程序，支付利息、本金以及额外费用（比如出现早期赎回的情况）等金额的程序，赎回条款、肯定和否定性条款、违约以及担保条款。信托契约中包含了招债说明书中所述的债券条款和条件，是具有强制力的协议。

二、高收益债券主要文件及条款概述

高收益债起源于美国，开始源于高等级发债主体资质恶化，由于违约概率上升，其所发行的债券收益率上行，也即"堕落天使"。随着市场的逐渐发展，处于快速成长期的但规模相对较小的初创企业发行的高收益率债券也开始逐渐被投资者接受，此类发行人又被称为"明日之星"。高收益债的高收益率本质上是为了补偿投资者所承担的高违约率，也即信用风险溢价。国外，尤以美国为主的债券市场通常将国际评级在投资级以下的债券定义为高收益债券。其依据在于，境外的债券市场发展历程较长，违约样本量较大，评级往往能比较充分地反映主体对应的违约概率，直接采用评级作为划分高收益债券的标准较为合理。

高收益债券与投资级债券的法律文件框架基本相同，主要是条款条件章节复杂了许多，这主要是由于高收益发行人的信用资质弱于投资级企业，需要保证发行人维持合理的资产负债率、现金流水平以及对下属公司的控制等。但是在制作发行文件的实操中，有些高收益级别的发行人可能会采用投资级的条款（例如许多政府平台），投资级别的发行人也可能使用高收益条款（例如远景能源）。这通常是由发行主体的企业性质、运营特点以及发行人本身的接受程度来决定的，并且由承销商从市场营销及投资人认可的角度给出合理建议。因为高收益发行人的信用等级不如投资级发行人，因此高收益债券的条款在各个方面对发行人及相关主体的行为进行了限制，力求确保投资人的利益。

在具体讲述条款之前，先看一下高收益债券与传统银行融资的比较：

对于发行人而言，高收益债券（或票据）既具备长期债务融资的各项优点，其条款一般又不像标准信用条款那样繁复，同时还可自行管理而无须与债权人保持持续的信息沟通，也无须接受银行借款人的定期核查。传统银行融资附有维持性条款，规定发行人须维持某种程度的良好财务状况，否则借款人可以提前或加快收回贷款，而高收益债券合同基本不含有此类条款。但相对地，高收益债券合同中包含触发性条款，规定当发行人（及其受限子公司）采取某些行动时，例如举债、派发股利或投资，就会触发相应条款。

高收益债券合同以额外的灵活性奖励正面的财务状况，而财务状况欠佳则会导致灵活性减少，以保护投资者，但财务状况本身并不会引发违约或者加快收回贷款。

表 3-16　　　　　传统银行融资与高收益债券的比较

传统银行融资	高收益债券
含有维持性条款及触发性条款	仅含有触发性条款
一般期限为 3～5 年	一般期限为 5～10 年
分期偿还本金	到期一次性偿还本金
随时可提前还款	— 不可赎回期 3～5 年，之后提前还款/赎回溢价逐步下降 — 提前赎回的一般特点： 前 5 年不可赎回后 2 年可赎回、前 7 年不可赎回后 3 年可赎回、前 8 年不可赎回后 4 年可赎回以及前 10 年不可赎回后 5 年可赎回 在不可赎回期间，发行人通常仍可被允许赎回债券，但须支付提前赎回补偿溢价，基本上为所有余下本息按照美国国债与某一利差（通常为 50 个基点）之和折现的现值

续表

修订相对多见且不复杂，但拥有众多贷款人的银团贷款除外	修订须征得债券持有人同意，可能产生巨大成本且耗时长久
属于高级顺位，通常有抵押或有担保	属于高级或次级顺位，且通常无抵押
鲜少引起公开市场关注	引起公开资本市场关注，可作为未来集资活动的参考基准，为上市或后续债务资本市场交易带来便利
无需信用评级	需要信用评级（一般要取得惠誉、穆迪及标普三家评级机构中两家的评级）
投资者一般为银行及金融机构	投资者一般为共同基金、对冲基金、保险公司、养老基金及私人理财账户
无证券法责任，但可能须遵守持续保存相关记录的要求并赋予贷款银行查阅权	可能须履行与招债说明书相关的披露责任，但债权持有人不具有查阅权或浏览权

总体而言，高收益债券条款旨在：

1. 防止借款人集团（包括发行人、任何担保人和所有的受限子公司）过度借款或在产生现金的资产减少的同时未减少债务，从而导致杠杆过高；

2. 限制借款人集团通过结构性次级化或留置权次级化实际降低债券偿付顺序的能力，从而保护债券持有人在借款人资本结构中的地位；

3. 保全借款人集团的资产及保障发行人对相关资产的使用。债券条款保障了正现金流以偿付债务，并监控可能导致产生该现金流资产耗损的交易。此外，考虑到债券存续期间发行人业务规模增长，这些条款设计为与发行人业务规模保持匹配。

高收益债券条款对借款人集团如下各方面的能力施加了限制（附有诸多例外条款，将在后文加以探讨）：

- 发行额外债务；

- 派发股利、对借款人集团以外投资或导致价值流失至借款人集团之外的其他受限偿付；

- 将其资产的担保权益赋予他人（为高收益债券以外的债务提供担保）；

- 出售资产及子公司股票；

- 订立关联交易；

- 为他人的债务出具担保函；
- 进行合并、整合或出售发行人或担保人绝大部分资产；
- 开展新的业务活动；
- 订立会导致借款人集团所有权结构受到根本性改变的交易；
- 同意在借款人集团内部分派利润及转让资产施加限制。

高收益债券准发行人的理想条件

高收益债券发行人通常为

1. 拟发行债务但不具备投资级评级的成熟公司。

2. 拟进行资本结构重组的私人公司。

3. 杠杆收购融资下的目标公司。高收益债券发行人一般具有如下部分或全部特征：

- 稳健的业务模式；
- 卓越的财务业绩；
- 成长故事或复苏故事；
- 在行业或地区内居于市场领先地位；
- 有利的行业发展趋势；
- 经验丰富、业绩卓越的管理团队；
- 稳定的现金产出能力及未来去杠杆空间；
- 至少 1 亿美元的融资需求。

借款人集团与打造信用故事

理解高收益债券需要了解在一个企业集团中哪些实体需要遵守债券条款。这一基本概念会影响到稍后将要讨论的条款分析和应用。对于复杂的公司结构而言，该因素会变得相当复杂，不过基本原则仍然适用：条款适用于产生正现金流并持有偿付债券持有人所需关键运营资产的实体。

发行人、任何担保人及所有受限子公司共同构成借款人集团，即图 3 - 5 所示的方框内的部分。只有构成借款人集团（处于方框内）的实体方须遵守债券合同，而债券合同条款也旨在保证借款人集团在债券存续期间不出现财务状况恶化。借款人集团的实力及质量奠定了向投资者及评级机构呈现的信用故事的基础，并最终影响到债券的市场推介及定价。借款人集团的典型构成如下所示，虚线部分即是方框。

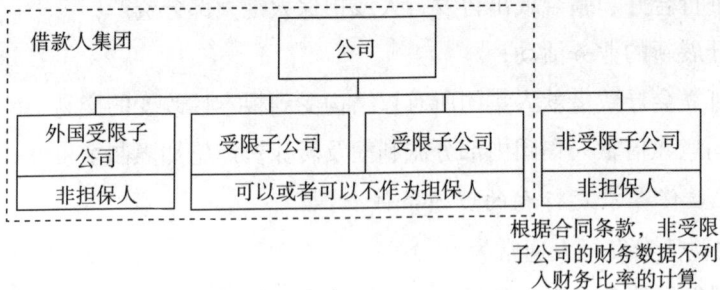

图 3－5 借款人集团的构成

发行实体的选择

发行实体的选择取决于诸多因素，例如公司资本结构及公司当前负债状况下允许发行的高级债务。不过，高收益债券产品倾向于控股公司与子公司之间双向自由流动的现金流融资。该发行架构完美匹配许多亚洲发行人的控股结构，即境外的控股公司作为发行主体，而境内经营的子公司使用募集资金。

尽管从技术层面而言，发行主体可以是最终的控股母公司，一个中间层级的经营控股公司，或者较低层级的经营公司，比较典型的做法是由控股母公司充当发行人。该决策会产生重要的税收影响，在某些司法管辖区该影响甚至会大到改变发行结构。

子公司：受限子公司与非受限子公司

债券合同将所有子公司分为受限子公司与非受限子公司两类。受限子公司受合同约束，以确保正现金流用来偿还债券。除明确指定为非受限子公司之外，发行人旗下所有子公司均为受限子公司，这意味着其活动均受到债券合同的约束及限制。对一个首次发行人而言，将一个子公司从借款人集团中排除需要有充分理由。对于亚洲发行人而言，将一个子公司排除在外的典型理由是该项目新公司尚未产生正向现金流。该实体在发行日与投资者并无直接关联，因为其现金流并不能支持信贷故事，且其资产可能已经抵押给第三方项目借款人。当该项目新公司完成建设并投入运营，发行人可以考虑将该项目公司重新指定为受限子公司，以换取债权合同条款规定的受限子公司的正向现金流带来的各项利益。

回到借款人集团。同样重要的是换个角度思考问题：哪些实体适合放在借款人集团之外？根据定义，非受限子公司不属于借款人集团，不受债券合同约束。这意味着它们举债无上限（借款人集团中实体无追索权），并可以不受债权合同约束进行各种交易。非受限子公司与借款人集团独立利益的关系会导致合同项下的各种影响，比如：

1. 非受限子公司的财务数据不计入合同中相关财务比率的计算，因此不会影响（正面或者负面）借款人集团对于合同的遵守；

2. 非受限子公司作为一方，与发行人和受限子公司作为另一方的公司间的交易，所受的限制要大于仅仅局限于受限子公司和发行人之间的交易。

非受限子公司因为在方框外面，自己的活动不受限，但他们与方框内的集团公司之间的交易将被视作和第三方的交易，被严格的债券条款重重约束，交易难度远远大于方框内，即受限子公司之间（或受限子公司与母公司）的交易。当然在债券发行后，发行人可以将受限子公司重新认定为非受限子公司，反之亦然。这样的身份转换都需要满足一定的条件，这些在债券条款中也会有详细的说明。

担保人

高收益债券通常由发行人的绝大多数乃至全体受限子公司提供担保（"上行担保"）。在有抵押债券的发行中，这类担保人通常还会为相关债券提供资产抵押。上述安排赋予债券持有人在发行人违约时对相关子公司担保人及其资产直接的求偿权，从而避免了某些结构性次级问题。倘若发行人是最终母公司之外的实体，还可以采用母公司担保（"下行担保"），以为其附属发行人提供额外的财务支持。

然而，在很多时候，一个受限子公司只有在担保发行人或者另一个担保人其他债务的情况下才会被要求担保债券。在某些司法管辖区，外国子公司提供担保可能会产生负面的税务影响，因此有必要在设计交易结构的初期咨询税务专业人士的意见。举例而言，美国发行人的外国子公司鲜少作为担保人，因为除若干豁免情况外，美国税法将外国子公司对美国母公司债务提供的担保视作股利。此外，在某些司法管辖区，外国子公司无法作为担保人，纯粹是因为此类外国子公司为境外债务提供担保存在监管限制或禁制。

一般而言，发行人及承销商应咨询当地法律顾问，从而明确在适用的反欺诈性让与、破产及相关法律下对母子公司担保的所有要求及有效性的认定。

（一）高收益债券的一般性原则

高收益债券合同的总体目标及谈判过程

架构恰当的高收益债券合同需要在对债券持有人的充分保护和保持必要的经营灵活性之间取得平衡，发行人从而可以继续实施其业务计划。换句话说，经过谈判获得一个高度"偏向发行者"的合同，而被潜在投资人视作"远离市场"并要求更高的票息，这一做法毫无意义。同理，发行人需要仔细评估债券合同可能对其现有及未来业务的影响，以确保其活动不会受到不必要的限制并保留未来的灵活性。

然而，要获得皆大欢喜的结果，发行人与所有各方在交易的时候需要全力以赴，全神贯注。因此，在债券合同起草过程中，所有各方必须仔细分析并充分了解发行人现有的公司架构和资本结构，以及在债券存续期间的业务规划。在架构设计阶段，发行人应该考虑并探究在债券未偿付之前，所有合理可预见的可能被此债券合同限制的交易和活动，包括：

1. 未来收购、合资或者其他投资；

2. 未来融资计划和需求（比如设备融资、销售和回租交易，应收账款融资或者其他抵押债务交易）；

3. 在一般经营过程中产生的债务；

4. 潜在区域扩张计划和/或新业务线；

5. 信用证或其他信用增强需求，尤其发生在发行债券的同时；

6. 预期的集团内部资金流动；

7. 潜在的关联方交易。

通过这一练习，发行人可以更加深入地理解债券条款的寓意，并找到使其业务有别于同行或者本国类似企业的运作方式。

在实际操作中，一般会由承销人的国际法律顾问为招债说明书起草"债券描述"的初稿，其中会详细描述（逐字逐句）未来合同中的相关条款。尽管发行人的国际法律顾问将会主导对此初稿的修订，发行人的高管及其财务和会计人员必须深入参与这一过程，因为外部顾问无法预见到在债券存续期间发行人所需的所有灵活性。

"触发性条款"与"维持性条款"

与典型的优先信贷工具不同，高收益债券合同不包含任何所谓的维持性条款，要求借款人集团在一段时间内保持或者改善某些财务比率或者指标。违反维持性条款不一定是因为发行人或者其子公司自身主动采取行动，而可能仅仅是因为发行人或其子公司经营或者财务业绩变差。高收益债券触发条款的启动可能只是因为发行人采取了某些行动，比如额外借债或者进行了所谓的受限偿付（见下文定义）。在由宏观经济因素而非管理层业务决策导致的不利市场条件下（比如 EBITDA 下降导致负债率上升），这一关键的差异可以给发行人带来好处。

篮子

发行人和每个受限子公司能否从事某一特定条款限制的交易类型经常取决于所谓"篮子"的容量。"篮子"这个词形容一种方法，该方法描述了条款界定借款人集团从事某一条款所限制活动的能力。举例而言，债务限制条款可能包含几个以债券货币计价的特定篮子，如由境外子公司发行的本币债务篮子（补充运营资本），以及最为重要的，发行人优先信贷工具下的债务篮子。

某些篮子会随着时间的推移增长或者减少（如基于发行人累积合并净收入的篮子，减去自债券发行日起受限偿付的总金额）和/或"可重复填装"，而其他的篮子则是"一次性的"。发行人显然偏好可重复填装篮子，比如随着某一特定篮子下的债务偿付之后，可重复填装篮子越来越普遍。尽管许多篮子一般以固定的债券货币金额来表述，越来越多的交易使用"软上限"，比如在固定金额和总资产的一个比例之间取较大值。这些"软上限"奖励发行人的强势财务表现，并在债券存续期内提供增长的灵活性。

除了针对特殊类别交易的特殊篮子之外，条款还可能包含一个一般性（无条件）篮子，举例而言，该篮子可允许发行某一限额的债务用作任何用途。发行人应该谨慎地守护这一篮子，因为无条件时间在债券存续期内发生的概率往往大于各方初始的预期。非常重要的一点是，发行人尽可能维持各种篮子下的偿付能力。因为一般而言，对某项交易采用一般性条款豁免（即"非美元限制篮子"）或特定类型篮子，比采用一般性篮子对发行人更为有利。

限制性条款的有效期

一般情况下，只要债券尚未清偿，各项条款均继续有效。在传统的高级信用借贷中，豁免及修订条款相对常见也并不复杂，而高收益债券的豁免及修订，通常需要发行人征得达到规定数量的债券持有人，乃至全体债券持有人的同意，这一过程可能产生高昂费用，并且耗时耗力。

然而，对处于投资级边缘的高收益债券发行人，则有可能协商约定废止条款或暂停条款。在废止条款下，倘若发行人的长期债务获得三家评级机构中的两家给予的投资级评级，则绝大多数高收益条款即自动视同取消（即永久性废止），仅保留投资级条款。在典型的废止情形下，予以保留的投资条款包括：留置权限制条款；合并、整合及出售绝大部分资产的限制条款；控制权变更条款；报告条款。

然而，仅当发行人获得次投资级评级后，暂停条款方会生效。倘若发行人取得投资级评级，高收益条款即暂停生效。然而，倘若发行人丧失投资级评级，则高收益条款将重新生效（即高收益债券合同恢复原状）。

次级化

在某些情况下，高收益债券的偿付顺序会被设计为低于银行债务（即进行次级化），因为与发行人的所有债务均为高级债务的情形相比，发行人可通过次级化以低廉的成本发行更多的债务。高收益债券的次级化可以采取以下形式：（1）明确次级化并称为次级债券；（2）实际次级化但仍称为高级债券。

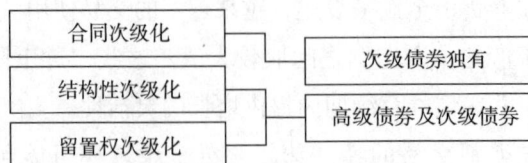

图3-6　次级化类型示意图

次级化的主要类型有合同次级化、结构次级化及留置权次级化。明确的合同次级化条款为次级债券所独有，而高级债券及次级债券可能均具有结构性次级及留置权次级特征。

合同次级化

如果高收益债券自身的条款明确将其项下债务次级化，则称为合同次级化。在一个典型的次级化高收益债券结构中，次级化债券持有人同意：

● 在发行人破产或清算时，在高级债务未得到足额偿付前，不会对其进行偿付；

● 在高级债务得到足额偿付前，任何收到的资金均将分配予任何高级债务持有人。

当高级债务出现违约时，次级化债券即受制于债券契约中的偿付阻断条款，发行人不得在指定期间内向次级债务作出任何偿付。此外，还可在债券契约中纳入冻结条款，规定高收益债券持有人须事先通知高级贷款人并等待一定时间后，方可要求提前偿还全部剩余次级债务。

请注意，一个次级化债券契约中的某些条款在某些方面与高级债券契约不同。比如，大多数无抵押次级化债券合同允许发行人及其受限子公司对其所有高级债务进行担保。

结构性次级化

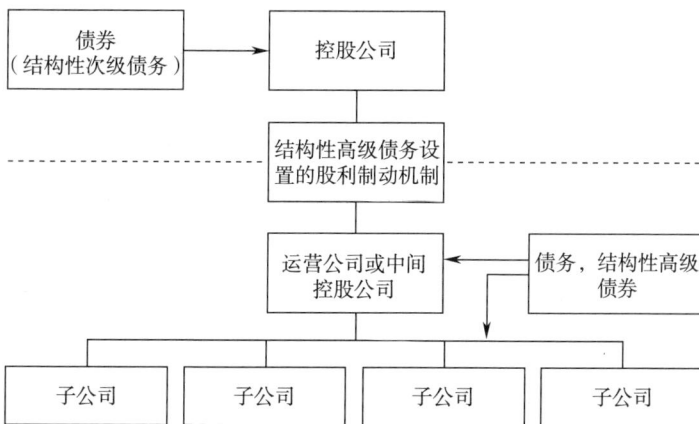

图3-7　结构性次级示意图

除了早期的一些小红筹外，目前中资离岸高收益债券几乎全部使用的是担保结构的发行，发行人通常为在免税天堂（BVI/开曼群岛）设立的特殊目的公司（SPV），再由境内控股母公司或者上市公司提供担保。

一个成熟的控股集团母公司，它的下属的组织架构通常较为复杂，资产和业务可能分散在境内外不同的子公司。由于这些子公司可能并不会为拟发行的债券提供上行担保（upstream guarantee），并且这些子公司自己往往有现存债务，这样便会造成母公司拟发行的高收益债券面临结构性次级（Structual Subordination）的问题。

结构性次级通常会使得高收益债券评级相较于担保人的评级低一个子级。

控股母公司下属的主要资产、业务和现金流主要集中在境内子公司。但由于中国境内对于内保外贷的限制，担保人与被担保人之间一般须有股权关系，而境内子公司与SPV发行人并无直接或间接的控股关系，因此无法给后者发行的债券提供担保。这样，新发行的债券持有人是无法直接追索到境内子公司的现金流或资产，只能通过控股公司从境内子公司得到的分红或卖子公司的股票实现。在极端情况（破产清算）下，控股公司对于境内子公司持有的主要资产的求偿权实际上是低于境内子公司（及孙公司们）的全体债权人的，这就是我们所说的结构性次级。

在结构性次级结构中，次级债务的偿付顺序实际次于其他债务，因为不存在运营公司或其子公司提供的上行担保。因此，运营公司及其子公司没有义务对该债券进行偿付。从而，债券持有人及控股公司的其他债权人不享有对运营公司及其子公司资产或现金的直接求偿权。控股公司债权人对运营公司及其子公司享有的唯一求偿权，只能通过控股公司持有的运营公司股票实现（即股东求偿权）。在运营公司破产或清算的情况下，控股公司债权人（包括结构性次级债务持有人在内）的求偿权次于运营公司及其子公司的全体债权人（包括无抵押债权人，例如次级债务持有人及贸易债权人）的求偿权。

留置权次级化

多数的非投资级债券发行人通常会以自身及其子公司的全部或绝大部分资产的第一留置权，为其高级银行债务提供担保。高收益债券则有无担保皆可。对于有担保的，既可以是第一留置权担保债务（即不被次级化），也可以是第二留置权担保债务。第一留置权担保债务与高级债务在分享抵押品收入方面具有同等权益，而第二留置权担保债务仅当高级债务得到足额偿付后方可取得抵押品收入。然而，在上述两种情形下，高收益债券条款一般均不含有处置抵押品的决策权，即由银行债务决定对抵押品的强制执行救济措施。对于有担保的高收益债券，债权人间协议明确规定各个有担保的债权人对抵押品的权利及限制条件。

赎回

高收益债券一般有三种主要的赎回机制：补偿赎回，在不可赎回期结束后可选赎回，以及股权收回。一般而言，在新发债券的早期限制赎回，以保护投资者在进行初始投资决策后不会被马上返还资金。这类提前偿还增加了投资人的财务负担，尤其是在完成了购买债券的信用分析之后。因而，定价条款提高了发行人在不可赎回期之内赎回的成本，而在债券存续后期则提供了更大的灵活性。

可选赎回期在不可赎回期（7年期债券的前5年，5年期债券的前3年）结束后开始。对于可选赎回的定价，市场参与者广泛地赞同应为本金加应计利息及一定的溢价。可选赎回溢价为债券赎回第一年利息的一半加之后每一年按照票面利率逐步递减的一个百分比。

在最初不可赎回期结束之前，发行人可以赎回全部或者部分债券，但是必须支付提前赎回补偿溢价。补偿溢价代表回购的本金加上应计利息，以及在可选赎回日债券应付的所有利息，再加上首次赎回溢价。换句话说，补偿溢价将赎回视作发生在可选赎回日期的首日，因此一般而言对于发行人来说赎回成本很高。

在发行日开始的首个3年期内，股权收回条款让发行人可以使用发行股票募集的资金赎回最多35%的债券。股权收回的赎回定价一般为本金，加上应计利息，加上一年应付利息的溢价。股权收回条款会要求在执行股权收回后发行在外的债券不少于65%（在35%赎回的情况下），这样早先的回购或者赎回就会限制本次赎回的金额。

（二）高收益债券的重要条款概览

招债说明书"债券描述"一节中将描述债券的具体条款。这些条款适用于无担保非次级债券，这在多数高收益债券发行中最为典型。担保或者次级债券的条款与下述条款有巨大差异。发行人应该和法律顾问一起仔细评估并分析招债说明书中描述并在合约中体现的高收益债券的所有合同条款，以确保债券合同能够满足其特定的经营需求。

债务限制

债务限制条款旨在限制借款人集团可额外增加的债务数量，除非现金流足以清偿所有债务；通过指定允许增加额外债务的级别，控制结构性次级化。

该条款包含对增加债务的一般性禁止，除非满足某项比率测试（称为"比率债务"）以及该一般性禁止的若干例外（被定义为"可允许的债务"）。债务通常采用广义定义，包含担保、信用证、资本租赁义务、套期保值义务、发行人的不合格股票及受限子公司的优先股，以及在特定时间段内尚未支付的任意资产的延期采购价格。如果增加的债务符合比率测试要求，通常称为比率债务。

不过，发行人可能希望通过谈判将某些项目排除在债务之外，如：

1. 废除的债务；

2. 或有信用证和履约保证；

3. 可用股权偿还的债务；

4. 采购价格调整。

这里还可以包含特定行业特殊或者独特的经营要求，以确保即便达不到比率债务要求，发行人现有的业务也不受影响。举例而言，石油天然气公司发行高收益债券时，额外排除的项目可以包括：

— 矿权受让协议；

— 商品套期保值；

— 开采权益协议和其他在生产中需要支付的义务。

"比率债务"豁免

债务限制条款中最常用的比率测试就是固定费用覆盖比率，即发行人及其受限子公司（经常仅指那些充当担保人的受限子公司），在考虑到增加额外债务并使用募集资金后，只有当预估固定费用覆盖比率至少等于一个预先设定的比率时，才可以被允许增加额外债务。一般而言，发行人在发行债券时不得增加比率债务，因此一开始必须借助可允许的债务之例外来增加额外的债务。

固定费用覆盖比率是借款人集团息税折旧摊销前利润（EBITDA）与借款人集团固定费用的比率。要求的比率一般在 1.0 到 3.5 之间，代表发行人的 EBITDA 与总的利息费用之比。对于某些资本密集型行业，如电信，比率债务的计算为未偿还债务与 EBITDA 的利息费用杠杆比例。考虑到资本结构的特征，该比率被认为能够更好地衡量资本充足率。

EBITDA 的定义非常复杂，而且往往需要根据发行人独特的行业会计方法进行调整，不过一般被定义成 GAAP 净收入加上所得税、折旧和摊销费用。不过比较宏观地看，EBIDTA 考察的是去除某些一次性事件之后企业的"运行速度"。换句话说，EBIDTA 试图描述发行人正常化的现金流。但是需要仔细考虑每个发行人 EBIDTA 的具体细节，并与同行或者类似经营环境中的企业进行比较。固定费用主要包括：

1. 利息费用（现金及非现金）；

2. 债务发行成本及原始发行折扣的摊销；

3. 资本租赁的利息部分；

4. 优先股股利；

5. 套期保值义务下的偿付净额。

对于某些类型的企业，还可能会包含其他开支或费用（例如，对于零售业及房地产发行人而言，固定费用还可能会包含租金费用）。

固定费用覆盖比率的计算以借款人集团已编制财务报表的最近四个季度的运营结果为基础，考虑拟增加债务的模拟影响，并包含从上述四个季度期初至计算日期间增加及偿还的其他债务以及上述期间的收购及处置交易。

因为该条款为"触发"条款，只有当发行人或者受限子公司寻求增加额外的比率债务时才会测试比率。如后续的财务表现使发行人以后无法增加额外的比率债务，发行人可以维持比率债务。

债务限制：基本说明

FCCR：3.0x

例外：5 亿美元信用借贷

情景 A

（百万美元）		债务触发测试禁止了在比率测试和例外下增加额外债务。
信用借贷	500	当前 FCCR（2.5x）已经低于 FCCR（3.0x），且信用借贷例外已经被完全使用了。
高级次级化债券	200	
债务总额	700	请注意，除非发行人增加额外债务，否则并不会违反条款。这一点很重要。
FCCR	2.5x	
允许的额外债务	0	如果发行人流动性充分且不增加额外债务，即可避免违反本条款。

情景 B

（百万美元）		
信用借贷	400	尽管计算后发行人的 FCCR 低于要求的 3.0x FCCR，由于它只使用了信用借贷额度 5 亿美元中的 4 亿美元，它还有额外的借款能力。
高级次级化债券	200	
债务总额	600	
FCCR	2.5x	
允许的额外债务	100	

被允许的债务

该条款允许发行人及其受限子公司，无论其财务表现或者条件如何，也无须满足固定费用覆盖比率测试，即可增加各种类型的可允许的债务。这种例外的债务种类取决于发行人和承销人的谈判，并在债务限制条款中写明。

可允许的债务一般包括：

• 信用借贷篮子下的债务，包括发行人现有的信用协议和任何再融资，以及任何其他满足"信用借贷"定义的债务（通常有一限额，但有时包含"增长限额"部分）。

• 日常经营产生的债务，例如对工伤保险、自保险义务、履约保函、保证保函、上诉保函及类似保函提供支持的信用证。

• 在发行日现有的债务，且没有包含在任何其他可允许债务例外中。该例外一般排除在发行日信用借贷篮子或者其他确认的可允许债务例外允许的未偿还债务，以防止发行人通过重新指定该债务为"发行日现有的债务"从而清空这些篮子。

- 发行日当天发行的债券所代表的债务和任何相关的保证（以及任何已注册的可交换债券和相关的保障）。因为债券一般被定义为债券合同下发行的所有债券（具有相同权利和相同条款的单一系列），如果债券合同允许未来发行后续债券的话，一般而言该例外仅限于最初的债券，任何额外的债券发行必须符合其他的豁免。
- 可允许的再融资债务（即为比率债务或其他可允许的债务进行再融资而产生的债务）。
- 资本租赁及抵押融资均不得超过某一上限。
- 借款人集团内的公司间借款。
- 出于非投机目的产生的套期保值义务（注：此类限额可能有别于按照适用会计准则取得套期保值处理的交易）。
- 发行人和所有受限子公司（不仅仅是担保人）协商的用于任何用途的篮子（通常为某一固定数额，但有时包含"增长数额"部分）；其他特定的例外条款（例如，外国子公司在当地信用额度下的债务）。

可用的豁免

如果某一特定债务满足了不止一个豁免或者篮子，发行人有权根据债务限制条款指定此项债务发生属于某一特定的豁免或者篮子。

一般而言，发行人可以在任意时间，对此时满足一个或者更多豁免（除信用借贷篮子以外的债务）的债务重新分类。如果发行人的财务状况改善（在固定费用覆盖比率豁免下债务增加能力提升），一般会允许发行人将最初在一个或者更多可允许的债务篮子下的债务重新分类为比率债务。该行为可以释放相关可允许的债务篮子的容量。该重新分类也有利于对可允许的债务再融资。举例而言，用比率债务再融资不需要遵守可允许的再融资债务定义的限制。

其他需要考虑的条款

在评价财务限制条款是否为发行人提供了足够的灵活性时，发行人和顾问还应该考虑：

- 留置权限制条款，发行人是否有意通过留置权担保增加债务；
- 对受限子公司派发股利及其他偿付的限制的条款，因为增加额外债务可能会引发合同对于借款子公司发放股利、资产转移和其他偿付的限制；
- 资产出售条款，常常要求以资产出售所得偿还债务的同时必须作出减少贷款承诺。

偿付限制

在借款人集团的财务业绩未达到应有水平的情况下，偿付限制通过限制收入外流防止现金及资产转移到借款人集团之外（也称"流失"）。偿付限制对债券持有人提供了重要的保护，因为它确保在无力清偿债务或破产时，借款人保有偿债能力，同时也把资产留存在借款人集团内。一旦被转移出去，现金就很少能回到借款人集团，该条款限制了发生此等流失的风险，除非这种转移权利是赢得的。

在讨论偿付限制条款时，必须仔细考虑时机。受限支付生成篮子在发行日为零，除非开始一个启动额度。如下文所述，如果财务表现正面，额度会逐渐增加。不过，发行人应该考虑在最初的 6~12 个月是否需要任何的受限偿付。比如说，在此期间是否会宣布或者派发股利。如果发行人作为一家上市公司过往有派发股利的历史，工作小组需要考虑发行人以何种方式支付股利以满足股东预期，尽管从债券持有人来看这是一种"流失"。

该条款从结构上包含三个部分：（1）受限偿付的定义；（2）净收入篮子的计算（有时被称为"受限偿付生成篮子"），以及在净收入篮子下可以进行受限偿付的条件；（3）偿付限制的例外（即使不满足净收入篮子的条件，仍可进行受限偿付的情形）。

受限偿付的定义

受限偿付的定义一般涵盖借款人集团以下任一行为：

- 向股东派发现金股利或分派其他资产；但股票股利（不合格股票除外）及向发行人或其他受限子公司派发的股利除外（即不属于受限偿付或者为其他允许的例外）；
- 发行人的股本回购；
- 在到期前偿还次级债务；

- 对借款人集团之外进行投资（可允许的投资除外，参见下文讨论）。

"投资"一词的定义非常宽泛，一般包括：

- 购买另一个实体的股权或者债券；
- 对任何实体的注资；
- 为任何实体提供的贷款、担保或者其他信用支持。

投资通常被处理成受限偿付，因为一般会设计发行人或其受限子公司的资产被转移到借款人集团外部的第三方。因为投资既可以是可允许的投资又可以是受限偿付，很重要的一点是记住发行人可以被允许汇总多个篮子进行投资。

条款并不限制成员公司成为受限子公司的收购公司，也不限制资本支出和大多数集团间的贷款和担保，因为所有这些交易都是借款人集团内部的投资。

净收入篮子的计算

净收入篮子的计算如下：

- 累积经调整后净利润的50%（减去任何亏损的100%），该累积的期间是指自债券原始发行日前后最近一个季度（或6个月会计期间，如果发行人不编制经审计或经审阅的季度财务报表）开始至已编制财务报表的最近一个季度期末；加上
- 自下列活动所得的现金收入（经常是任意资产的市场公允价值）：（1）对发行人的注资；（2）发行人发行股票（不包括不合格股票，及向子公司发行）；（3）在债券发行日之后发行人及其受限子公司发行同等权益债务或者优先债券，且该债务随后转换或交换为发行人的股票（不合格股票除外，且并非由发行人的子公司转换或交换）；加上
- 协议约定的金额（在某些情况下）；加上
- 在净收入篮子下（不包含在调整后净收入内）的投资减少净额，如：

—— 发行人或者受限子公司在净收入篮子下出售或者进行投资外置而获取的收入净额（包括除现金之外的资产的公允价值）；

—— 向发行人或者受限子公司发放股利、贷款偿还、预付款或者其他资产转移；

　　— 若由于非限制子公司的重新指定而造成的在净收入篮子下投资净额的减少，则该非受限子公司被重新指定，或者清算，或者合并入一个受限子公司时净资产公允价值的部分（即发行人在该子公司中的股权比例）；

　　— 由于信用证偿付、未使用信用证到期，或者担保撤销造成的在净收入篮子下的投资减少净额。

　　受限偿付：基本说明

　　篮子计算：净收入的50%

　　例外额度：1亿美元

　　FCCR：3.0x

　　情景 A

（百万美元）		
FCCR	3.5x	该发行人可以使用整个1.5亿美元篮子，因为其FCCR 3.5x超过了要求的3.0x FCCR和尚未使用的1亿美元的例外额度。
已使用的例外额度	0	
限制偿付篮子计算	150	
可允许的限制偿付	250	

　　情景 B

（百万美元）		
FCCR	2.5x	尽管发行人的篮子计算为1.5亿美元，发行人不能够增加额外的1.00美元债务，因为发行人的FCCR为2.5x，而最小的FCCR为3.0x。
已使用的例外额度	0	
限制偿付篮子计算	150	不过，发行人还是可以使用尚未使用的1亿美元例外额度。
可允许的限制偿付	100	

　　情景 C

（百万美元）		
FCCR	2.5x	尽管篮子的计算为1.5亿美元，限制偿付测试限制了发行人进行限制偿付。
已使用的例外额度	100	限制因素是，要求的FCCR为3.0x，而发行人当前的FCCR是2.5x，因此发行人不能够增加1.00美元的额外债务。
限制偿付篮子计算	150	
可允许的限制偿付	0	此外，发行人已经完全使用了例外额度。

使用净收入篮子的条件

受限偿付不能够动用净收入篮子，但以下情况除外：

- 建议的受限偿付总额加自债券最初发行日期以来所有的受限偿付（下文讨论的例外情况除外）不超过净收入篮子的金额；

- 发行人在受限债务条款下（给予受限偿付形式上调整之后）可以增加1.00美元的比率债务；

- 在受限偿付之后没有或者不会产生违约（即发行人在计算受限偿付条款是否被遵守时必须给予受限偿付形式上的调整）。

可允许的受限偿付

某些受限偿付可以不考虑净收入篮子或者使用净收入篮子的条件（可允许的受限偿付），它们包括：

- 用同步发行新股筹措的资金或者以交换股份的方式所收购的股份；

- 用同步发行的新股或者新次级化可允许再融资债务筹措的资金回购次级化债务；

- 一个受限偿付的通用篮子，受制于一个总的限额；

- 受限子公司按比例派发给第三方的股利；

- 其他磋商的例外（如有限的投资、有限的管理层股票回购或者根据发行人资本结构所必需的特殊例外情况）。

一般而言，在以下情况下，所有可允许的受限偿付应从净收入篮子中扣除，而不是从受限偿付中扣除：

- 明确表明该可允许的受限偿付所使用的资产或者现金不会同时构成净收入篮子的一部分（如通过发行新股筹措的资金或者交换股份）；

- 信用中立（如次级化债务下可允许的再融资）；

- 微不足道（如给高级管理层的贷款）。

可允许的投资

根据定义，可允许的投资不是受限偿付。

在决定可允许的投资时，需要实际考虑发行人如何开展业务，及其过往实际进行拟议的投资。尽管一些债券结构采取了"最小公分母"的方法，即提出了所有可能的例外，但更好的方法应该是根据发行人当前和未来的需求精确定制一份债券合同。

可允许的投资一般包括：

- 对发行人、受限子公司（有时候仅限于对担保人的投资，且不包括非担保人的发行人之子公司，即便该子公司被分类为受限子公司）或成为受限子公司的任何实体的投资；
- 某些列明的套期保值交易；
- 对高级管理层或董事的贷款或垫款，但不得超出某一上限；
- 对合资企业的投资，但不得超出某一上限；
- 其他投资，但不得超出某一上限。

例外的可得性

如果一个受限偿付或者可允许的投资满足净收入篮子和超过一种可允许的受限偿付或者可允许的投资类型的标准，多数合同一般允许发行人自行决定分类，或者不时对其重新分类。尤其当发行人的财务状况改善时，净收入篮子的可得性提升，这时发行人一般会（但不总是会）被允许将之前在一个或更多受限偿付篮子或者可允许的投资篮子里的项目重新分类为净收入篮子下的受限偿付，以释放相关篮子的容量。

总结来讲，高收益债券条款可以简单理解为控制新增债务和控制现金流出两大类。控制新增债务主要通过比例限制来实现，例如固定费用覆盖比率 FCCR 的范围在 $2.25x \sim 3.0x$；子公司债务限制通常上限设置为集团合并资产的 $15\% \sim 20\%$，一旦达到这个上限，即便满足 FCCR，也不能新增债务。控制现金流出的主要手段是限制对外支付以及投资，虽然条款对发行人花钱有诸多限制，但限制不等于禁止，条款中又会列明一些例外情况（carve‑outs），在这些例外情况下，依然可以进行支付与投资。

第六节   境内外债券发行程序及优缺点比较

由于资本管制的原因，尽管推出了债券通，境内外两个市场还没有完全打通，发行流程颇为不同，适用的法律体系和评级体系也不相同。

美元债普遍在发行条款中约定遵循英国法、中国香港法或纽约法撰写发行文件以及处理违约纠纷。英美法系，以英国、美国，以及众多英联邦国家或原受英国殖民统治地区为代表，以判例法为基础，即过去类似的判决将成为以后案件审理的依据。相同的中国境内企业发行人在境内发行债券则须遵循中华人民共和国国内的各层级法律与行业规范性条例，《公司法》《证券法》以及作为规范性条例的《银行间债券市场非金融企业债务融资工具管理办法》《投资人保护条款范例》等，募集书的撰写也有监管机构的表格体系模板以及在注册审核过程中的窗口指导。境外发债文件基本是依照惯例约定俗成、境内是范例规定，不过最终都走向了各自的模板性发行文件。

在评级方面，国内评级（中诚信、联合资信、新世纪等）是评级公司根据企业在国内市场竞争力排序，而国际评级（穆迪、标普、惠誉等）是评级公司根据企业在国际市场的竞争力排序，同时综合性的考虑所在国家主权评级及所在地区的经济与扶持力度等要素，综合打分而来。目前看，境内评级与境外评级差异较大，较难通过境内评级情况，推测境外评级，所以到了境外发行还需要做一次国际评级。

从整体来看，境内对于中资美元债发行的管理越来越透明化、统一化、精简化，不像境内债券市场，区分境内交易所市场、境内银行间债券市场和境内企业债券市场。审批流程上也比较明确，主要是依据发改外资〔2015〕2044 号文进行事前备案登记和事后信息报送。目前境内没有法律文件明确规定境内企业赴境外发债的条件，境外发债募集资金用途也没有硬性规定，是否能够发行成功主要由境外债券市场环境决定。当然，有时市场的要求会高于监管要求。

境外债券发行也有其劣势，例如，境外设立 SPV 存在一定难度，如果企业拟在境外设立 SPV 作为债券发行主体，则需要就 SPV 的设立取得发展改革委、商务部、国家外汇管理局（银行）的事前备案；中国法律尽调比较复杂，境外发债需要针对发行主体进行全面的尽调，需要披露具体资产及合同明细；企业须考虑外汇汇率波动风险，境外债的币种一般为美元或欧元，存在外汇汇率波动风险，企业须一并考量债务保值方案等。表 3 – 17 是中资企业境内发债和境外发债流程比较分析以及优劣势分析，供参考。

表 3-17 中资企业境内发债和境外发债流程比较分析

项目	境外债券	境内交易所市场		境内银行间债券市场		境内企业债券市场
债券品种	多品种、多币种、多期限	公开发行公司债券	非公开发行公司债券	金融债券	非金融企业债务融资工具	企业债券
监管机构	如债券上市，由境外交易所审核；视发行条款及结构，可能需取得国家发展改革委备案及国家外汇管理局登记	中国证监会核准	交易所备案	中国人民银行核准	银行间交易商协会注册	国家发展改革委
发行结构	直发结构、内保外贷结构、维好结构	直发结构，可提供担保	直发结构，可提供担保	直发结构，可提供担保		直发结构，可提供担保
发行条件	无明确法规要求，需投资人认可	《证券法》规定公开发行公司债券，应当符合下列条件： — 股份有限公司的净资产不低于人民币三千万元，有限责任公司的净资产不低于人民币六千万元； — 累计债券余额不超过公司净资产的百分之四十； — 最近三年平均可分配利润足以支付公司债券一年的利息； — 筹集的资金投向符合国家产业政策； — 债券的利率不超过国务院限定的利率水平； — 国务院规定的其他条件。 有下列情形之一的，不得再次公开发行公司债券： — 前一次公开发行的公司债券尚未募足； — 对已公开发行的公司债券或者其他债务有违约或者延迟支付本息的事实，仍处于继续状态； — 违反本法规定，改变公开发行公司债券所募资金的用途。 以及各债券品种具体适用的法规、指引下要求的发行条件。				

续表

项目		境外债券	境内交易所市场	境内银行间债券市场	境内企业债券市场
募集资金使用		用于约定的用途，较为灵活，经外汇管理部门同意，募集资金可调回境内使用	不得用于弥补亏损和非生产性支出。除金融类企业外，募集资金不得转借他人。	用于符合国家法律法规及政策要求的企业生产经营活动，不得用于弥补亏损和非生产性支出。	不得用于弥补亏损和非生产性支出。不得用于房地产买卖、股票买卖和期货交易等与本企业生产经营无关的风险性投资。
存续期管理		信托人负责	债券受托管理人负责	牵头主承销商负责	债权代理人负责
中国法律尽职调查	尽调范围	由承销商根据合并报表范围内境内子公司财务数据（总资产、总收入、净利润）占比圈定中国法律尽调范围	发行人及其重要子公司（由发行人及主承销商确定）	发行人及其合并报表范围内子公司	主要针对发行人自身
	法律意见范围	由承销商及境外律师根据上市要求和市场惯例确定	根据《证券法》《公司债券发行及交易管理办法》及交易所预审核指南要求出具	根据非金融企业债务融资工具表格体系要求出具	根据《公开发行企业债券的法律意见书编报规则》要求出具
	尽调深度	需审阅尽调范围内的重大融资合同、业务合同、知识产权、土地房产等资料，并制作附表	一般较为概括，不披露具体资产及合同明细	一般较为概括，不披露具体资产及合同明细	尽调资料范围要求较广，需披露资产及合同明细
	法律意见书出具时间	定价日前基本定稿，交割日出具	申报日出具	申报日及发行日均需出具	申报日及发行日均需出具

表 3-18 中资企业境内发债和境外发债优劣势对比

对比项目	优势	劣势
境内发债	交易熟悉程度：发行人对境内发债的交易模式比较熟悉，且交易文件及项目沟通语言均为中文，没有语言障碍； 投资者：投资者对发行人比较了解，投资者数量多； 中国法律尽调相对简单：相较于境外发债，境内发债的尽调内容相对精简，不需要披露发行主体的具体资产及合同明细； 其他：不受外汇汇率波动风险的影响，无须设立境外 SPV。	币种单一：币种为人民币，币种相对单一； 部分债券种类受发行人资产规模限制：比如，境内公开发行公司债券，需要遵守"累计债券余额不超过公司净资产的百分之四十"等限制； 境内监管机构审批/备案相对繁杂：取决于债券种类的不同，需要取得发改委、证监会、交易商协会、证券业协会等机构的审批/备案； 部分债券种类融资周期比较长：相较于境外发债，部分债券种类融资期限比较长。比如境内发行公司债券，受限于监管部门审批时间，融资周期大概在 4~6 个月。 募集资金用途受限：募集资金需符合国家产业政策，且不得用于弥补亏损和非生产性支出。 税负成本高：就债券利息，投资者需要承担 25% 的所得税（汇算清缴）和 6% 的增值税。
境外发债	币种多样化：币种可以是人民币，也可以是美元、欧元等外币，充实发行人外汇资金； 交易结构多样化：市场上比较常见的境外发债交易结构包括直发结构、担保结构、维好结构和备用信用证模式； 境内监管手续简单：一般事前仅需要履行发改委备案手续，采用直发结构或担保结构发债需事后履行外债登记/跨境担保登记手续； 税负成本低：直发结构项下，境外债券投资者需承担债券利息 10% 的所得税及 6% 的增值税。担保结构或维好结构项下，法律上存在被征收前述所得税和增值税的风险，但实践中并不常见； 融资周期短：一般 2~3 个月即可完成融资； 募集资金用途：募集资金可以选择回流境内或留在境外，除担保结构回流境内的募集资金存在限制性规定外，对募集资金用途无特别约束。	交易熟悉程度：发行人对境外发债的交易模式比较陌生，且交易文件及项目沟通语言均为英文，发行人可能存在语言障碍； 投资者：投资者多为境外主体，对发行人相对陌生，且数量较境内发债投资者相对有限； 境外设立 SPV 存在一定难度：如企业拟在境外设立 SPV 作为债券发行主体，则需要就 SPV 的设立取得发展改革委、商务部、国家外汇管理局（银行）的事前备案，实践中存在一定难度。 中国法律尽调比较复杂：境外发债需要针对发行主体进行全面的尽调，需要披露具体资产及合同明细； 外汇汇率波动风险：境外债的币种一般为美元或欧元，存在外汇汇率波动风险。

第四章　中资美元债券的国际评级

第一节　国际评级概述

一、信用评级的定义

概括而言，信用评级是评级机构对未来信用违约风险发表的一种"意见"。一般分为"主体评级"和"债项评级"两种，前者发表的"意见"反映了发行人主体到期兑付债务的意愿和能力，后者反映了某个债务工具的信用质量和违约风险。同一个主体发行的不同种类的债券，如无抵押高级债、次级债、永续债、可转换债、优先股等，可以有不同的债项评级。

评级机构会强调其评级结果是对于未来信用风险发表的"意见"（Opinion）而不是投资建议，是对未知事件的一种预测而不是价值评估。评级机构起源于美国的出版行业，根据美国宪法第一修正案，新闻媒体的出版自由受到法律保护。评级被视为出版行为，因而当发表的关于预测结果的言论最终与事实不符时，除非恶意为之，否则无须承担法律责任。

在国际市场上，信用评级处于寡头垄断的格局，三大国际评级机构标准普尔（Standard & Poor's）、穆迪（Moody's）、惠誉（Fitch）占据了90%以上的市场份额。在国际债务资本市场上，并未强制规定发行债券必须取得评级，但一般发行人会寻求"双评级"，获得至少两家上述公司的债项评级，以降低信息不对称，吸引更广泛投资人以相对公允的价格进行认购。

二、信用评级的发展历程

（一）债券信用评级的诞生

信用评级可以追溯到 1850 年，因美国铁路公司发行债券融资而产生。在 1850 年以前，债券市场已经存在 300 年，但主要以荷兰、英国、美国等主权债券和地方政府债券为主，投资者基于对政府的信任，无须了解筹资用途和投资计划，政府也有意愿和能力履行其债务，市场并无信用评级需求。

从 19 世纪 20 年代开始，美国的私人铁路公司蓬勃发展，起先在居住聚集地区修建铁路枢纽，一般通过银行贷款和发行股票进行融资。到 19 世纪 50 年代，铁路修建深入广袤神秘的西部地区，此时项目资金需求规模巨大，已无法通过原先融资方式和投资人群体所支撑，需要进一步拓展铁路债券市场，并吸引大西洋彼岸的欧洲投资人。欧洲投资人既希望抓住新大陆投资机会，也迫切需要掌握更客观准确的项目信息。

为了解决上述信息不对称的问题，《美国铁路期刊》（*American Railroad Journal*）的编辑亨利·普尔（Henry Barnum Poor）从 1849 年开始在杂志上发布关于铁路公司的资产、负债、利润、项目等系统性信息，受到广大投资人的欢迎和关注。1860 年，普尔先生发表了《美国铁路运河史》（*History of Railroads and Canals in the United States*），1868 年普尔先生及其儿子发表了年度手册《普尔美国铁路指南》（*Poor's Manual of the Railroads of the United States*），其披露的信息在此后几十年一直被奉为铁路行业权威数据，这些统计数据正是现代信用评级的前身。

在 1909 年，约翰·穆迪（John Moody）出版了《穆迪美国铁路投资分析指南》（*Moody's Analysis of Railroad Investment*），不仅披露了铁路公司的基本信息，还对其发行的债券进行首次评价，并开创性地使用简单评级符号来标识并区分债券的信用等级。此后，约翰·穆迪的金融信息手册不断扩展至铁路公司之外行业发行的债券，以及外国政府在美国发行的债券。

惠誉出版公司（Fitch Publishing Company）也发布了《惠誉债券手册》（*Fitch Bond Book*）和《惠誉股票和债券指南》（*Fitch Stock and Bond Manual*）来公布金融数据。在 1924 年，惠誉发明了现在为大家所熟悉并广为使用的

"AAA"到"D"的评级制度。

（二）国际评级的快速发展

信用评级是在美国经济快速扩张的大背景下，为了解决债券市场投融资双方信息不对称的问题而诞生的。真正促进评级机构快速蓬勃发展的是几次大的经济危机，评级机构观点的客观性和准确性得到了市场参与者的认可，建立了良好的声誉，同时得到了监管机构的认可和背书。

1929年，美国股票市场崩盘，大批公司资不抵债宣布破产，投资者蒙受了惨重的损失。但同时，人们发现评级机构给予高评级的债券在这场风暴中表现平稳。此后，相关部门出台监管政策，利用评级结果限制银行进行激进的高风险债券投资，如美国财政部通过货币监理署（Comptroller of Currency）在1931年明确规定，银行持有的债券只有在获得至少一家评级机构BBB及以上级别时，才能按照面值入账，否则必须按照市场价格进行减值；1936年货币监理署和美联储进一步规定，禁止银行持有BBB以下级别债券，且所持债券需要拥有至少两家评级机构的公开评级。公司的债券评级也逐渐成为人们依靠的重要投资准则，评级行业在20世纪30年代以后蓬勃发展。

另一个重塑评级市场的契机是20世纪70年代，市场面对石油危机和美国大萧条以来最严重的经济衰退，通货膨胀严重、利率高企、信用风险事件涌现。如著名的宾州中央铁路公司，具有很高的信用资信等级，但在经济危机中宣布破产、商业票据违约。该事件让人们警醒评级公司资质参差不齐，评级公司也开始重审评级模型，以提高质量，市场出现分化和优胜劣汰。工作质量高且经受危机考验的评级公司逐渐在市场中树立了权威性。

针对经济危机中暴露的评级机构问题，美国证监会（SEC）在1975年正式将三大评级机构标普、穆迪、惠誉公司确认为"国家认可的统计评级机构"（Nationally Recognized Statistical Rating Organizations，NRSROs），并使用它们的评级结果作为重要监管指标的判定依据，从此奠定了它们的市场地位。从20世纪80年代开始至今，NRSROs认可范围又陆续扩大到10家，如表4-1所示，截至2017年底，标普、穆迪、惠誉三大评级公司的市场份额合计95.8％。在美国之外，各国政府也开始支持培育本土的评级机构，但三大评级公司的市场垄断地位不可动摇。

表 4 – 1　　　　　　NRSROs 评级公司各品种市场占比（截至 2017 年底）

NRSROs	金融机构	保险公司	公司	资产支持证券	政府证券	总占比
标普	36.50%	31.60%	45.70%	27.70%	52.80%	49.20%
穆迪	23.30%	12.10%	25.50%	37.60%	34.30%	33.10%
惠誉	24.90%	15.90%	16.90%	18.40%	11.80%	13.50%
加拿大多美年	8.10%	0.80%	2.60%	9.50%	1.10%	2.30%
伊根琼斯	6.00%	4.20%	5.70%	N/R	N/R	0.80%
贝氏	N/R	35.00%	1.00%	<0.1%	N/R	0.40%
克罗尔	0.50%	0.20%	0.00%	5.10%	0.00%	0.40%
日本信用评级研究所	0.50%	0.30%	2.20%	N/R	0.00%	0.20%
墨西哥 HR 评级	0.40%	N/R	0.20%	N/R	0.00%	0.10%
晨星	<0.1%	N/R	0.30%	1.60%	N/R	0.10%

数据来源：NRSROs 2018 年年报。

（三）国际金融危机后的强化监管

2007 年美国次贷危机引发国际金融危机，评级公司被诟病在危机前误导市场以及在危机中推波助澜，提高评级公正性、可靠性、透明度等问题成为危机后监管改革的重要组成部分。

在次贷危机前，美国经济势头强劲、房地产市场繁荣，房贷申请者资格被不断放松，房贷还款结构设计激进，且被进一步证券化为复杂的金融产品，如合成式 CDOs 多次分拆、打包、分层，次级贷款人的基本信息和风险特征完全被淹没在过度证券化的结构安排中。此时的评级公司并没有识别出其与普通抵押证券不同的真实风险，给出偏高的评级结果，对市场造成误导。根据彭博统计，在危机爆发前，大约 75% 的次贷相关证券获得了 AAA 评级，8% 得到 AA 或 A，仅有 7% 被评为 BBB 或更低。到 2006 年美国房地产市场进入衰退周期，2006—2007 年次级抵押贷款拖欠率猛增，直接导致证券化产品不能兑付，此时三大评级机构才开始大规模进行评级下调或列入负面清单，这又进一步加剧了市场的恐慌情绪，抛售踩踏不可避免。

在随后的欧债危机中，三大评级机构对希腊主权评级的相继下调，成为点燃希腊主权债务危机的导火索。以穆迪为例，2009 年 12 月将希腊主权评级从 A1 下调至 A2，展望"负面"；2010 年 4 月再次下调一个子级至 A3；两个月后，2010 年 6 月，直接下调四个子级至垃圾级"Ba1"。标普和惠誉在 2009—2011 年同样将希腊主权评级由 A 下调至 BB +。主权评级频频降级传递给市场强烈的信号，希腊政府偿还债券的能力堪忧，希腊 10 年期国债收益率疯狂上涨，信用违约掉期（CDS）价格飙升，希腊政府再融资成本显著抬高。恐慌情绪在市场蔓延，扩展到周边葡萄牙、爱尔兰、意大利、西班牙等国，投资者纷纷将资金撤出欧元区，转投美元寻求避险，引起市场剧烈动荡。

三大评级机构在次贷危机和欧债危机中，都未表现出本应具备的预测和监督的功能，此后以美国和欧盟为代表的各国政府纷纷加强了对于评级机构及评级过程的监管力度。2010 年美国总统奥巴马签署了自经济大萧条以来规模最大的金融改革方案《多德—弗兰克华尔街改革与消费者保护法案》，其中有专门章节完善信用评级机构监管，包括对透明度、独立性、利益冲突、责任追究、NRSROs 监管等多方面的大幅度强化。欧盟对评级机构的监管主要基于国际证券委员会组织（IOSCO）发布的《信用评级机构基本行为准则》，并在 2008 年以后对准则进行修订，强化了评级程序质量、后续监督、定期披露、区分评级与咨询服务等一系列措施。

三、国际三大评级机构

（一）标普全球评级

标准普尔全球评级（Standard & Poor's Global Ratings，S&P）最早可追溯到 1860 年亨利·普尔成立的普尔出版社，主要提供美国铁路公司相关信息。1906 年标准统计局（Standard Statistics Bureau Company）成立，提供美国公司的财务信息，并在 1916 年开始提供债券评级服务。1941 年两公司合并成立标准普尔公司，并在 1966 年由麦格劳希尔出版集团（McGraw – Hill）收购，提供评级服务、金融信息服务、标普指数等。根据 NRSROs 2018 年年报，标普评级全球拥有超过 1500 人的分析师队伍，市场份额 49.2%，排名第一。

标普的信用评级体系分为长期等级和短期等级。如表 4 – 2 所示，长期信用等级分别为 AAA、AA、A、BBB、BB、B、CCC、CC、C 和 D，其中 AA ~ CCC 级可以用"+"和"–"号进行微调，表示略高于或略低于本等级。如表 4 – 3 所示，短期等级分别为 A – 1、A – 2、A – 3、B、C、D，除了 A – 1 其他信用等级均不进行微调。

表 4 - 2　　　　　　　　　　　标普长期信用评级等级

AAA	偿还债务的能力极强，最高评级
AA	偿还债务的能力很强，与最高评级差别很小
A	偿还债务的能力较强，相较于较高评级等级，其偿债能力较易受外部不利因素影响
BBB	目前具有足够的偿债能力，但若在恶劣的外部环境下偿债能力较脆弱
BB	相对于其他投机评级等级，违约的可能性最低，但持续重大不稳定情况或恶劣的外部不利条件可能令发行人无足够能力偿还债务
B	目前仍有偿债能力，但恶劣的外部环境可能削弱发债人偿还债务的能力和意愿
CCC	目前有可能违约，偿还债务的能力依赖良好的外部经济环境，如果商业、金融、经济环境恶化，发行人可能违约
CC	目前违约可能性很高，只是违约的时间点不确定
C	目前违约可能性很高，相较于更高评级，其债券偿付顺序靠后或者违约回收可能性更小
D	目前已违约

表 4 - 3　　　　　　　　　　　标普短期信用评级等级

A - 1	为最高级短期债券，其还本付息能力强。此评级可另加 " + " 号，以表示发债人偿还债务能力极强
A - 2	偿还债务的能力令人满意，不过相对于最高的评级，其偿债能力较易受外部环境或经济状况变动的不利影响
A - 3	目前有足够能力偿还债务，但若经济条件恶化或外在因素改变，其偿债能力可能较为脆弱
B	偿还债务能力脆弱且投机成分相当高。目前发行人仍有偿债能力，但持续重大不稳定因素可能令发行人没有足够能力偿还债务
C	目前有可能违约，偿还债务的能力依赖良好的外部经济环境
D	不能按期还本付息

（二）穆迪投资者服务公司

穆迪投资者服务公司（Moody's Investors Service）是最早开展现代信用评级业务的机构。前身为约翰·穆迪于 1900 年成立的 John Moody & Company，其 1909 年出版的《穆迪美国铁路投资分析指南》展示了如何评价一个铁路公司的运营、管理、财务，并首次开创性地用字母标注明确结论。根据 NRSROs 2018 年年报，穆迪全球拥有最大的分析师队伍，约 1600 人，市场份额

33.1%，排名第二，仅次于标普。

穆迪的信用评级体系分为长期等级和短期等级。如表 4 - 4 所示，长期信用等级分别为 Aaa、Aa、A、Baa、Ba、B、Caa、Ca、C，其中 Aa ~ Caa 基本等级后会加上"1、2、3"进行微调。如表 4 - 5 所示，短期等级分别为 P - 1，P - 2，P - 3，各等级不进行微调。

表 4 - 4　　　　　　　　　穆迪长期信用评级等级

Aaa	为最高级，偿还债务的能力极强，违约风险最低
Aa	偿还债务的能力很强，违约风险很低
A	偿还债务的能力较强，违约风险较低
Baa	债务有中等信用风险，有一定的违约风险，具有某些投机特性
Ba	债务有投机成分，违约风险较高
B	债务为投机性债务，违约风险高
Caa	信用状况很差，违约风险很高
Ca	债务投机性很高，可能或极有可能违约，只有回收部分本息的可能性
C	最低等级，通常已违约，收回本息的可能性极低

表 4 - 5　　　　　　　　　穆迪短期信用评级等级

P - 1	发行者有最强的偿还短期债务的能力
P - 2	发行者有较强的偿还短期债务的能力
P - 3	发行者有尚可的偿还短期债务的能力

（三）惠誉国际

惠誉国际（Fitch Ratings）是三大评级机构中唯一的欧资机构。其前身是由约翰·惠誉（John K. Fitch）于 1913 年创办的惠誉出版公司，并在 1924 年发明了"AAA"到"D"的评级体系。根据 NRSROs 2018 年年报，惠誉全球拥有约 1200 人的分析师队伍，市场份额 13.5%，排名第三。

惠誉的信用评级体系分为长期等级和短期等级。如表 4 - 6 所示，长期信用等级分别为 AAA、AA、A、BBB、BB、B、CCC、CC、C 和 D，其中 AA ~ CCC 级可以用"＋"和"－"号进行微调，表示略高于或略低于本等级。如表 4 - 7 所示，短期等级分别为 F1、F2、F3、B、C、D，除了 F1 其他信用等级均不进行微调。

表 4 - 6　　　　　　　　**惠誉长期信用评级等级**

AAA	最高信用质量，违约风险最低，受未来不利因素影响的可能性极低
AA	很高信用质量，违约风险很低，受未来不利因素影响的可能性较低
A	较高信用质量，违约风险低，与更高评级相比，受未来不利因素影响的可能性更高
BBB	信用质量良好，目前违约风险较低，但未来不利外部环境可能削弱其还款能力
BB	投机级债务，在外部环境恶劣的情况下违约风险较高，在有商业和财务上弹性时，可还本付息
B	投机性很高，目前仍未违约，但外部不利因素很可能造成其无法继续履约
CCC	较高的违约风险
CC	很高的违约风险
C	接近违约
D	不能按期还本付息

表 4 - 7　　　　　　　　**惠誉短期信用评级等级**

F1	为最高等级信用质量，其还本付息能力强，此评级可另加"＋"号，以表示发债人偿还债务能力极强
F2	较高信用质量，还本付息能力较强
F3	具有充足的还本付息能力
B	投机级，还本付息能力有限，受外部不利环境影响较大
C	违约的可能性很高
D	不能按期还本付息

（四）三大评级机构信用评级等级对比

1. 投资级与投机级的区分。总体而言，长期债务时间较长、信用波动较大、采用层级较多，以"＋/－"或者"1、2、3"细分区别。如表 4 - 8 所示，市场将 BBB-/Baa3 及以上评级的债券定义为投资级（Investment Grade，IG），BB+/Ba1 及以下的定义为投机级（Speculative Grade），也被称为高收益债（High Yield，HY），或者俗称为垃圾债（Junk Bond）。

表 4 - 8　　　　　　　三大国际评级机构的评级等级设置（长期）

	标普	穆迪	惠誉	含义
投资级	AAA	Aaa	AAA	最高质量证券，投资风险最小
	AA +	Aa1	AA +	高质量的证券，投资风险很小
	AA	Aa2	AA	
	AA -	Aa3	AA -	
	A +	A1	A +	属于中上等级证券，有很多有利于投资的特点，有足够因素保证本息安全，但将来偿付本息能力存在一定不确定性
	A	A2	A	
	A -	A3	A -	
	BBB +	Baa1	BBB +	中等级债券，有一定程度的保险，当前保证本息的因素是足够的，但将来偿付本息能力具有一定不确定性
	BBB	Baa2	BBB	
	BBB -	Baa3	BBB -	
投机级	BB +	Ba1	BB +	含有一定的投机性，将来对本息保护是有限的，具有一定的不确定性
	BB	Ba2	BB	
	BB -	Ba3	BB -	
	B +	B1	B +	不具备理想的投资特点，从长期来看，还本付息或者履行合同的能力和意愿不足
	B	B2	B	
	B -	B3	B -	
	CCC	Caa	CCC	信誉较低，违约风险较大，具有典型的投机性质，投资存在很大的风险
	CC	Ca	CC	
	C	C	C	
	D		D	

根据标普《2018 年全球公司违约及评级变化研究》[①] 显示，投资级和投机级债券的违约率有明显的差异，在市场动荡、经济危机的时期表现尤为突出。如图 4 - 1 所示，高收益债的违约率随经济周期变化幅度较大，1981 年至 2018 年处在 1% 至 11% 之间波动，其中 1991 年、2001 年、2009 年，飙升至 10%；而投资级债券在相同时间段的 38 年间，违约率基本保持稳定而且相对较低，违约率最高的 2002 年、2008 年也只有 0.42%。以上研究意在表明，投资级与投机级的划分对于评级使用者而言是有实际参考意义的。

[①]　S&P Global Ratings, *2018 Annual Global Corporate Default and Rating Transition Study*, April 9, 2019.

2. 评级展望和评级观察。三大评级机构都会发表评级展望（Rating Outlooks），代表其对于中期内评级方向的看法，可授予发行人或者债项评级。评级展望具体分为四类，正面（Positive）、负面（Negative）、稳定（Stable）和发展中（Developing/Evolving）。其中"发展中"是指基本面发生了重大的变化但具体方向还不能判断。展望为负面、正面或发展中表明中期内评级调整的可能性较大，稳定展望表明中期内评级调整的可能性较小。平均而言，初次授予正面或负面评级展望之后，采取下次评级行动，如展望调整、列入观察名单或评级调整等，大致在一年内出现。

列入观察名单（Watch lists）代表考虑在短期内对评级进行调整。评级可列入上调、下调的观察名单，另外比较少见的情况是列入观察名单但方向不确定。当短期内极有可能采取评级行动，但需要进一步信息或分析来决定是否应作调整及潜在调整幅度时，评级将被列入观察名单，观察期大多在3个月以内。

评级展望和观察是评级机构与市场保持沟通的一种重要方式，但并非所有受评主体都会获得评级展望，也并非所有的评级上调或下调之前都会被先列入观察名单或展望调整。

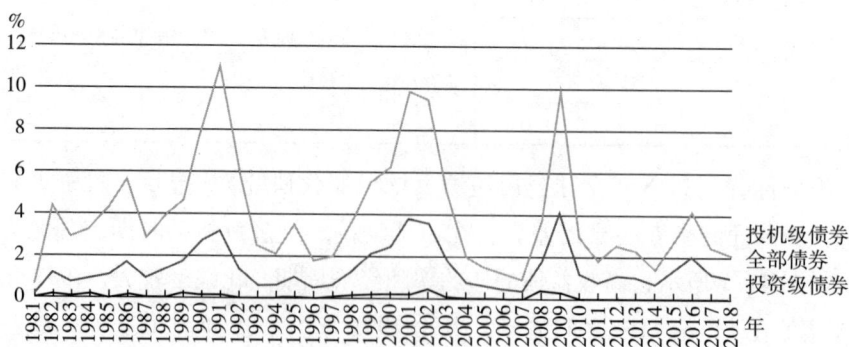

资料来源：标普固定收益研究及标普全球市场资讯。

图 4 - 1　全球债券市场违约率变化（1981—2018 年）

四、信用评级的使用和功能

信用评级在市场和监管的共同作用下孕育产生、发展壮大，并趋于规范。

评级机构在积累了庞大企业数据库的基础上，由专业评级分析师利用评级模型进行定量和定性相结合分析，致力于解决信息不对称问题，从而降低了市场参与者获得信息的成本，在全球资本市场获得了相当大的影响力。

（一）投资者

债券投资人是信用评级直接使用者，虽然他们中的大多数都是专业的机构投资人，但评级信息为其提供了衡量债券信用风险的统一标杆。虽然评级机构一直强调评级结果只是一种预测意见，不是投资建议，但事实上评级结果将直接影响债券的定价和投资人的决策。一些机构的投资指引对债券的国际评级制定明确的门槛。

（二）发行人

在债券一级市场，一般发行人会寻求国际"双评级"，以证明和展示自身的资信状况，从而降低筹资成本。在二级市场，证券的评级有助于增强流动性，有利于二级市场定价，进而影响一级市场定价。

（三）贷款机构

评级结果经常被运用于贷款合同中，比如最常见的"触发评级"条款，当信用评级降低到一定等级时，贷款将被触发加速清偿或者追加抵押品。触发评级是倾向于保护贷款方的条款，使其在借款方信用恶化情况下得到一定保护。

（四）监管机构

各国监管机构也会将评级结果运用于监管和指导金融机构业务开展中。如，《巴塞尔协议Ⅲ》对于银行资本充足率的计算方法中，标准法会根据外部评级结果，赋予资产不同的风险权重，用于计算加权风险资产以及监管资本充足率。

（五）投资银行

信用评级是投资银行设计和创造金融产品重要的依据之一。例如，当设计住房抵押贷款RMBS、信用卡ABS等资产证券化产品结构分层时，投资银行会充分考虑评级机构方法论，保证各层得到理想的评级结果。

（六）金融分析师及其他中介

分析师经常将评级结果运用到其独立研究和投资建议中。例如，通过分析同评级债券，识别风险被高估和低估的债券，从而发现定价错位和投资机会等。

五、信用评级的流程

三大评级公司都采用了评级分析师驱动流程，一般而言，初次进行评级的发行人整体流程需要 2 个月左右的时间。

（一）委任评级机构

发行人在向评级机构提出评级申请时，会与评级公司签订委任合同，对于评级的内容、提供的资料、保密、费用、评级是否公开等事项进行约定，这些前期的工作都是与评级机构的商务团队进行沟通，在委任确定后才会分配相应的主分析师，以避免利益冲突。

（二）信息搜集和访谈

为了分析师更准确全面地掌握企业情况，除了公开信息和财务信息外，发行人经常向评级机构提供包括战略规划、内部管理报告、预测数据等内部信息，也会安排企业高层与评级师进行面对面的访谈。

（三）分析评估

在搜集充分信息基础上，分析师会从业务风险和财务风险两大方面着手，搭建测算模型并进行关键假设设定，结合定量和定性两个方面进行综合评价，三大评级公司针对不同类型的企业都有各自成熟的方法论体系，我们将在第三、第四、第五节进行具体介绍。

（四）评级委员会决策

评级师会形成一份严格限于内部使用的评级建议报告，呈递评级委员会进行讨论和决策。评委会由跨部门、跨地区的专家组成，力求保持公正性和独立性，并通过投票决定结果。

（五）评级结果通知和上诉

一旦评级委员会作出决定，即可将结果通知发行人。在一些情况下，如有新的重大有利情况出现而直接影响风险预期时，发行人可能被批准进行上诉申请，评级机构重新召集评级委员会进行评估和决策。

（六）评级结果公布

在签署委任协议时，发行人会明确是否将评级进行公开，在征得发行人同意后，评级公司正式对外宣布结果。评级机构一般会通过新闻稿形式，有时也会采用面向广大投资人的电话会议、网络会议等方式，解释评级结果。

（七）跟踪评级

评级机构提供主体评级和债项评级的跟踪评级服务。债项评级的跟踪时间与债券期限匹配。评级机构会根据实际情况，进行评级展望调整、观察名单调整，以及评级上调下调等动作。

六、信用评级的收费方式

在 20 世纪 70 年代之前，评级机构的收费方式以投资者付费为主，通过出售出版物、评级报告、行业研究报告等来获取收入。但当评级机构市场地位不断提高和稳固，国际资本市场形成了公募债券一般需要评级的惯例后，评级机构开始向发行人索取费用。另外，高速复印机的出现，也使得订阅者与未付款投资人免费分享成为可能，导致订阅费无法满足评级机构雇用专业分析员的成本。

20 世纪 70 年代以后，发行人付费的有偿评级模式正式确立。三大评级公司的收费标准较为透明，且模式较为统一，分为三阶段收费：签约后，收取固定费用的评级费；债券发行完成后，按照发行规模的一定比例收费；债券存续期内，首次评级后每 12 个月，收取跟踪评级费。虽然在次贷危机后，各方一直诟病发行人付费方式致使评级机构丧失独立性，但当前制度环境下向终端投资人收费缺乏操作性，发行人付费目前仍将是主流模式。

第二节　标普评级方法论分析

一、标普评级框架

标普制定了适用于所有的主体和债项评级的《信用评级基本准则》（*Principle of Credit Ratings*），希望通过普遍适用的方法论和宏观经济压力情景来评估违约行为，从而提高信用评级在全球范围内、跨行业、跨时间的可比性。准则下有两大类分析框架，结构性金融资产证券化评级以及企业和政府评级。目前中资美元债券评级都隶属于后者，采用"自下而上"（Bottom -

up）方法，即从个体信用状况出发，考虑外部支持因素调整，得到发行人评级，进一步考虑债券结构调整，得到债项评级。

（一）个体信用状况

个体信用状况（Stand – Alone Credit Profile，SACP）是发行人没有考虑集团或者政府提供特殊支持情况下的资信评估。标普在非金融企业、金融机构（非保险）、保险机构、政府、项目融资等类别下，分别制定相应的方法论、模型、假设以及细分行业的关键信用因素。本节第二部分将以企业方法论为例进行分析。

（二）外部影响

在 SACP 的基础上，外部的支持（提高评级）或者干涉（降低评级）将影响债券发行人的主体评级（Issuer Credit Rating，ICR）。在标普的评级框架下，只要压力测试中主权违约的情况下信用主体仍能正常履约，主体评级是可以突破主权评级的，这与穆迪和惠誉存在明显区别。对于中资发行人而言，大型金融机构（FI）、国有企业（SOE）、政府融资平台（LGFV）都涉及外部支持评估，在标普方法论中归属于政府相关实体（Government Related Entities，GRE），本节第三部分将分析 GRE 的方法论。

（三）债项评级子级调整

高等级无抵押债券的债项评级一般与主体评级一致。其他金融工具债项评级，需要考虑资本结构上优先劣后偿付顺序以及抵押品质量、回收率预测等。在第六章中将通过实例分析 CoCos 债、优先股、二级资本债、可转债、永续债等特殊产品的债项评级调整。

二、非金融企业主体评级通用方法论

（一）评级逻辑

标普针对非金融企业制定了全球通用的方法论，就如何剖析个体信用状况（SACP）和主体信用评级（ICR）分步骤进行了详细的规范。如图 4 - 2 所示，标普将企业风险归纳为业务风险和财务风险两大类，采用递进式逻辑和二维矩阵工具，锚定基准评级（Anchor），再通过 6 项调整因素进行子级的上调或下调，得出个体信用状况（SACP），最后考虑集团或政府外部影响，最终确定主体信用评级（ICR）。其中业务风险里包括国家风险、行业风险、竞争地位等子因素；财务风险关注现金流/杠杆比率；调整项包括多元化因素、资本结构、财务政策、流动性、公司治理、可比分析。

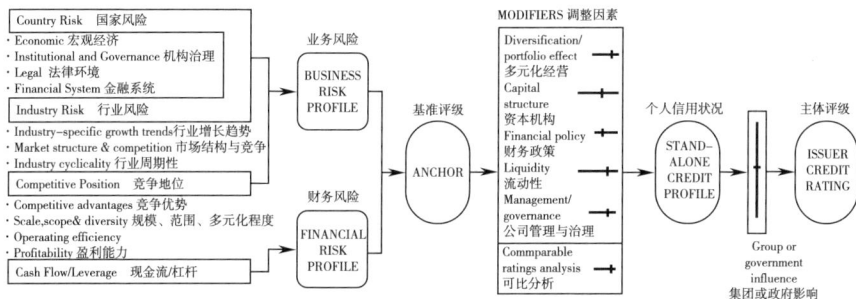

资料来源：标普企业评级方法论。

图 4 - 2　标普企业方法论框架

（二）业务风险分析

1. 评估方法。标普在分析投资级别发行人时，业务风险所占权重更大，而在分析投机级别发行人时，财务风险所占的权重更高。业务风险由低到高分为 6 个等级：极好、优、良好、一般、弱、极弱。要得到上述评估，需要分两个步骤进行矩阵评分：首先对国家风险和行业风险进行矩阵评分，得到发行人的"国家 - 行业风险评估"（Corporate Industry and Country Risk Assessment，CICRA）；再将 CICRA 评分与竞争地位进行矩阵评分，从而得到业务风险评估。例如，如图 4 - 3 所示，第一步，国家风险和行业风险都为"中等"得到 CICRA 分数为"3"；第二步，竞争地位为"强"，与 CICRA "3"共同锁定经营风险分数为"2"，即"优"。

2. **业务风险因素。**

（1）国家风险：主权评级不能替代国家风险。主权信用评级代表的是主权政府商业贷款履约的意愿和能力，并不能充分反映私人企业所面临的经营风险。标普的国家风险矩阵评分包括了四个方面：宏观经济风险、机构及治理有效性（包含政治风险）、金融系统风险、支付习惯（法律风险），这四个方面被赋予同样的权重。针对跨国企业，所有经营收入占比或者资产占比超

第一步　决定CICRA分数						
CICRA	**国家风险**					
行业风险	很低	低	中等	较高	高	很高
很低	1	1	1	2	4	5
低	2	2	2	3	4	5
中等	3	3	3	3	4	6
较高	4	4	4	4	5	6
高	5	5	5	5	5	6
很高	6	6	6	6	6	6

第二步　决定业务风险水平						
业务风险	**CICRA**					
竞争地位	1	2	3	4	5	6
优秀	1	1	1	2	3	5
强	1	2	2	3	4	5
适中	2	3	3	3	4	6
一般	3	4	4	4	5	6
弱	4	5	5	5	5	6
很弱	5	6	6	6	6	6

资料来源：标普企业评级方法论。

图4－3　标普业务风险评估矩阵

过5%的国家或地区都需要纳入加权计算。

（2）行业风险：反映了所在行业整体状况及稳定性，矩阵评分包括两个因素：一是周期性，即根据压力测试中收入和利润率表现，分析出行业周期性的强弱，受周期性影响大的企业分数更低。二是竞争风险及成长性，包括进入门槛高低、利润率水平及趋势、替代品及技术发展方向、行业成长趋势等分析。对于综合经营企业，收入、利润或固定资产占比高于20%的行业都需要纳入加权计算。

（3）竞争地位：前两大因素得出CICRA反映了信用主体所在的环境，而竞争地位考察的就是个体由于自身特点而增加的或者消除的风险，包括四个子因素：一是竞争优势，考察商业模式、战略定位、产品质量及影响力、技术优势、客户忠诚度等维度；二是规模、范围、多元化，衡量业务集中度和多元化程度，如产量、产品种类、市场份额、地域分布等；三是经营效率，考察资产质量、成本结构、运营资金管理、生产流程管理等维度；四是盈利能力，测算盈利水平绝对值和盈利波动性，主要使用历史及预测的资本回报率、EBITDA利润率以及一些行业特性指标。其中，通过前三个子因素根据行业特性赋予不同的权重，可判断出公司的市场地位和产生收入的能力及持续性，由矩阵加权评分得到初步竞争地位判断，再通过第四个子因素对这个判断进行印证或微调。

所有因素的分析都与所在行业的基准进行对标，行业的判断是基于公司特性，而不仅仅是细分行业。比如，在评估航空公司时，对标的基准应该是更为广泛的周期性波动交通运输行业，包括了航空运输、船舶运输、货车运输。标普利用海量数据积累形成行业细分以及行业基准指标，并根据在基准上下波动幅度规范评分标准。如表 4-9 所示，用交通运输行业 EBITDA 的标准误差（Standard error of the regression，SER）所对应的分数来评估利润率波动性。

表 4-9　　　　　　交通运输行业 EBITDA 的标准误差评分 SER

SER	利润波动性评估					
行业	1	2	3	4	5	6
周期性波动交通运输行业	≤10%	>10%~14%	>14%~22%	>22%~33%	>33%~76%	>76%
利润波动性	0	4%	2%	3%	6%	6%

资料来源：标普企业评级方法论。

（三）财务风险分析

1. 评估方法。现金流/杠杆是偿付债务最重要的财务指标，通过测算在现金流瀑布不同层级水平，以及现金流与负债、利息的比率来衡量财务风险。现金流瀑布层级一般分为：运营资金投资之前、之后，资本开支之前、之后，分红之前、之后六个层次。财务风险由低到高分六个等级：最低、较低、中等、显著、激进、极高。

总体而言，对于现金流较强的企业（前三个等级），考察的侧重点是公司支配现金的灵活度和自由度，关注现金流与债务比率的偿付指标（Payback Ratio）；而对于现金流较弱的企业（后三个等级），还需要进一步考察公司用现金利润和安全垫偿还债务的绝对能力，进一步测算现金流与利息的保障倍数指标（Coverage Ratio）。

标普将现金流/杠杆指标分成核心比率和补充比率两类。首先测算一定时间序列的核心比率（一般 5 年），并对比标普设定的基准标杆，得到财务风险的初步评估。然后进行一个或多个补充比率计算，当出现与初步评估不同判断时，分析原因并相应进行调整，得到财务风险的最终等级。

2. 核心比率和补充比率计算。核心比率包括两个偿付率指标：运营资金/债务（FFO/debt）以及债务/息税折旧摊销前利润（debt/EBITDA）。

常用的补充比率包括 2 个利息覆盖率指标：（运营资金 + 利息）/现金利息（FFO + interest/cash interest）、息税折旧摊销前利润/利息（EBITDA/interest）以及 3 个债务偿付率指标：经营性现金流/债务（CFO/debt）、自由经营现金流/债务（FOCF/debt）、可支配现金流/债务（DCF/debt）。

如果通过核心比率得出初步判断财务风险水平是后三个等级的话，以上补充利息覆盖率将变得更重要，用来判断公司的绝对偿付能力。如果初步判断财务风险水平是前三个等级的话，则另外三个补充偿付率测算更重要。当补充比率打分结果比核心比率差时，表示公司有可能存在异样的资本开支、非经营性支出、融资活动，或财务政策，需要分析具体原因并预测未来变化趋势，相应调整初步评估等级。

对于不同行业应灵活选择适合的比率，比如对于资本密集型的公司，EBITDA 和 FFO 可能夸大其财务优势，而 FOCF 可以更真实地反映其现金流与债务之间的关系。对于运营资金密集型的公司，CFO 则是更好的指标。

由于财务比率具有波动性，标普一般测算过去、现在、未来五年的数据，向前看两年和向后看两年。采用的权重从过去到未来，一般为 10%、15%、25%、25% 和 25%，可以根据实际变化趋势进行调整。

由于行业波动性差异，标普建立了三套基准比率（包括标准波动行业、中等波动行业、低波动行业）。表 4 - 10 所示为标准波动行业财务指标基准，包括 2 个核心比率和 5 个补充比率在 6 个财务风险等级下的基准标杆。中等波动和低波动行业，现金流/杠杆要求会低一些。

表 4 - 10　　　　　　　　　　标准波动行业财务风险评估比率基准

财务风险等级	核心偿付比率		补充利息覆盖比率		补充偿付比率		
	FFO/Debt 运营资金/债务（%）	Debt/EBITDA 债务/息税折旧摊销前利润	FFO + interest/Cash interest（运营资金 + 利息）/现金利息	EBITDA/Interest 息税折旧摊销前利润/利息	CFO/Debt 经营性现金流/债务（%）	FOCF/Debt 自由经营现金流/债务（%）	DCF/Debt 可支配现金流/债务（%）
最低	>60	<1.5	>13	>15	>50	>40	>25
较低	45 ~ 60	1.5 ~ 2	9 ~ 13	10 ~ 15	35 ~ 50	25 ~ 40	15 ~ 25
中等	30 ~ 45	2 ~ 3	6 ~ 9	6 ~ 10	25 ~ 35	15 ~ 25	10 ~ 15
显著	20 ~ 30	3 ~ 4	4 ~ 6	3 ~ 6	15 ~ 25	10 ~ 15	5 ~ 10
激进	12 ~ 20	4 ~ 5	2 ~ 4	2 ~ 3	10 ~ 15	5 ~ 10	2 ~ 5
极高	<12	>5	<2	<2	<10	<5	<2

资料来源：标普企业评级方法论。

（四）锚定基准评级

通过业务风险和财务风险二维矩阵评分，得出基准评级 Anchor（AAA ～ B –）。当标普判断信用主体目前已有可能违约，会直接给予 ccc + 及以下的评级。

（五）调整因素分析

1. 多元化：对于拥有三个或者更多核心业务的集团企业，当各业务关联度较低时，其多元化战略有可能提高评级子级。

2. 资本结构：在财务风险中关注的是现金流与杠杆的分析，资本结构调整项主要考虑利率风险、汇率风险、期限错配风险等之前分析中没有涉及的部分。

3. 财务政策：在现金流、资本结构、流动性分析中一般基于可预测的财务政策假设。而财务政策本身变化及管理层风险偏好变化所带来的中长期财务风险影响在调整项里评估。

4. 流动性风险：侧重现金流来源与使用分析，评估公司违反限制性条款的可能性（比如 EBITDA 的下降）、处理概率低但影响重大事件的能力、公司从银行和资本市场获得再融资的能力，以及管理风险的稳健程度等。

5. 公司管理和治理：反映管理层如何发挥战略能力、组织效能、风险管理、治理措施保证市场竞争力、风险控制实力，以及治理稳健性。

6. 可比分析：在上述调整项完成后，分析师有权根据对于公司综合信用情况的评判，进行一个子级的上下微调（如从 BBB – 上调至 BBB），最终获得个体信用状况（SACP）。

（六）集团或政府的外部影响

从个体信用状况（SACP）到主体信用评级（ICR）之间的差异是由集团或政府的外部影响造成，既可能是信用主体出现偿付困难时给予的外部支持，也可能是干涉信用主体抽取资源致使其信用水平降低。在下一部分政府相关实体（GRE）评级方法论里进行分析。

三、政府相关实体评级方法论

（一）适用范围和方法

政府相关实体（Government Related Entities，GRE）是指符合两种情况的发行人：（1）在实体承压之下，政府将给予特别支持，使其偿付债务的能力和意愿得到提升；（2）由政府控制的实体，政府承压时，将对其进行业务干涉造成特别负面的影响。GRE适用于所有企业、金融机构、保险公司、公共部门，标普的统计显示大多数的GRE评级是从政府得到支持。从标普的定义中看出，政府参股或控制并不是使用GRE方法论的必要前提条件，这与穆迪和惠誉的标准是有差别的。标普GRE的分析框架为"自下而上"，从一般企业的SACP出发，考虑政府评级等级和政府支持或者干涉可能性，决定上调或下调子级。

（二）政府支持可能性判断

对于支持可能性的分析包括GRE对于政府的重要程度以及GRE与政府的关联度两个方面。

重要程度的评判因素包括GRE违约对于当地政府或当地经济的冲击程度、是否是关键国家政策的执行方、是否是重要公共服务的提供者、是否是地方重要经济部门的职能运转组成部分。定性及定量指标相结合，例如，员工的数量、收入在当地GDP的占比，在国家出口、能源生产、银行存款中的份额等。重要性分为至关重要、非常重要、重要、有限重要四个等级。

关联度的评判因素包括通过分析政府参与GRE战略、经营、监管的力度以及政府提供支持的能力和意愿。采用的指标包括政府持股比例、是否提供债务担保、表示支持的证明文件、GRE违约带来的声誉风险、政府过往支持记录、提供支持的法律可行性、政府的隐性债务规模等。关联度分为不可或缺、非常强、强、有限四个维度。

如表4-11所示，通过"角色-联系"二维矩阵来确定政府及时提供支持的可能性，从低到高分为7个等级：低、一般、较高、高、很高、极高、基本肯定。

表4-11　　　　　　"角色-联系"矩阵决定政府支持可能性

政府提供特殊支持可能性		角色			
		至关重要	非常重要	重要	有限重要
联系	不可或缺	基本肯定	极高	高	极高
	非常强	极高	很高	高	较高
	强	高	高	较高	一般
	有限	较高	较高	一般	低

（三）决定政府相关实体的主体评级

当支持可能性为"基本肯定"时，GRE 的评级被提升到政府评级同等；当可能性为"低"时，保持 SACP 评级不变。针对其他中间 5 个可能性（极高、很高、高、较高、一般），标普设定了 5 个决定 GRE 主体最终评级的"SACP – 政府评级"二维矩阵。如表 4 – 12 所示，以"高"支持可能性为例，如果 GRE 的 SACP 评级为 bb +，政府评级为 A +，主体评级最终被提升了 3 个子级到 BBB +，由投机级提升到了投资级。

表 4 – 12　　　　　决定 GRE 的 ICR：政府支持可能性为"高"

SACP	政府本币信用评级															
	AAA	AA +	AA	AA –	A +	A	A –	BBB +	BBB	BBB –	BB +	BB	BB –	B +	B	B –
aaa	AAA															
aa +	AA +	AA +														
aa	AA +	AA	AA													
aa –	AA	AA	AA –	AA –												
a +	AA –	AA –	AA –	A +	A +											
a	AA –	A +	A +	A +	A	A										
a –	AA –	A +	A +	A	A	A –	A –									
bbb +	A +	A +	A	A	A	A –	BBB +	BBB +								
bbb	A	A	A	A –	A –	A –	BBB +	BBB	BBB							
bbb –	A –	A –	A –	A –	BBB +	BBB +	BBB +	BBB	BBB –	BBB –						
bb +	BBB +	BBB +	BBB +	BBB +	BBB +	BBB	BBB	BBB	BBB –	BB +	BB +					
bb	BBB	BBB	BBB	BBB	BBB	BBB	BBB –	BBB –	BBB –	BB +	BB	BB				
bb –	BBB –	BBB –	BBB –	BBB –	BBB –	BBB –	BBB –	BB +	BB +	BB +	BB	BB –	BB –			
b +	BB +	BB +	BB +	BB +	BB +	BB +	BB +	BB	BB –	BB –	B +	B +				
b	BB	BB	BB	BB	BB	BB	BB	BB	BB –	BB –	B –	B +	B	B		
b –	BB –	BB –	BB –	BB –	BB –	BB –	BB –	BB –	BB –	BB +	B +	B	B –	B –	B –	
ccc +	B +	B +	B +	B +	B +	B +	B +	B +	B +	B +	B	B	B –	B –	B –	*
ccc	B	B	B	B	B	B	B	B	B	B –	B –	*	*	*		
ccc –	B –	B –	B –	B –	B –	B –	B –	B –	B –	B –	*	*	*	*	*	
cc	B –	B –	B –	B –	*	*	*	*	*	*	*	*	*	*		

资料来源：标普 GRE 评级方法论。

第三节　穆迪评级方法论分析

一、穆迪评级框架

穆迪并不设置纲领总论性的方法论，而是对部门和行业进行细致分类，直接设定行业方法论。大类部门包括主权与超主权、企业、金融机构（非保险）、保险公司、基础设施及项目融资、基金及资产管理、结构化融资、公共部门融资等。以企业为例，继续细分了航空、农业、汽车、化工、石油天然气、采矿、制造、消费、建筑、交通、公共设施等 22 个子行业，每个细分行业有各自方法论，直接给定分析因素和权重，采用了评级打分卡工具，避免评级过于复杂，增强行业内企业可比性。

二、政府相关发行人方法论

（一）评级逻辑

与标普不硬性要求股权关系不同，穆迪定义政府相关发行人（Government Related Issuers，GRI）一般要求中央或地方政府至少持有 20% 的股权，中资的金融机构、国有企业、地方政府融资平台发行人都适用。

GRI 使用的核心方法论是"联合违约分析"（Joint Default Analysis，JDA），采用"自下而上"逻辑，在企业基础信用评估（Baseline Credit Assessment，BCA）的基础上，考量实体与政府的依存度、政府提供支持力度，得出相关联政府提供特殊支持的可能性，决定评级子级的提升程度。政府提供的特殊支持区别于日常经营的支持，是为避免 GRI 违约时由政府或者政府影响的第三方提供。在极少数情况下，当发行人与政府的关联度很高，对于个体的分析不重要或具有误导性时，穆迪才会采用"自上而下"的方法。

（二）BCA 打分卡工具

穆迪根据细分行业的特性确定关键因素，并制定相应打分卡。打分卡相对简单明了，目的是提高透明度，避免评级过于复杂。如表 4 – 13 所示，以"住宅建筑和房地产开发公司"为例，打分卡包括 5 个因素：规模、业务状

表 4－13　住宅建筑与房地产开发业评级方法打分卡

因素	子因素	权重	Aaa	Aa	A	Baa	Ba	B	Caa	Ca
规模	收入（亿美元）	15%	≥500	300~500	150~300	50~150	15~50	5~15	2~5	<2
业务状况	业务状况	25%	几乎不存在业绩波动；具有市场领先地位、有效的成本管理、极为审慎的土地策略和优异的执行记录；全国范围内业务分布极为均衡	业绩波动极低；具有强大的市场地位、能通过成本控制率固地捍卫其地位；土地策略审慎，执行记录；全国范围内业务分布均衡	业绩波动较低；具有领先的市场地位，明显的竞争优势和稳定的多元化特征；土地策略谨慎，执行记录良好；在全国范围内开展业务	中度的业绩波动；具有稳定的市场地位和至少一项明确的竞争优势；良好的多元化程度以突如其来意外的需求变化带来缓冲保护；土地策略在业务增长与流动性之间取得平衡，执行记录基本符合预期	业绩有时出现波动较大的情况；在多个市场具有核心市场地位，较为多样化的业务特征以降低行业绩的波动性；土地策略较为激进；执行记录中等	业绩高度波动；市场地位可能会迅速下降；存在集中度风险，土地策略激进；执行记录不一致	业绩极为波动；易受市场新趋势影响；集中度风险较高；土地策略极为激进，执行记录不持续达标	业绩极为波动；极易受市场新趋势影响；中度风险极高；土地策略规模很大，涉及债务融资购地活动，执行记录差
盈利能力与效率	成本结构（减值前毛利润率）	10%	≥65%	50%~65%	36%~50%	28%~36%	21%~28%	14%~21%	7%~14%	<7%

续表

因素	子因素	权重	Aaa	Aa	A	Baa	Ba	B	Caa	Ca
杠杆率与覆盖率	EBIT/利息覆盖率	15%	≥20倍	15~20倍	10~15倍	6~10倍	3~6倍	1~3倍	0~1倍	<0倍
	收入/债务比率（高增长市场）	15%	≥250%	195%~250%	145%~195%	115%~145%	85%~115%	65%~85%	45%~65%	<45%
	住宅建筑与房地产开发总债务/总资本比率（标准市场）	15%	<20%	20%~25%	25%~30%	30%~40%	40%~50%	50%~65%	65%~80%	≥80%
财务政策	财务政策	20%	财务政策极为保守，财务指标稳定；长期公开致力于保持很高的信用质量	极稳定和保守的财务政策，财务指标稳定，造成评级改变的事件风险极小；长期致力于保持很高的信用质量	财务政策预期能保护债权人利益；存在一定的事件风险，但对杠杆率的影响可能较小且短期；长期努力保持稳定的信用质量	财务政策可平衡债权人和股东利益；存在举债收购或股东分红可能导致信用质量下降的一定风险	财务政策倾向于有利于股东而非债权人，因股东分红、收购其他重大资本结构变化而产生的财务风险高于平均水平	财务政策会在有利于股东而非债权人，因股东分红、收购其他重大资本结构变化而产生的财务风险较高	财务政策会导致各种经济环境下债务重组的风险上升	财务政策会导致债务重组的风险上升，即使在良好的经济环境下也会出现同样情况

资料来源：穆迪住宅建筑与房地产开发业方法论。

况、盈利能力与效率、杠杆率与覆盖率、财务政策，Aaa - Ca 的评分标准和数据区间明确。

所有子因素得到的相应评级，再根据表 4 - 14 的得分转换为数值。各子因素的数值分数乘以其权重（见表 4 - 13 权重列），并将结果加总得出综合加权因素分数。

表 4 - 14　　　　　　　　　　　　子因素得分转换卡

Aaa	Aa	A	Baa	Ba	B	Caa	Ca
1	3	6	9	12	15	18	20

资料来源：穆迪住宅建筑与房地产开发业方法论。

然后根据表 4 - 15 对应至字母和数字表示的评级。例如，某一发行人的综合加权因素分数为 9.6，其打分卡指示的评级则为 Baa3。以打分卡为依据，再综合其他诸如管理层素质、公司治理、财务控制、流动性管理、突发事件风险和季节性等因素，最终得到基础信用评估（BCA）评级。

表 4 - 15　　　　　　　　　　　　打分卡指示评级

打分卡指示评级	合计加权因素分数	打分卡指示评级	合计加权因素分数
Aaa	x < 1.5	Ba1	10.5 ≤ x < 11.5
Aa1	1.5 ≤ x < 2.5	Ba2	11.5 ≤ x < 12.5
Aa2	2.5 ≤ x < 3.5	Ba3	12.5 ≤ x < 13.5
Aa3	3.5 ≤ x < 4.5	B1	13.5 ≤ x < 14.5
A1	4.5 ≤ x < 5.5	B2	14.5 ≤ x < 15.5
A2	5.5 ≤ x < 6.5	B3	15.5 ≤ x < 16.5
A3	6.5 ≤ x < 7.5	Caa1	16.5 ≤ x < 17.5
Baa1	7.5 ≤ x < 8.5	Caa2	17.5 ≤ x < 18.5
Baa2	8.5 ≤ x < 9.5	Caa3	18.5 ≤ x < 19.5
Baa3	9.5 ≤ x < 10.5	Ca	x ≥ 19.5

资料来源：穆迪住宅建筑与房地产开发业方法论。

（三）联合违约分析（JDA）

JDA 的分析方法考量两个维度：一是依存度分析，即发行主体与政府之间的相关性估；二是支持力度分析，即政府给予特殊支持的可能性评估。

1. 依存度分析。违约依存度是穆迪区别于标普、惠誉的特殊分析因素，反映了一家 GRI 及其政府支持方受到不利情况影响而同时违约的可能性。如果一家 GRI 及其政府支持方的违约概率并无关联，意味着各自信用状况互相独立，两家实体同时违约的可能性就会低于其中任何一家实体单独违约的概率。与之相反，如果双方的违约概率具有相关性，意味着其信用状况并非互相独立，两家实体可能同时或先后违约的概率就会提高，政府支持方为防止GRI 违约而提供特殊支持的能力降低。

如表 4 - 16 所示，依存度打分依据三大因素判断：（1）GRI 与政府在运营与财务方面的关联性；（2）GRI 与政府依赖相同的经济或收入基础的程度；（3）GRI 与政府受共同信用风险影响的程度。违约依存度分为 4 档：低（30%）、中等（50%）、高（70%）和极高（90%）。

表 4 - 16　　　　　　　　JDA 确定依存度打分因素

三大因素	关键指标
运营及财务关联性	政府直接和间接转移支付占 GRI 收入的百分比
	政府采购额占 GRI 收入的百分比
	GRI 向政府的付款（分红）占政府收入的百分比
对相同收入基础的依赖性	GRI：出口占收入的百分比
	主权政府支持：外部来源产生的收入占收入的百分比
	地方政府支持方：政府间转移支付占收入的百分比
受相同信用风险影响的程度	债务结构的汇率风险
	共同的行业风险
	突发政治事件风险

资料来源：穆迪 GRI 方法论。

2. 支持力度分析。JDA 中的特殊支持是政府为避免 GRI 债务违约，而向其提供财政支持或其他契约保护的可能性。支持可由政府直接提供，或是在政府影响下通过第三方间接提供，例如银行在政府指示下提供紧急融资。

如表 4 - 17 所示，支持度打分卡根据 6 大因素：（1）担保；（2）所有权；（3）支持障碍；（4）政府干预程度；（5）政治关联性；（6）经济重要性。其中前 3 个是结构性因素，后 3 个是意愿因素。支持力度分为 5 个档次：低、中等、强、高、极高。

（四）决定政府相关发行人评级结果区间

结合基础信用评估 BCA、政府信用评级等级、依存度评估、支持力度评估，最终得出 BCA 可向上提升的程度，计算出评级结果区间。打分卡对评级委员会的决策提供了有价值的参考，但打分卡无法全面反映所有的考虑因素，并不能替代评级委员会判断，也不是自动授予评级或改变信用评估结果。

表 4 – 17 　　　　　　　　　　　JDA 支持力度打分卡因素

结构性因素	
1. 担保	3 种担保的主要形式包括明确担保、口头担保和安慰函、特殊法律地位
2. 所有权	政府的所有权；私有化计划
3. 支持障碍	法律或政策是否存在障碍，降低政府提供支持的可能性
意愿因素	
4. 政府干预程度	政府救助的历史；意识形态和政治倾向性对经济的干预；政府对 GRI 财务状况的影响力；政府对业务计划的干预程度
5. 政治关联性	GRI 违约导致政府及/或相关实体借贷成本提高的程度；由于 GRI 与政府的密切关系及其在国内和国际上的地位，GRI 违约会造成政府陷入政治窘境的程度
6. 经济重要性	包括与贸易和金融的联系、可产生政治影响的大规模劳动力、服务或产品的性质

资料来源：穆迪 GRI 方法论。

第四节　惠誉评级方法论分析

一、惠誉评级框架

惠誉在非金融机构企业、金融机构及保险、基础设施及项目融资、主权及超主权、结构化融资等五大类别下制定了通用的方法论、细分行业指引和跨行业方法论。以企业类别为例，惠誉制定了涵盖通用及 49 个细分行业的"导航"（Navigator）附录，将通用方法论中的考虑因素指标化、结构化、数量化。

二、企业评级方法论

（一）评级逻辑

惠誉定义发行人违约评级（Issuer Defaulting Rating，IDR）为对非金融机构发行人在履行其财务义务方面的违约风险的评估。所有国家和行业的 IDR 是可以横向比较的。惠誉采用定性和定量方法，从业务风险和财务风险两方面着手，一般需要 3~5 年的数据，其中至少 3 年的历史数据。如表 4 – 18 所示，关键评级因素包括六个方面，每个方面都会有多个子因素，在"导航"

中选出行业最相关的子因素作为推荐评分指标。

表 4 – 18 惠誉 IDR 关键评级因素

| 1. 行业风险 | 2. 国家风险 | 3. 公司治理 | 4. 集团架构 | 5. 业务风险 | 6. 财务风险 |

在国家风险分析中，惠誉明确 IDR 评级的上限为所关联的主权评级。在财务分析中，一般包括现金流及盈利水平、财务结构、财务灵活度三个子因素，根据行业特性选择相应的财务比率和数据作为衡量指标。各风险因素权重根据企业自身情况而定，一般而言，对于表现较弱的因素会给予更多的权重和关注。

（二）行业导航

行业"导航"指引是惠誉企业评级方法论的附录，如表 4 – 19 所示，其为通用行业及 49 个细分行业具体实施方法论提供了操作性的指引。

表 4 – 19 惠誉行业导航细分行业

工业类	14. 拉丁美洲房地产	27. 肉类生产处理	39. 技术
1. 航空航天与国防	15. 美国权益类 REIT	28. 餐饮	40. 电信
2. 汽车制造商	消费者和医疗保健类	29. 烟草公司	公用事业、电力和煤气
3. 汽车供应商	16. 含酒精的饮料	自然资源类	41. 亚太监管公用事业网络
4. 建筑材料	17. 非酒精饮料	30. 化工	42. 澳大利亚监管公用事业网络
5. 建筑产品	18. 消费产品	31. 商品加工贸易公司	43. 欧洲、中东和非洲监管公用事业网络
6. 商业服务（综合）	19. 博彩	32. 采矿	44. 欧洲、中东和非洲公用事业
7. 商业服务（数据和处理）	20. 食品零售	33. 油气生产公司	45. 亚太公用事业
8. 工程与建筑	21. 非食品零售	34. 油田服务	46. 拉丁美洲电力和公用事业
9. 美国房屋建筑商	22. 美国医疗保健提供商	35. 炼油与营销	47. 美国公用事业、电力和天然气
10. 中国房屋建筑商	23. 酒店	36. 管道运输	运输类
11. 多元化工业和资本货物	24. 医疗器械、诊断和产品	37. 钢铁	48. 航空公司
12. 亚太地产/REIT	25. 包装食品	电信、媒体和技术类	49. 航运、海运
13. 欧洲、中东和非洲房地产	26. 制药	38. 媒体	

每个细分行业的"导航"包括以下五部分，我们以"中国房屋建筑商"行业为例进行分析。

1. 评级区间。首先简要阐述行业风险特征，并给出明确的行业评级上限。如果个体要超越上限评级，必须在业务和财务方面明显优异于行业水平。惠誉给出的"中国房屋建筑商"的上限为"BBB +"。观察具有惠誉国际评级的中国房地产企业，目前只有中国建筑集团有限公司的子公司中国海外发展有限公司（以下简称中国海外）获得了突破上限的"A -"的评级。惠誉评定中国海外的独立信用状况为"bbb +"，但鉴于中国海外的母公司的业务对中央政府的战略重要性及中国海外在实现中国住房建设目标中所起的作用，上调一个子级得出其评级。

2. 行业特点分析。结合行业风险、国家风险、公司治理等方面，"导航"会总结出行业的关键信用风险和信用亮点。"中国房屋建筑商"具有高周期性、高政策敏感度、有限融资渠道三个关键风险因素，同时具有预售模式带来高资产周转的信用亮点。"导航"指出综合上述因素，理论上企业评级应在BBB 的档次，但实际情况是目前大多数中国房企的惠誉评级处于非投资级BB ~ B 区间。

3. 业务风险关键因素。给定四个业务风险关键因素作为评估指标，并在四个因素下继续设置关键子因素，给出 aa ~ ccc 评级的企业应具有的特征或达标数据。如表 4 - 20 所示，"中国房屋建筑商"行业风险关键因素包括客户认可、规模、业务深度和销售效率四方面。客户认可度的子因素包括市场领导力、商标确认、历史记录、土地质量；规模以年度合同销售额为衡量指标；业务深度子因素包括地域多样化、资金获取、涉足商业地产开发情况；销售效率采用了合同销售/总债务、合同销售/净库存两个指标。

表 4 - 20　　　　　　　　行业关键因素——中国房屋建筑商

	客户认可	规模	业务深度	销售效率
评分	市场领导力	年度合同销售额	地域多样化	合同销售/总债务
aa	不适用	不适用	不适用	不适用
a	不适用	不适用	不适用	不适用

	客户认可	规模	业务深度	销售效率
bbb	在大多数有业务的城市排名前三	800 亿元人民币	全国多元化	1.8x
bb	在核心市场排名前五或在细分市场全国处于领先地位	300 亿元人民币	多区域多元化	1.3x
b	在核心市场面临激烈竞争	100 亿元人民币	专注于 1 到 2 个区域	1.0x
ccc	在充分竞争的市场无竞争优势	不确定性高	专注弱势地区	不可持续
评分	商标确认		资金获取	合同销售/净库存
aa	不适用		不适用	不适用
a	不适用		不适用	不适用
bbb	全国知名品牌		曾在境内外进行债务和股权融资，以境内银行融资为主	1.0x
bb	全国范围内具有一定知名度		具有境内外债务和股权融资的渠道	0.8x
b	核心市场以外知名度有限		有限的境外融资记录和/或有限的境内银行业务关系	0.6x
ccc	有瑕疵项目记录，不受信任的品牌		无法获取国内银行融资	不可持续
评分	历史记录，稳定性和执行性		涉足商业地产开发	
aa	不适用		不适用	
a	不适用		不适用	
bbb	在大多数市场上有超过五年的记录，多个产品在各地区取得成功		商业开发销售额低于20%	
bb	在核心市场上有超过五年的记录，建立了几条标准产品线		商业开发销售额占20%~50%	
b	仅在其本土市场有长期记录，很少有标准化产品		商业开发销售额高于50%	
ccc	没有历史记录		大量涉足新类别的商业地产项目	

	客户认可	规模	业务深度	销售效率
评分	土地质量			
aa	不适用			
a	不适用			
bbb	优质及次优，正在开发的 100 个项目至少产生 1 亿元销售额			
bb	优质及次优，正在开发的 50 个项目至少产生 1 亿元销售额			
b	次优及第三级土地，正在开发的 20 个项目至少产生 1 亿元销售额			
ccc	主要城市以外的高风险单体项目			

资料来源：惠誉行业导航。

4. 财务风险关键因素。在盈利能力、财务结构、财务灵活度三个评估指标下，选择最适合的财务指标和财务政策作为关键子因素，并给出 aa ~ ccc 评级的企业应具有的特征或达标数据。如表 4 - 21 所示，"中国房屋建筑商"以 EBITDA 利润率和融资成本作为盈利指标，债务净额/净库存为财务结构指标，财务纪律以及土地收购纪律作为财务灵活度指标。

表 4 - 21　　　　　财务概况关键因素——中国房屋建筑商

评分	盈利能力	财务结构	财务灵活性
	EBITDA 利润率	净债务/净库存	财务纪律
aa	不适用	不适用	公开宣布保守的财务政策并严格遵守
a	不适用	不适用	明确承诺维持保守的政策，只允许适度的偏差
bbb	25%	25%	不太保守的政策，但通常始终使用
bb	20%	35%	设置财务政策但应用过于灵活，可能导致暂时达到降级指标
b	15%	50%	没有财务政策或没有记录，机会主义行为
ccc	平衡或亏损	持续上升超过70%	财务管理没有纪律约束，且在危机环境下经常突然性变动
	融资成本		土地收购纪律
aa	不适用		不适用
a	不适用		不适用
bbb	5%		土地征用遵循管理指引，并在整个运营周期内产生小额负现金流
bb	8%		土地征用遵循管理指引，相对于合同销售产生小额负现金流量
b	10%		依靠债务为土地收购提供资金，对于合同销售产生大量负现金流
ccc	不可持续成本		土地征用偏好危及近期流动性

资料来源：惠誉行业导航。

三、政府相关实体评级方法论

（一）政府相关实体评级框架

惠誉定义政府相关实体（Government Related Entities，GRE）为政府在经济或投票权上具有足够控制力的发行人，或者履行重要公共政策职能的发行人。与标普只有"自下而上"方法、穆迪以"自下而上"方法为主不同，惠誉明确有"自下而上"和"自上而下"两种方法来评估 GRE。总体而言，如果判断政府提供特殊支持的可能性大，则采用"自上而下"的方法，GRE 的 IDR 可能与政府评级相等或者下调 1～3 档；如果判断政府特殊支持可能性一般或者较小，则采用"自下而上"的方法，GRE 的 IDR 与独立信用状况（Standalone Credit Profile，SCP）相等或者上调 1～3 档。

（二）支持力度评估

支持力度有两大判断因素：GRE 与政府的关联紧密度以及政府提供特殊支持的意愿，且各自包含两个子因素。如表 4－22 所示，惠誉认为政府意愿更加重要，即 GRE 违约给政府造成的外部压力越大，政府越有动力提前防止违约发生，在评分中赋予两倍权重。评估分数分为四个等级：弱、一般、强、很强，并给定各等级典型特征描述，例如政府持有 GRE 50%～100% 股权显示关联紧密度的第一子因素"强"。累加各因素得分获得支持力度的总分数，并将在发行人违约评级 IDR 确定中直接使用。

表 4－22　　　　　　　　政府支持力度评估

政府提供特殊支持可能性		分数	评分标准	关联紧密度	支持意愿
关联紧密度	地位、股权及控制	0～10	很强	10	20
	支持记录和预期	0～10	强	5	10
支持意愿	GRE 违约导致社会政治影响	0～20	一般	2.5	5
	GRE 违约导致财务影响	0～20	弱	0	0

资料来源：惠誉 GRE 方法论。

（三）IDR 确定

惠誉根据 GRE 的独立信用情况 SCP 与相关政府信用评级的差距，将 GRE 分为四类：SCP 高于或等于政府 IDR，SCP 比政府 IDR 低 1～3 个子级，SCP

比政府 IDR 低 4 个子级，SCP 比政府 IDR 低 5 个或者更多子级以及没有 SCP 的情况。

根据支持力度 4 个子因素的打分结果分成了 7 个等级：≤10 分；=12.5 分；15~17.5 分；20~25 分；27.5~32.5 分；35~42.5 分；≥45 分。

上述两个维度构成了评分矩阵，如表 4-23 所示，当支持力度分数低于 20 分时，GRE 采用了"自下而上"的方法，在 SCP 的基础上提升 0~3 个子级；当支持力度分数高于或等于 20 分时，GRE 采用"自上而下"的方法，在政府 IDR 的基础上下调 0~3 个子级。当 GRE 的 SCP 本身就高于政府的 IDR 时，GRE 的违约评级受到政府信用评级的限制。只有当政府干涉并获取 GRE 现金或资产受限时，GRE 的违约评级 IDR 才有可能突破政府信用评级的上限。当政府担保了 GRE 75% 以上的债务或者 GRE 贡献了相关政府 10% 以上的收入时，惠誉可以直接判断 GRE 的违约信用评级 IDR 与政府评级持平。

表 4-23　　　　　　　　　上调/下调子级指引

GRE 的 SCP 与政府 IDR 的差距	支持力度评分						
	自上而下				自下而上		
	≥45	35~42.5	27.5~32.5	20~25	15~17.5	12.5	≤10
高于或相等	受政府 IDR 限制	受政府 IDR 限制	受政府 IDR 限制	受政府 IDR 限制	受政府 IDR 限制	受政府 IDR 限制	受政府 IDR 限制
低 1~3 个子级	与政府同评级	与政府同评级	与政府同评级	政府 IDR 下调 1 级	GRE 的 SCP 上调 1 级，但不高于政府 IDR 下调 1 级	GRE 的 SCP 上调 1 级，但不高于政府 IDR 下调 1 级	与政府同评级
低 4 个子级	与政府同评级	政府 IDR 下调 1 级	政府 IDR 下调 1 级	政府 IDR 下调 2 级	GRE 的 SCP 上调 1 级	GRE 的 SCP 上调 1 级	与政府同评级
低 5 个子级或更多；以及没有 SCP 的情况	与政府同评级	政府 IDR 下调 1 级	政府 IDR 下调 2 级	政府 IDR 下调 3 级	GRE 的 SCP 上调 2 级或者 3 级，但不高于政府 IDR 下调 3 级	GRE 的 SCP 上调 1 级	与政府同评级

资料来源：惠誉 GRE 方法论。

第五节　中资美元债券的国际评级分析

一、国际评级机构方法论运用比较

总体而言，三大评级机构的理念是相似的，希望通过提供具有国际视野、一致性强、可比性高的评级结果，向市场输出有意义的参考，体现评级机构的公信力和市场价值。因而，中资美元债券与其他国家和地区的债券一样，适用于三大评级机构各行业的方法论，其地域性通过国家风险、运营环境等因素分析体现在评级结果中。

通过前面章节的分析，可看出三大评级机构在具体的评级逻辑、框架、方法、工具上存在一定的差异。

标准普尔有总领全局的基本准则和分部门总论式方法论，采用逻辑递进式，从最底层、最细微的因素分析起，通过二维矩阵打分和权重比率赋权，得到更上一层级的因素分数，直到业务风险和财务风险两大维度组成矩阵。标普全部采用"自下而上"的分析框架，主体评级没有国家主权上限的硬性限制。

穆迪不存在总论式的方法论，而是对行业进行了细致分类，强调以行业或品种划分信用特征，直接给出了建议的分析因素和权重，对比行业标杆，通过区间打分卡工具得到评级结果区间。穆迪以"自下而上"的方法为主，也可采用"自上而下"的方法。穆迪引进了国家主权上限的概念。

惠誉既有与标普类似的总论式方法论，又制定了企业细分行业的"导航"指引。与穆迪类似，在"导航"中直接给出建议的分析因素和行业标杆，通过指标计分法得到评级结果。惠誉最大的特点是"自下而上"和"自上而下"两种方法视具体打分结果而定。惠誉也有主权评级限制的概念，但在少数符合情况下可突破限制。

二、政府相关实体评级要素比较

对于中资美元债而言，政府相关实体是非常重要的概念，涉及中资的金融机构（FI）、国有企业（SOE），以及政府融资平台（LGFV）。

我们在前三节分别介绍了标普、穆迪、惠誉的政府相关实体具体方法论，表4-24进行了总结比较。对于中资发行人而言，三家最大的不同在于，标普只有"自下而上"，即采用在个体信用状况SCP上调的方式；穆迪以"自下而上"为主；惠誉则以"自上而下"为主，特别是针对政府融资平台（LGFV），即采用基于关联政府评级下调的方式。除了评级逻辑不同外，"自上而下"的特别之处还在于，当实体独立信用状况恶化而政府资信没有变化时，实体发行的高级债券评级可能并不受影响。另外，在判断政府提供支持可能性时，标普与惠誉的考虑因素类似，而穆迪考虑到了两者同时或者先后违约的可能性。

表4-24   **政府相关实体评级方法论比较**

	标普	穆迪	惠誉
政府相关实体	GRE	GRI	GRE
实体独立信用状况	SACP	BCA	SCP
实体与政府的股权关系	没有硬性要求	政府至少拥有实体20%的股权	政府具有控制力
评估方法	"角色-联系"矩阵分析政府支持可能性：（1）企业对于政府的重要性；（2）企业与政府联系的紧密度	联合违约分析JDA：（1）实体与政府同时或先后违约的关联度；（2）政府提供特殊支持的可能性	"评级差距-支持"矩阵来决定采用"自上而下"还是"自下而上"的方法，以及下调/上调的子级：（1）实体SCP和政府评级的子级差距；（2）政府提供支持的可能性，分析因素包括联系紧密度和支持意愿
中资FI适用	自下而上	自下而上	主要采用自上而下
中资SOE适用	自下而上	自下而上	主要采用自上而下
中资LGFV适用	自下而上	绝大多数自下而上	自上而下

表4-25列举了三大评级公司对中资银行、非银金融机构、国有企业、政府融资平台的独立信用状况的评级和最终评级结果。以中国华融为例，标普的SACP为bb，发行人评级ICR上调4个子级为BBB+；穆迪的BCA为

b1，发行人评级上调 7 个子级为 A3；惠誉没有给出 SCP，发行人违约 IDR 评级为 A，比中国主权评级 A + 低一个子级。三家在独立信用状况、上调/下调子级以及最终结果都有差异。再以中石化为例，虽然最终的主体评级都是与主权评级保持一致，但三家评级机构对其独立信用状况判断是存在差异的（a + /a3/bbb + ）。

表 4 – 25　　　　　　　　　　　中资发行人国际评级比较

	银行	非银金融机构	国有企业	政府融资平台
标普	中国银行	中国华融	中石化	天津滨海新区
主体评级	A	BBB +	A +	BBB
SACP	bbb +	bb	a +	b
穆迪	中国银行	中国华融	中石化	山东高速
主体评级	A1	A3	A1	A3
BCA	baa1	b1	a3	Ba2
惠誉	中国银行	中国华融	中石化	安徽交通
主体评级	A	A	A +	BBB +
SCP	bb +	—	bbb +	b +

资料来源：Bloomberg，数据截至 2019 年 8 月。

正是由于三家国际评级机构在方法论上存在差异性，一般投资人按国际惯例，要求债券公募发行至少需要两家评级机构的债项评级，保证评级结果更加全面、公允和具有参考价值。

三、中资美元债券国际评级分布

截至 2018 年末，中资企业在境外发行的美元债券（不包括商业银行 CD）存量规模为 6298 亿美元，其中投资级债券 4060 亿美元，占比为 64.5%，高收益或无评级债券 2238 亿美元，占比为 35.5%。从债券评级水平分布来看，A - 及以上评级的债券规模为 2427.5 亿美元，占比为 38.5%，BBB - 至 BBB + 评级的债券规模为 1632.7 亿美元，占比为 25.9%，BBB - 以下评级债券规模为 1289.7 亿美元，占比为 20.5%，无评级债券规模为 947.5 亿美元，占比为 15%。政府相关实体（金融机构、国有企业、政府融资平台）发行的美元债券 95% 以上为投资级债券。房地产发行的美元债券以无评级和高收益债券为主。

四、国际评级与国内评级的比较

同样的中资发行人,三大国际评级机构与国内评级机构给出的主体评级存在明显差异。总体而言,境内债券市场的主体评级集中在 AAA 和 AA 区间,对比国际评级,其区别度、一致性、可比性较弱。

以境内外评级差异最大的房地产行业为例,表 4 - 26 选取了 35 家近期有美元债发行的房地产公司,国际评级的分布跨越了从 A - 至 CCC + 总共 11 个子级。其中投资级 7 家,BB + 至 B - 区间 27 家,1 家已落入 CCC + 的区间,反映了中资房地产企业以高收益为主的特征,且三家国际评级机构结果较为统一。对比国内评级机构,20 家 AAA、11 家 AA +、4 家 AA,评级较为集中,区分度不明显,参考价值有待提高。

表 4 - 26 房地产发行人境内外评级比较

房地产公司	标普	穆迪	惠誉	国内评级机构
中国海外发展	BBB +	Baa1	A -	AAA
万科	BBB +	Baa1	BBB +	AAA
保利地产	BBB +	Baa3	BBB +	AAA
远洋地产	—	Baa3	BBB -	AAA
越秀地产	—	Baa3	—	AAA
中国金茂	BBB -	Baa3	—	AAA
龙湖地产	BBB -	Baa3	BBB	AAA
碧桂园	BB +	Ba1	BBB -	AAA
世茂地产	BB +	Ba2	BBB -	AAA
绿地集团	BB	Ba1	BB -	AA +
大连万达	BB	Ba2	—	AAA
雅居乐	BB	Ba2	—	AAA
金地集团	BB	Ba2	—	AAA
旭辉控股	BB	Ba3	BB	AA +
绿城中国	BB	Ba3	—	AAA
融创中国	BB -	Ba3	BB	AAA
龙光地产	BB -	Ba3	BB -	AAA
时代中国	BB -	Ba3	BB -	AAA

房地产公司	标普	穆迪	惠誉	国内评级机构
禹州地产	BB -	Ba3	BB -	AA +
富力地产	B +	Ba3	BB -	AAA
建业地产	B +	Ba3	BB -	AA
合景泰富	B +	B1	BB -	AA
奥园地产	B +	B1	BB -	AA +
金科地产	B +	B1	—	AA +
恒大地产	B +	B1	B +	AAA
中骏集团	B +	B1	—	AA
宝龙地产	B +	B1	—	AA +
融信中国	B	B1	B +	AAA
佳兆业	B	B1	B	AA +
合生创展	B	B2	B +	AAA
花样年控股	B	B2	—	AA
阳光集团	B	B2	B	AA +
新湖中宝	B	B2	B -	AA +
华南城	—	—	B	AA +
阳光 100	CCC +	—	CCC +	AA +

数据来源：Bloomberg、Wind，数据截至 2019 年 8 月。

2019 年 1 月 28 日，中国人民银行营业管理部发布公告，对标普在北京设立的全资子公司——标普信用评级（中国）有限公司予以备案。同日，中国银行间市场交易商协会也公告接受标普信用评级（中国）有限公司进入银行间债券市场开展债券评级业务的注册。这标志着标普已获准正式进入中国开展信用评级业务。当前三大国际评级机构均已获得监管许可进入国内债券市场进行评级服务，并制定了适合中国国情的评级方法论。标普已完成两单国内评级，其中工银租赁为 AAA，是在个体信用状况（SACP）"a +"基础上，上调 4 个子级获得，以体现母公司工商银行的支持力度；泸州银行为 BBB，是在 SACP "bbb - "的基础上，上调 1 个子级获得，以体现当地政府的支持力度。工银租赁（AAA）与泸州银行（BBB）同为金融业，评级结果相差了8 个子级，对比之前国内评级公司分别授予工银租赁（AAA）和泸州银行

（AA）的评级水平，前者体现了评级区分度。

标普的国内评级结果与国际评级并不对等，工银租赁的全球评级为 A。根据标普的解释，全球评级和针对中国的评级体系最大的差别在于境内市场无须"国家风险评估"。另外针对银行发行人，在全球评级时标普需要采用独立的银行资本充足性评估模型，保证不同国家的银行资本可比，但在中国境内的商业银行都是根据银保监会的资本充足性监管办法测算和管理资本的，本身可比性很强，标普无须采用独立资本测算模型。

第五章 中资美元债券的投资研究分析

第一节 宏观利率研究分析框架

美元利率的影响因素相对更加复杂，主要受美国经济数据、美联储货币政策、长期周期性因素和短期技术性因素等影响。总体来说，上述各种影响因素可以解释长期或者短期内美元利率变动的大部分原因，然而，在不同的时期，决定美元利率变动的影响因素可能不同，需要根据市场情况的变化不断评估上述不同影响因素的权重大小从而确定决定当前美元利率变动的主要驱动因素。

一、美国经济数据

经济数据对于金融市场变动非常重要，对于债券市场更是如此。美国的经济数据公布时间相对固定而且数据集合较为丰富，这对于预测利率市场变动非常重要。虽然美国 GDP 增速是代表美国经济增长的良好指标，但由于该指标是季度数据，发布相对滞后，并且后期经常出现较大修订，因此并不是预测利率市场的常用指标。基于数据发布的频繁性、稳定性等特性，经常用来观察预测利率市场的经济数据包括就业市场、通货膨胀、工业生产和库存、消费者支出和信心、房地产市场等。

（一）就业市场

就业市场数据包括月度非农就业报告、ADP 就业报告、首次和持续申请失业救济人数等。其中非农就业报告由美国劳工部劳工统计局每个月发布，该报告信息量大而且发布时间相对较早（一般在美国时间每个月的第一个周五 8:30 或者 9:30，根据美国夏令时或冬令时而出现调整），它是分析美国劳动力市场状况最重要的"晴雨表"。非农就业报告的数据由家庭调查和企业调查两个部分组成，其中家庭调查是指由调查人员以电话及邮件的方式对美国 6 万个家庭个人的就业情况作出访问调查。该调查包括家庭个人的劳动力、失业率等信息，并且提供按照不同地区、种族、年龄、性别等人口特征分类的就业情况。企业调查则是通过对大约 40 万家非农商业机构及政府部门的调查，由公司报告新增员工聘用、工作时间及薪资增长等情况。上述两个调查涉及劳动力市场的各个方面，对了解美国劳动力市场状况具有较大的参考价值。

一般来说，非农就业报告公布当天，全球各类金融市场波动较大，因此，非农就业报告的公布受到全球金融市场各类投资者的广泛关注。非农就业报告核心内容包括非农就业人数增加、失业率、每周平均工作时间和每小时薪资增长水平等。在不同的经济周期或者劳动力市场环境下，投资者对于非农就业报告的关注焦点也会有所不同。例如在 2008 年国际金融危机爆发之后的衰退时期，投资者主要关注非农就业人数增加数量和失业率水平；在金融危机逐步缓解，经济处于稳固复苏时期，非农就业人数保持稳步增长，失业率大幅下降之后，投资者的关注焦点逐步转移至每小时薪资增速等就业指标。

ADP 全美就业报告由 ADP（自动数据处理公司）赞助，宏观经济顾问公司（Macroeconomic Advisers）负责制定和维护。它可以反映美国私营部分非农就业情况的月度变化情况。该报告基于大约 40 万个 ADP 商业客户提供的数据，在每月官方非农就业报告的两天前发布（即每个月第一个周三）。由于发布时间早于官方非农就业报告，可以作为对官方非农就业数据进行预测的一个很好的参考指标，市场称为"小非农"。

美国劳工部每周四均会公布包括首次申请失业救济金人数和持续申请失业救济金人数的统计报告，申请失业救济金人数可以当做劳动力市场状况的领先指标。除了每周数字外，还会公布的是四周的移动平均数，由于每周数据的波动性较大，因此建议以移动平均数来分析判断该趋势变动。

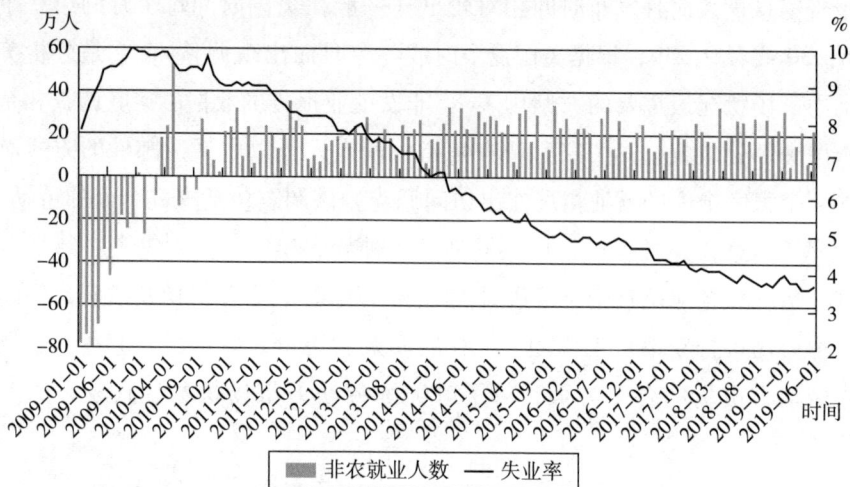

数据来源：Bloomberg。

图 5 - 1　美国非农就业人数与失业率

（二）通货膨胀

对于债券投资者而言，通货膨胀风险是其面临的主要市场风险之一，它会侵蚀投资者的实际投资收益，因此，通货膨胀数据受到债券投资者的广泛关注。通常来说，通货膨胀数据包括消费者价格指数（CPI）、生产者价格指数（PPI）、个人消费支出价格指数（PCE）等。

消费者价格指数（CPI）追踪一系列商品和服务价格的平均价格水平，它衡量的是固定权重的一篮子消费品的价格变动。这个篮子每隔若干年会发生更新变动，因此短期内 CPI 不能反映出消费者支出结构的变动。CPI 可以进一步分为总体 CPI 和核心 CPI，其中核心 CPI 是剔除了食品和能源价格因素，这是因为上述因素短期波动性较大，可能掩盖真实的价格变动趋势。

生产者价格指数（PPI）是从生产输入的角度考虑通货膨胀，它衡量的是美国生产者平均支付物品和服务的价格变动。根据产品的类型不同，PPI 又可以分为产成品、中间品和原材料等 PPI 指数。基于同样的原因，根据是否剔除食品和能源部分，PPI 也可以分为总体 PPI 和核心 PPI。

个人消费支出价格指数（PCE）衡量的是个人消费支出的价格指数。个人消费在美国 GDP 结构中占比达到七成左右，因此个人消费支出价格指数

（PCE）逐步成为投资者和美联储观察美国通货膨胀的重要指标之一。与 CPI 相比，PCE 覆盖的商品和服务的范围更加广泛，例如 PCE 包括保险覆盖的医疗成本支出等。这导致两者的权重构成也不一样，PCE 的价格指数中居住价格指数的占比较其在 CPI 中的占比少一半左右，分别为 15.8% 和 33.7% 左右，而医疗服务价格占比却比其在 CPI 中构成占比更大，分别为 21.3% 和 8.5%，上述构成差别导致利用 PCE 衡量的价格变动水平较 CPI 更低一些。另外，与 CPI 指数的固定权重的计算方式不同，PCE 价格指数会根据消费者替代商品和服务而调整加权比重，它的变动是通过链式加权的费雪理想指数计算而来，它是拉氏指数和派氏指数的几何平均数。

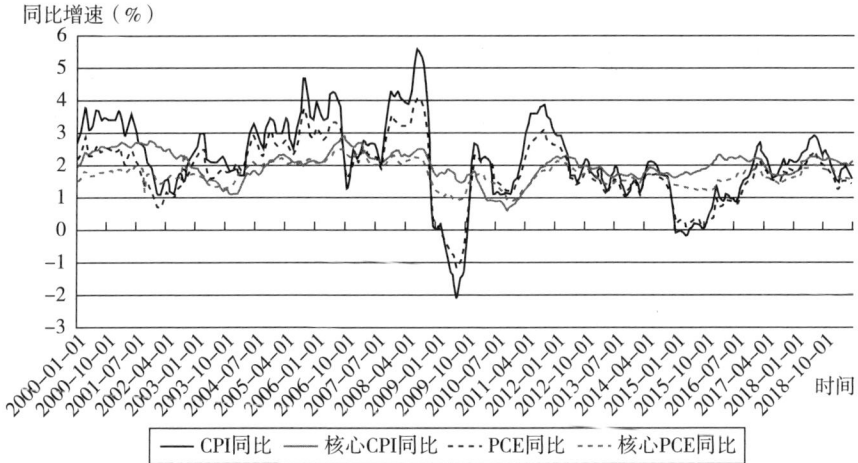

数据来源：Bloomberg。

图 5 - 2　美国 CPI 和 PCE 变动趋势

（三）工业生产和库存

工业产出和库存数据包括制造业采购经理人指数、耐用品订单指数等。

美国供应管理协会（ISM）每个月均对大约 400 家制造业企业的采购经理人进行调查，要求他们对于当前月份较上个月的商业活动变化趋势发表看法，主要包括新订单、产量、就业人数、供应商发货期和库存等 5 个指数。被调查者要求对本月 5 个指数是更好、更差还是不变作出回答，各个指数是根据相应的问答结果汇总通过扩散指数的方法计算得到。扩散指数具有领先指标的属性，采用表示"更好"的指标和表示"相同"的指标的一半计算而来，按照平均加权计算并进行季度调整，上述指数被称为采购经理人指数（PMI指数）。可见，若某个指数大于50，表明回答"更好"的人数占比大于回答"更差"的人数占比，制造业处于扩展阶段，因此50是PMI制造业指数的荣枯线。

除了ISM制造业PMI指数之外，另外一个比较重要的PMI指数为Markit制造业PMI指数，该指数由美国金融信息服务商Markit编制并发布，由每月对美国600多家企业的实际业务情况进行调查而得。与ISM制造业PMI指数不同，Markit制造业PMI指数是采购经理人基于企业实际经营数据而来，而ISM制造业PMI是基于采购经理人的主观判断。另外两者构成的子指数的权重也不相同，Markit制造业PMI指数中，新订单和制造业产量的权重相对更大，分别为30%和25%，而供应商交货期和库存量的权重相对较小，分别为15%和10%，就业人数为20%；而ISM制造业PMI中，上述5个子指数的权重均为20%。

由于两者的构成方式及比重不同，导致两者的变动趋势出现一定差异。具体来说，由于ISM制造业PMI更加主观，能够更加灵敏地反映实体经济的变化趋势，但其波动性更大，有时候也会出现大幅度偏离；而Markit制造业PMI指数变动更加平缓，相比来说变化相当迟钝，但很少出现大的偏离。

耐用品订单指数是跟踪使用寿命超过3年的商品的订单数据，耐用品主要类型包括国防设备、企业机器设备、家电用品、汽车和飞机等。该指标由美国商务部统计局每月发布一次，一般在相关月份结束之后4～5周发布。耐用品订单指数包括新增订单、出货量和库存量等指标。

由于耐用品中包括了国防和飞机部分，而上述部分由于存在较大的周期性且单个订单价值较高，波动性较大，而且国防部分并不能反映私人部门的经济活动，因此投资者特别关注扣除国防用品和交通工具等部分（即核心资本品）订单的变动趋势。核心资本品的新增订单能有效体现私人部门经济活动的变化趋势，当核心资本品的新增订单增加时，说明私人部门对经济预期向好。

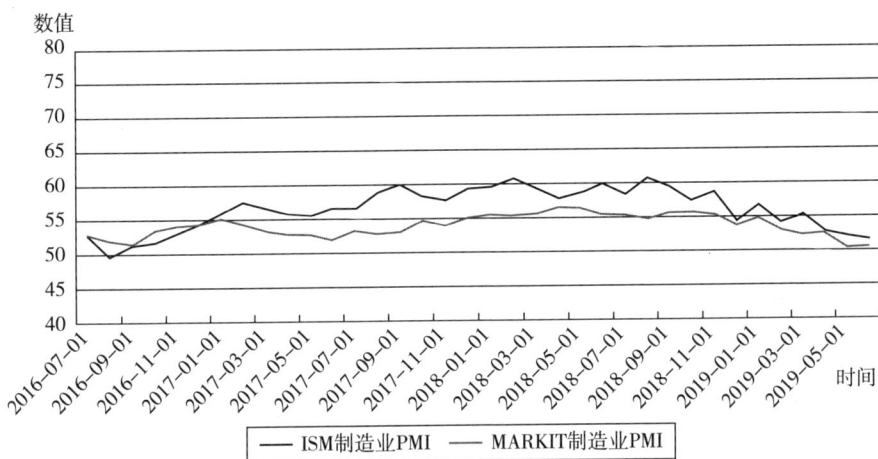

数据来源：Bloomberg。

图 5－3　美国 ISM 和 MARKIT 制造业 PMI

（四）消费者支出和信心指数

消费者支出和信心数据包括个人消费支出和消费者信心指数等。

个人消费支出是家庭购买的商品和服务的总支出，它构成了美国 GDP 的 70%，因此个人消费支出数据成为观察美国经济特别是消费数据最为重要的经济指标。美国商务部在每个月结束之后的四个星期之后均会公布上个月的个人消费支出数据，该数据包括名义价格和实际价格两种方式，而且该数据分为耐用品、非耐用品和服务三项内容。

消费者信心指数是反映消费者对该国经济信心强弱的指标，是综合反映并量化消费者对当前经济形势评价和对经济前景、收入水平、收入预期以及消费心理状态的主观感受，预测经济走势和消费趋向的一个先行指标。美国的消费者信心指数包括密歇根大学消费者信心指数和美国咨商会消费者信心指数。

密歇根大学消费者信心指数是美国密歇根大学研究人员利用对 500 名左右美国国内的成年人的原始调查数据，通过计算并经过季节调整而得出的。该指数包括总体消费者信心、现况指数（包括财务状况和购买力情况）和预期指数（包括未来一年和五年的预期财务状况和经济状况）。而咨商会消费者信心指数由一家私人调查咨询公司（TNS）对 5000 个家庭进行每月调查，从而得出数据并提供给咨商会，受访者针对当前个人经济情况、购买支出、度假计划及当前和未来国家经济状况等问题进行回答。一般来说，与咨商会的消费者信心指数相比，密歇根大学消费者信心指数变动更加平稳，波动幅度更小，与消费者支出之间的相关性更为密切。

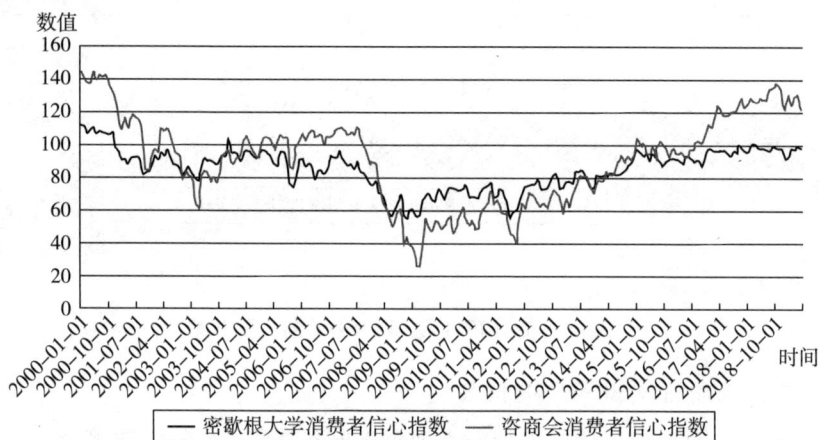

数据来源：Bloomberg。

图 5 – 4　美国消费者信心指数

（五）房地产市场

美国房地产市场数据包括新屋开工和营建许可、新屋和成屋销售、房屋市场指数和房价指数等。

房地产数据的出发点是新屋开工和营建许可数据，它表示当月开始建造的私人住宅单位的数量和许可发证机构发出的营建许可证数量。一般来说，营建许可数据提供了新屋建造获批的数量，一般可作为新屋开工的领先指标。由于天气因素可能导致开工日期延迟等问题，房屋建造具有较强的季节敏感性，特别是秋冬季节新屋开工和其他相关指标需要进行的调整相对较大。

美国的新屋开工和营建许可是房地产数据指标中较为重要的两个。具体来说，新屋开工和营建许可的增加将使建筑业就业人数增加，新屋开工导致建筑业原材料等需求增长并通过乘数效应使得其他产业的产出和就业增加，因此上述数据指标对于判断房地产市场和经济活动的变化趋势具有一定的前瞻意义。

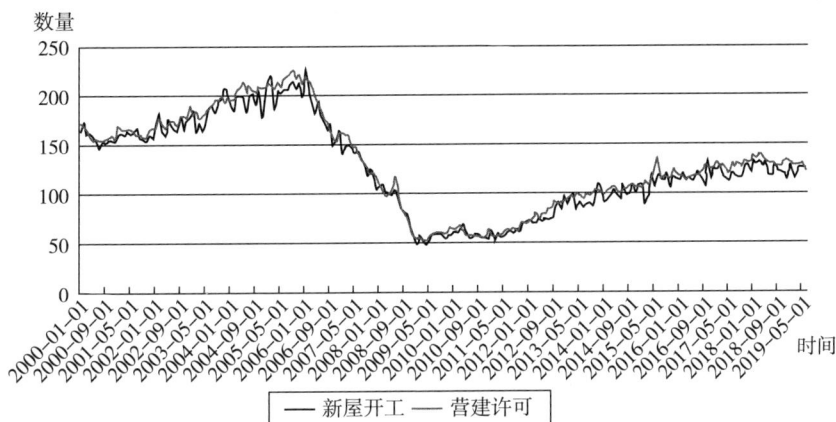

数据来源：Bloomberg。

图 5 - 5　美国新屋开工和营建许可数量

房屋销售数据包括新屋销售和成屋销售两部分，其中新屋销售数据由美国商务部统计局每月公布，包括当月新屋销售的数量及可供销售的新屋数量，还包括新屋价格的中位数和平均数。成屋销售数据由全国房地产经纪商协会每月发布一次，该协会在住宅和商业公寓市场拥有近 100 万经纪商代理人，成屋销售数据同样包括成屋销售数量和价格。由于成屋销售是以交易结束为标准，通常在销售合约签订之后 1~3 个月，因此成屋销售数据反映的房屋需求相对滞后。与新屋销售数据相比，成屋销售数据的波动性相对更小。

房屋市场指数是全国住宅建筑商协会通过每个月对其会员进行调查而得出的。调查包括当前销售情况、未来 6 个月的销售预期和买家的数量等三方面内容，其中前两部分要求将当前和预期的销售情况分为好、一般和差，而买家数量分为高、中和低。基于上述调查数据，该协会计算基于季度调整后的扩散指数，并对上述三部分基于一定的权重进行加权计算，三者的权重分别为 59%、14% 和 27%。该指标目前成为衡量房屋市场活动的一个有效的领先指标。

美国比较具有代表性的房屋价格指数为标普/凯斯 - 席勒房价指数，该房价指数由标准普尔公司编制并用来衡量美国国内主要的房价变动趋势。它包括全美房屋价格指数、20 个大城市综合指数、10 个大城市综合指数及 20 个都会地区房价指数。这 20 个都会地区包括纽约、华盛顿、波士顿、洛杉矶、亚特兰大、芝加哥等大都会。这些指数的编制是基于独户住宅的二手房销售数据，新建住房和多户型公寓不包括在内。该指数在每个月的某个星期二公布，有 2 个月的滞后。该房价指数的测算方法由经济学家卡尔·凯斯、罗伯特·希勒在 20 世纪 80 年代共同发展完成，因此后来就用他们的名字命名该指数。

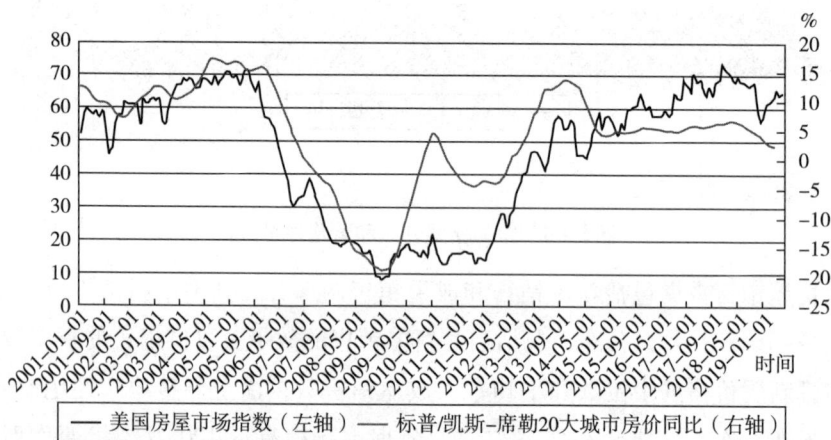

数据来源：Bloomberg。

图 5 - 6　2001 年至今美国房屋市场指数及房价指数

二、美联储利率政策

美联储的利率政策主要是通过调整联邦基金利率水平从而影响从短期到中长期美元利率的变化趋势。美联储于 1994 年正式宣布以隔夜的联邦基金利率作为其货币政策的操作目标。隔夜联邦基金利率作为商业银行之间相互拆借存款准备金的隔夜利率，能够灵敏地反映联邦基金市场的供给需求状况。在实践中，联邦基金利率有目标利率和有效利率之分，其中联邦基金目标利率是美联储利率调控的操作目标，它是由美联储公开市场委员会（FOMC）根据各种宏观经济指标（如通货膨胀、就业状况）的变化制定的联邦基金利率的目标水平。美联储的公开市场委员会每年召开八次议息会议，并在每次会后公布隔夜联邦基金利率的目标利率。联邦基金有效利率是美联储根据每天联邦基金市场实际成交金额为系数计算的加权平均利率。在公开市场委员会（FOMC）确定新的联邦基金目标利率水平之后，公开市场委员会通过纽约联储的公开市场操作交易台进行债券买卖或回购等公开市场操作，从而改变商业银行准备金供给水平并引导联邦基金有效利率向目标利率水平靠近。具体来说，当联邦基金有效利率高于目标利率水平时，美联储可以通过国债买断或逆回购等公开市场操作增加存款准备金的供给，从而导致联邦基金有效利率逐步下降至目标利率附近；当联邦基金有效利率低于目标利率水平时，美联储可以通过国债卖断或逆回购等公开市场操作减少存款准备金的供给，从而导致联邦基金有效利率逐步回升至目标利率附近。在美联储的货币政策实践中，公开市场操作调控联邦基金利率的效果较好，联邦基金有效利率基本上均处于目标利率水平附近或者目标区间范围之内。

美联储通过调整联邦基金利率进而影响 3 个月 LIBOR、短期限美国国债利率等短期美元利率水平。短期美元利率受美联储的利率政策影响程度较大，两者的相关性非常高，可以说美联储的利率政策基本决定了短期利率的走势，这是因为短期美元利率很大程度上是由美元资金成本决定的，而资金成本主要是由美联储控制的联邦基金目标利率来决定。

图 5-7 显示了联邦基金利率与短期美元利率的变动趋势，可以明显看出，联邦基金利率与短期美元利率高度相关，变动趋势基本一致。一般来说联邦基金利率均低于短期美元利率，除了在美联储加息周期结束、即将开始降息的前夕，由于市场预期美联储将在不久的将来开始降息，短期美元利率提前反映了美联储的降息预期，导致短期美元利率大幅下降从而低于联邦基金利率。这表明短期利率市场的变动先于美联储的货币政策操作，可以作为预测美联储利率政策的一个先行指标。

以 2019 年为例，2019 年初以来，3 个月 LIBOR 利率由 2.81% 下降为 2.5%，下降幅度为 31 个基点，2 年期国债利率由 2.48% 下降为 1.93%，下降幅度为 55 个基点。而短期利率下降的主要原因是美联储利率政策预期的调整。

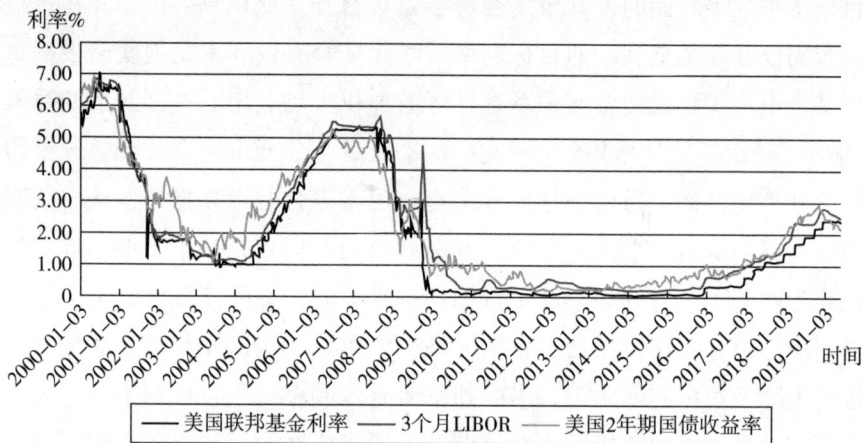

数据来源：Bloomberg。

图 5-7　联邦基金利率短期美元利率变化

　　受美国减税效应逐步消退等因素影响，2019 年美国经济增速、企业利润增速等经济指标较 2018 年放缓，同时通胀维持低位。美联储货币政策倾向迅速转鸽，美联储官员预计的年内加息次数由 2018 年 12 月的 2 次逐步调整为保持耐心或暂时维持观望态度。然而，美国总统特朗普及部分政府高官多次公开喊话，对美联储施加降息压力，市场逐步对美联储的降息预期充分计价。2019 年 5 月 31 日联邦基金利率期货的预测显示，年内美联储加息的概率为 0，维持利率不变的概率为 5.2%，降息的概率为 94.8%，其中降息 1 次的概率为 22.7%，降息 2 次的概率为 36.4%，降息 3 次的概率为 26.5%。而根据美国 1 年期 OIS 1 个月远期利率预测，未来一年时间里降息次数为 3.2 次（若每次降息幅度为 25 个基点）。

　　根据上文所述，美联储的利率政策基本决定了短期利率的走势。然而，美联储的利率政策的影响不仅仅局限于短期利率，对 5 年、10 年等中长期利率均有一定的影响，其背后的理论是利率期限结构的预期理论假说。根据该理论假说，长期利率是人们对短期利率未来水平的预测，预期是决定未来利率水平的唯一因素，只要能获得未来利率预期的足够信息，就可以判断收益率曲线的形状。当预期未来短期利率上升时，会有上升的收益率曲线；当预期未来短期利率保持不变时，收益率曲线呈水平；当预期未来短期利率下降

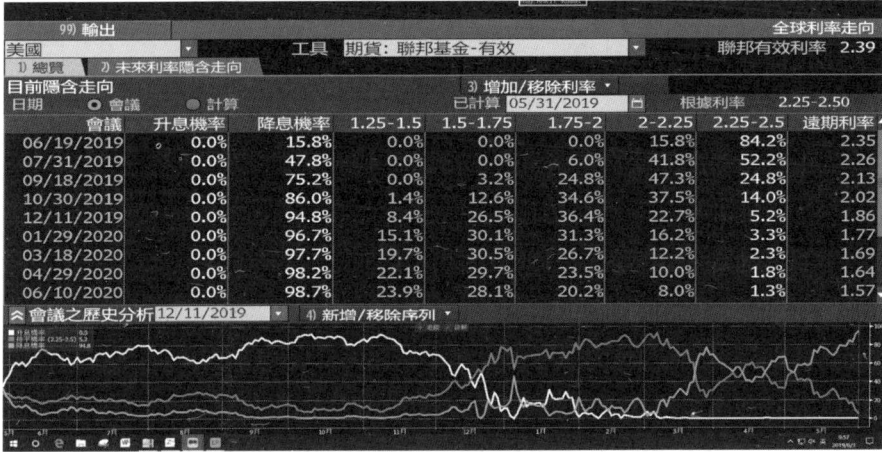

数据来源：Bloomberg。

图 5 - 8　2019 年 5 月末联邦基金利率隐含概率分布

时，收益率曲线呈下降趋势。

然而，中长期利率的影响因素相对复杂，美联储的利率政策并不是影响其变动的唯一因素，还有许多其他因素影响中长期利率的变动。

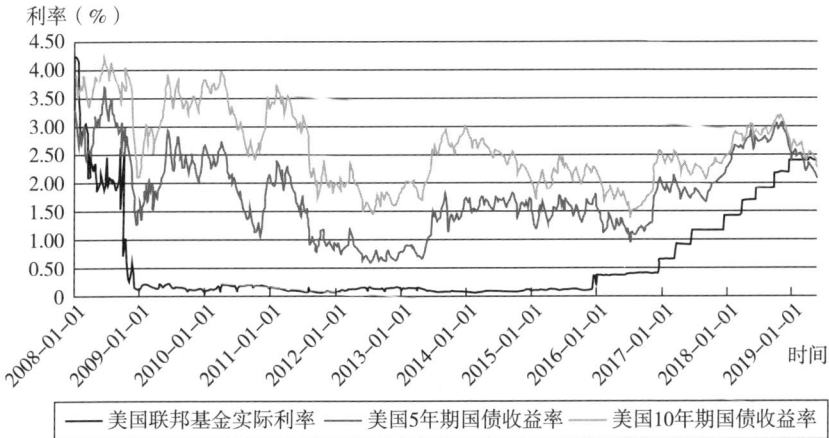

数据来源：Bloomberg。

图 5 - 9　联邦基金目标利率与中长期美国国债利率

三、中长期影响因素

（一）通胀大缓和

20 世纪 70 ~ 80 年代，美国经济经历了一个经济增速放缓、通货膨胀高企的滞胀时期，在 1980 年第一、第二季度，美国 CPI 甚至突破 14%。1981 年美国总统里根上任之后，大力实施货币学派所主张的控制货币供应量增速等货币政策操作，加上国际原油价格逐步从高位回落，美国通货膨胀水平也随之逐步下降。在其离任的 1989 年，美国通货膨胀已经得到明显控制，通货膨胀率已经下降至 5% 左右的水平。

20 世纪 90 年代之后，包括美国在内的主要发达经济体均经历了一个大缓和时期，主要特征是通货膨胀率较低而且波动幅度也大幅降低。国际理论界和实务界对于该现象的产生原因有不同的解释，例如许多经济学家把这一现象归功于政府宏观经济调控措施的成功，也有一些学者认为全球低通胀主要是经济全球化的影响，特别是以中国为代表的发展中国家拥有相对低廉的劳动力成本，发达国家进口大量价格低廉的商品导致本国通货膨胀率相对较低。

数据来源：Bloomberg。

图 5 – 10　1962 年至今美国 CPI 和 10 年期国债收益率走势

由图 5 – 10 可以看出，美国 CPI 数据与美国 10 年期国债收益率走势高度相关，美国通货膨胀率大幅走低导致美国 10 年期国债收益率也震荡下跌，这造就了美国国债市场 40 年的大牛市。

（二）全球主要央行的量化宽松货币政策

2008 年国际金融危机爆发之后，为了刺激经济增长，美联储多次下调联邦基金利率并最终至 0～0.25% 区间。面临零利率下限的困境，美联储在 2008 年至 2014 年先后实施了三轮量化宽松货币政策，大量购买美国国债和抵押贷款支持证券（MBS）等资产，美联储的资产负债表中持有的资产规模迅速膨胀。2009 年美联储持有的资产规模仅 1.3 万亿美元，2014 年下半年美联储的资产规模达到最高峰的 4.2 万亿美元，较 2009 年增长 223%。美联储通过大规模的资产购买计划来压低国债收益率并进而刺激经济增长。

根据国外相关研究成果发现，美联储的三轮量化宽松政策均不同程度地压低了美国国债收益率水平。例如 Amico 等（2012）研究认为美联储第一轮量化宽松政策（2008 年 12 月至 2010 年 3 月）导致美国 10 年期国债收益率被压低 35 个基点；第二轮量化宽松政策（2010 年 11 月至 2011 年 6 月）导致美国 10 年期国债收益率被压低 55 个基点。而 Engen 等（2015）研究认为美联储第三轮量化宽松政策（2012 年 9 月至 2014 年 10 月）导致美国 10 年期国债收益率被压低 60 个基点。

另外，欧元区、日本等发达经济体中央银行也先后实施了负利率或者量化宽松政策，这导致欧元区、日本等经济体的主权债券收益率均大幅走低甚至呈现负利率。全球债券中实际收益率为负的规模日益增长，美国本土之外的其他投资者通过货币掉期等工具投资美国国债以赚取相对溢价，从而进一步拉低了美国国债收益率。

四、短期影响因素

（一）避险情绪

无论是现实世界还是金融市场之中，当风险来临之时，人类均会表现出趋利避害的本能行为。例如，当现实生活中爆发了地震或者火灾等自然灾害，人们都会选择尽快离开危险地区而逃离到安全地带。同样的道理，当实体经济、金融市场出现危机或者危机爆发的风险上升之时，投资者会减少股票等

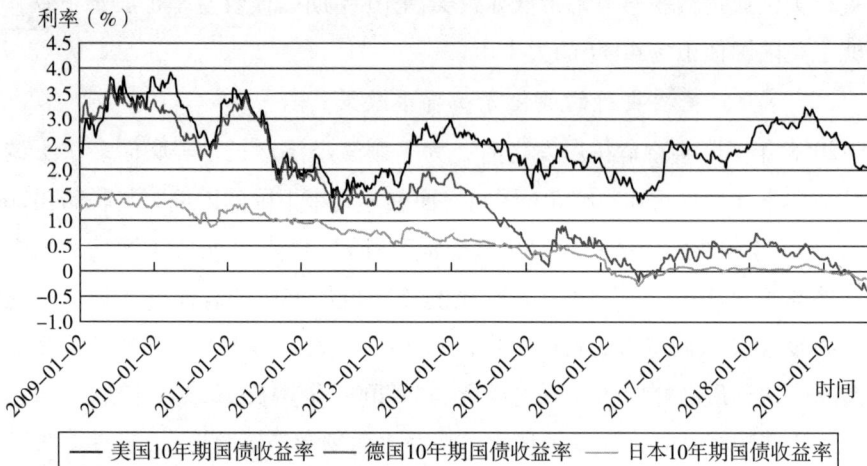

数据来源：Bloomberg。

图 5 - 11　金融危机之后美国、德国和日本 10 年期国债收益率走势

风险较高资产的敞口，同时增加货币现金、国债、黄金等风险较低资产的敞口，这类风险较低资产也称为避险资产。顾名思义，避险资产是在风险上升时，投资者为了规避风险而购买的资产，投资者购买避险资产的主要原因是此类资产在整体市场风险上升时，价格下跌风险较小甚至反而会出现上涨。

作为主要的避险资产之一，美国国债由于其发行主体拥有全球排名第一的综合国力和最高的主权信用评级水平，而且发行和流通规模庞大，流动性极佳，一直受到全球投资者的青睐。当前境外投资者是美国国债占比最大的单一投资者。数据显示，截至 2018 年末，美国国债余额为 21.97 万亿美元，其中外国投资者持有 6.27 万亿美元，占比 28.5%。

当全球经济衰退、全球股市下跌或者地缘政治风险突发等风险事件爆发时，美国国债作为全球主要避险资产的作用就愈发凸显，美国国债的避险需求增加导致其价格上涨，收益率下降。例如，在 2016 年 6 月 24 日英国脱欧大选当天，由于投票之前支持和反对脱欧的民调占比不相上下，当支持脱欧的一方赢得大选的结果出炉之后，全球避险需求激增。这导致美国 10 年期国债收益率大幅走低 19 个基点，由 1.75% 下跌至 1.56%，并在随后两周内继续走低，最低达到 1.36% 的水平，这是美国国债有史以来的最低水平。

（二）抵押担保证券（MBS）的套期保值活动

由于抵押担保证券的利率与长期国债收益率高度相关，而且抵押担保证券具有负凸性，当美国国债收益率大幅下降之时，抵押担保证券提前偿还的速度可能加快，提前偿还率上升，久期将逐步缩短，抵押担保证券的投资者面临利率下行环境中提前偿还款的再投资风险。另外，与业绩基准指数组合相比，部分持有抵押担保证券的债券指数基金组合也面临持有更多现金和更少抵押担保证券的指数跟踪误差风险。

在国债利率大幅下行之时，为了防范上述风险，抵押担保证券的投资者可以通过购买美国国债来增加组合久期。这种国债购买行为将导致国债价格上涨，从而给国债收益率施加更大的下行压力。

（三）供给因素

作为影响国债价格的重要因素之一，国债的供给因素非常重要，而这可以从美国国债拍卖的供需关系中得到印证。美国财政部会定期拍卖不同期限的国债，例如每个月拍卖一次 2 年、3 年、5 年和 7 年期国债，每 3 个月拍卖一次 10 年和 30 年期国债。美国财政部均会提前公布拍卖国债的规模和期限等信息，在拍卖当天，若相当于国债的供给来说，投资者的认购需求不甚强烈，认购倍数不高，美国财政部或者国债一级交易商必须通过提高发行收益率来吸引投资者，从而导致国债收益率小幅走高。

另外，在企业融资需求的高峰期，可能出现多个企业集中发行债券或者某个企业在一天内发行多个期限、规模庞大的债券。发债企业为了规避在债券发行计划公告日到债券实际发行日期间的利率上行风险，可能通过卖出美国国债等方式进行对冲从而锁定相关融资成本，上述对冲操作可能导致国债收益率出现短期上行。因此，对于投资者来说，密切关注美国国债拍卖日程及企业债券发行计划显得非常重要。

第二节　信用利差的影响因素分析

信用利差是指具有一定风险的信用债券利率与无风险的国债利率之间的利差。对于投资者来说，信用利差是投资者承担信用债券风险而相应获取的额外补偿。通常来说，信用债券的风险主要包括信用违约风险和流动性风险。

一、信用违约风险

信用违约风险是指金融工具的债务人无法或不愿意履行之前承诺的支付利息或偿还本金的义务，导致投资者遭受损失的可能性。通常国债被认为不存在违约风险，而公司债券具有一定的信用违约风险。在到期期限相同的情况下，有信用风险的债券与无风险债券之间的利差被称为信用风险利差，它是为了弥补投资者持有风险资产所可能遭受的预期违约损失所要求的额外报酬。

预期违约损失与违约率、违约回收率密切相关，其中违约率是指债务人出现违约的可能性，违约回收率是指债权人从违约债务工具中回收的价值与原值的比例。实践中，通常由独立第三方的专业评级机构对评级对象履行相关经济承诺的能力进行调查分析，并以简单直观的评级符号表示其评级结果，为投资者提供该评级对象信用风险水平大小的参考指标。一般来说，债务人的信用风险与其信用评级水平负相关，信用评级水平越高，其信用风险越小，相应地其信用风险利差也更小。

国外学者对信用违约风险的度量模型进行了大量的研究，大致可以分为结构化模型和简约模型。Merton（1974）最早提出了结构化模型，该模型基于 Black 和 Scholes（1973）的欧式看涨期权定价理论，其基本思想是将公司的股权理解为以公司总资产为标的物、以全部债务的面值作为执行价格的看涨期权。当公司总资产的市值高于债券面值时，公司股东执行看涨期权，将债务全部偿还并继续拥有公司；当公司总资产市值小于全部债务的面值时，公司资不抵债，面临破产的情形，则债权人拥有该公司。该模型利用 Black 和 Scholes（1973）的欧式看涨期权定价公式对公司的股票和债券进行定价，进一步推导出公司违约概率，得出公司违约概率与公司总资产市值、债券面值及其波动率的关系。Merton（1974）的结构化模型基于许多严格的假设条件。例如市场是完美有效的，不存在交易成本；资产完全可分割且不存在卖空限制；市场存在许多投资者且不存在套利机会；无风险利率是常数；公司资本结构由股权和零息债券组成；公司资产价值服从几何布朗运动；违约只在到期日才可能发生；等等。然而这些假设条件与现实存在一定的差异，后来许多学者从不同的角度放宽上述假设条件从而对结构化模型进行了拓展。与结构化模型不同，简约模型对结构化模型中的假设条件进行了简化处理，它不考虑公司价值与违约的关系，而是将违约事件看作不可预测的突发事件，在债券存续期内任何一个事件都有违约的可能性，并且该违约概率是由某种外生的违约强度决定。Jarrow 和 Turnbll（1995）最早提出了简约模型，在该模型中，违约服从某种随机过程，违约概率是由某种强度决定的，违约强度的决定因素包括外在的宏观经济及内在的公司特有属性等。后来一些学者如 Jarrow 等（1997），Duffle 和 Singleton（1999）等对上述简约模型进行了拓展。

一些学者基于结构化模型或者简约模型对信用违约风险与信用风险利差之间的关系进行了实证研究，大部分实证结果均表明信用风险利差不能完全由信用违约风险来解释或者并不是关键因素，其他一些因素包括流动性风险、税收、行业差别等也对信用风险利差有影响。Collin 和 Goldstein（2001）对美国公司债券信用利差的影响因素进行实证研究后发现，信用违约风险仅能解释信用利差变化的25%，而其他因素是信用利差变化的主要原因。Hull 等（2004）、Avramov 和 Jostova（2007）等的研究发现，信用风险对于不同信用评级水平的债券信用利差的解释程度不同，其中对较高评级债券的解释程度较低，而对低评级债券的解释程度更高。其他比较有代表性的研究包括 Longstaff 和 Schwartz（1995）、Duffie 和 Singleton（1999）、Elton 等（2001）、Huang 和 Huang（2012）。

二、流动性风险

理论界分别从不同的角度对流动性的定义和内涵进行了阐述。金融资产流动性的概念最早由 Tobin（1958）提出，他认为卖方在出售金融资产时可能遭受损失的大小是判断该资产流动性的重要指标。Harris（1990）从市场微观结构理论的角度较为完整地定义了流动性的概念，也被后来的研究者广泛接受。他认为流动性包括宽度、深度、交易及时性、弹性等四个维度，其中宽度是指交易价格偏离市场中间价格的程度，深度是指特定价格水平可成交的订单数量，及时性是指买卖成交的速度，而弹性则是指价格偏离均衡水平后重新恢复到均衡的速度。

基于对流动性内涵不同的理解，许多学者分别从成交价格、时间等不同的维度对市场的流动性进行考察和衡量。价格维度也称市场宽度，最常见的测度指标是买卖价差，即最优卖出价格与最优买入价格之差，买卖价差越小，表明市场流动性越好。

Demsetz（1968）首次提出了买卖价差指标，在具有做市商制度下的金融市场中，买卖价差是指做市商最优卖出价格与最优买入价格之差。衡量买卖价差有两种计算方式：一是绝对买卖价差，即最优卖出价格减去最优买入价格；二是相对买卖价差，即绝对买卖价差与最优买卖价格的平均值的比值。Fleming 和 Sarkar（1999）利用有效价差来衡量市场的流动性，有效价差是指某笔交易当时的实际成交价格与当时的买卖价格平均值的差额。Fleming（2003）运用新发行国债（新券）与之前发行国债（旧券）到期收益率之差来衡量市场的流动性。流动性的数量维度也称市场深度，一般指某个价格下能够成交的买入或卖出量，该数量越大，表明市场深度越大，流动性越好。深度可以反映市场价格的稳定性，深度越大的市场，特定数量的买卖交易对市场价格的冲击程度越小，若市场深度较小，相同数量的买卖交易可能使市场价格发生较大幅度的改变。时间维度主要包括交易及时性和弹性两个方面，由于货币具有时间价值，交易达成的时间长短对买卖双方具有重要意义。特定价格和数量的交易达成的时间较短，表明及时性较强，市场流动性较好。价格偏离的回归速度也称市场弹性，在较大规模的买卖订单的驱动下，实际成交价格可能相对当前市场价格发生一定程度的变化，如果这种价格偏离在较短的时间内恢复至初始状态时，表明市场弹性较强，流动性较好。时间维度指标主要有交易频率（Fleming and Sarkar, 1999）、报价频率（Goldreich, Hanke 和 Nath, 2005）等。

许多学者基于不同的角度和方法研究了债券市场流动性与收益率之间的关系，如 Amihud 和 Mendelson（1991）从理论和实证的角度对美国国债市场是否存在流动性溢价进行了研究，研究结果显示美国国债市场同样存在流动性溢价。Boudoukh 和 Whitelaw（1991）基于日本国债市场的基准国债与非基准国债的收益率的差异，论证了日本国债市场也存在流动性溢价。Kamara（1994）对比了剩余期限相同的短期国债和中期国债的收益率差异，发现中期国债具有更高的到期收益率，而这种差异与国债的换手率负相关，同时税收也是造成收益率差异的原因。Longstaff（2001）对美国国债和政府机构债券进行了比较研究，发现美国国债的流动性更好，其到期收益率更低，表明美国政府债券也存在流动性溢价。Chen 等（2007）发现无论是投资级还是垃圾级信用债，流动性提高都能导致信用利差缩小。

2008 年国际金融危机之后，学者们关于流动性对信用利差影响的相关研究成果日益增长。Jen 等（2009）、Nils 等（2010）研究发现，金融危机之前，投资级债券的流动性溢价相对较小，但金融危机之后，流动性风险对信用利差的影响显著上升，流动性溢价明显增加。

第三节　中资美元债收益率指数及投资回报

一、中资美元债的相关指数

目前关于中资美元债的债券指数主要有彭博巴克莱美元债指数、Markit iBoxx 美元债指数、中债中资美元债指数等。

其中彭博巴克莱中资美元债指数包括彭博巴克莱投资级指数、高收益指数和综合指数，其中综合指数的样本债券范围是投资级指数和高收益指数样本债券范围的加总。上述三个指数均采用市值加权法，其中投资级指数样本债券包括穆迪、标普和惠誉的债项评级在 Baa3/BBB－/BBB－ 及以上的债券，若三家评级公司均有评级水平，则取中间位置的评级水平，若有两个评级水平，则取较低评级，若只有一个评级水平，则取该评级水平。高收益指数样本债券的剩余期限在一年以上，调整频率为每个月调整一次。

表 5－1　　　　　2019 年 7 月彭博巴克莱中资美元债指数构成情况

项目	彭博巴克莱投资级中资美元债指数	彭博巴克莱高收益中资美元债指数	彭博巴克莱中资美元债综合指数
债券数量	526	350	876
债券市值（亿美元）	3473	1609	5082
久期	4.71	2.54	4.02
到期收益率（%）	3.41	8.02	4.87

数据来源：Bloomberg。

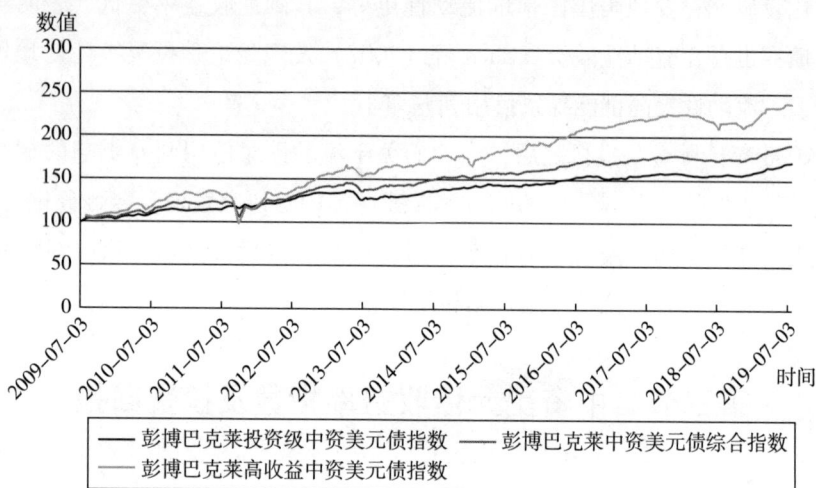

数据来源：Bloomberg。

图 5 – 12　彭博巴克莱中资美元债指数

Markiti Boxx 美元债指数也包括投资级指数、高收益指数和总体指数。另外，Markit iBoxx 还包括房地产、金融、非金融企业等不同子行业的债券指数，每个子行业又可以根据投资级和高收益级来细分，例如房地产投资级债券指数和房地产高收益债券指数。

2019 年 5 月，中债金融估值中心发布了中债投资级中资美元债指数，样本范围包括中国境内机构（包括政府机构、金融机构及境内其他企事业单位和外商投资企业）及境内自然人或机构控制的境外企业或分支机构，在境外金融市场发行的以美元计价的债券（不含同业存单、次级债）。该指数成分券包括在境外金融市场发行流通且待偿期一年及以上、债券余额 5 亿美元及以上的投资级中资美元债。该指数采用市值加权的方式计算，并以 2017 年 12 月 31 日为基准日，基点值为 100。指数样本原则上每月定期调整一次，根据上月倒数第三个银行间市场工作日样本券为基础，实施时间为每月第一个银行间市场工作日。指数在每个全国银行间债券市场交易日发布一次，发布时间为北京时间 18：00 左右，投资者可以通过中债综合业务平台、数据下载通道进行查询和下载。

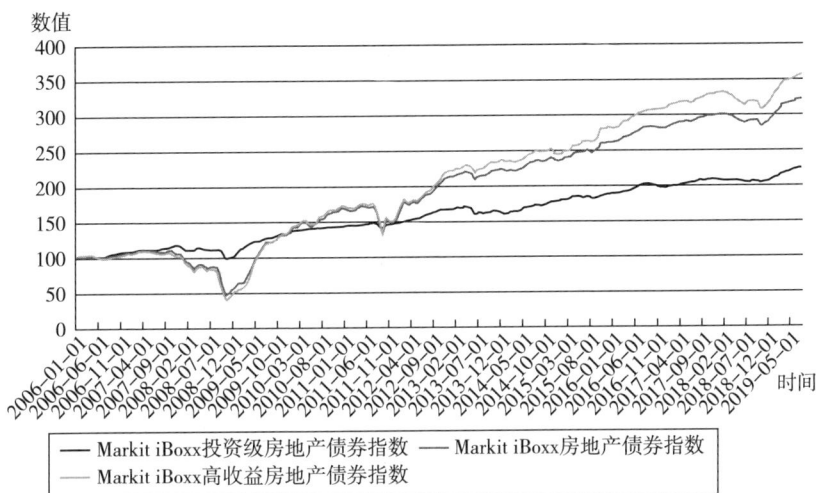

数据来源：Bloomberg。

图 5 – 13 Markit iBoxx 房地产债券指数

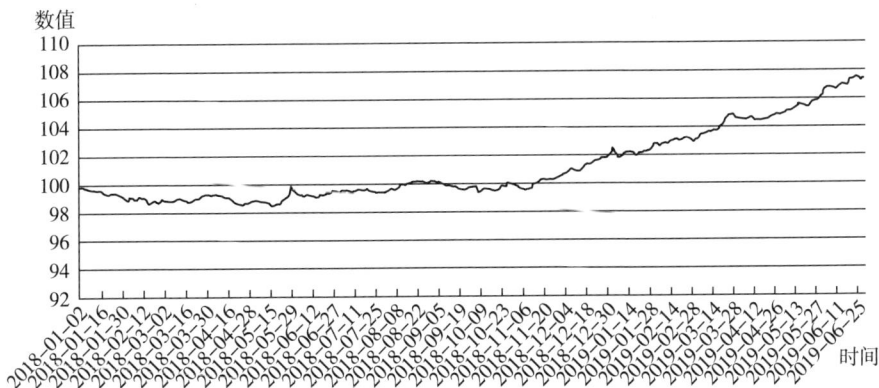

数据来源：Wind。

图 5 – 14 2018 年至 2019 年 6 月末中债投资级中资美元债指数

二、中资美元债的投资回报及 2019 年市场分析

国际金融危机以来，随着美联储多次降息及实施量化宽松政策，中资美元债指数大幅上涨，在大多数年份里均取得不错的收益，其年化收益率大幅

超过境内人民币债券，可见中资美元债的相对投资价值较大。以 Markit iBoxx 中资美元债指数为例，从 2009 年至 2019 年 6 月末，中资美元债指数上涨 125.3%，年化收益率为 8.05%，而同期中债综合财富总值指数上涨 49%，年化收益率为 4.66%。

2019 年以来，受美联储货币政策立场意外转向鸽派的影响，美元基准利率和信用利差均大幅下行，全球美元债券市场迎来一轮牛市行情，截至 2019 年 5 月末，彭博巴克莱全球美元债券指数回报率为 2.75%，彭博巴克莱美国债券指数回报率为 4.36%。

亚洲方面，iBoxx 除日本外的亚洲美元债指数回报率为 5.74%，而中资美元债指数回报率为 5.67%，其中中资投资级美元债指数回报率为 4.66%，中资高收益美元债回报率为 8.47%。板块方面，房地产、金融债券指数表现较好，回报率分别为 8.27% 和 6.24%，均高于平均水平，而非金融企业指数表现稍弱，回报率为 5.22%。

从信用利差变化来看，中资美元债信用利差在前 4 个月大多呈现收窄态势，5 月之后，受中美贸易摩擦升级等风险因素影响，市场风险情绪有所下降，5 月中资美元债利差整体拉宽，其中投资级和高收益信用利差分别拉宽 12 个基点和 34 个基点，目前利差分别为 154 个基点和 610 个基点，处于历史 19% 和 40% 分位数水平。

数据来源：Bloomberg。

图 5－15　近 5 年彭博巴克莱亚洲美元债信用利差变化

　　具体来说，部分低评级城投如萍乡城建（九江银行 SBLC），因自身资质相对较弱且包商银行事件对城商行的负面影响，二级市场表现欠佳，利差出现小幅放宽。另外，受美国对华为等中国高科技企业封锁压制的不利影响，5 月之后科技板块债券价格出现下跌，利差出现明显拉宽。例如，华为 2027 年到期的存量美元债价格由年初的 88 元上涨至 5 月初的 97.5 元，但在 5 月大幅下跌至 94 元左右，信用利差由 5 月初的 200 个基点大幅拉宽至 5 月末的 285 个基点。腾讯 4 月新发的多个期限美元债利差均出现不同程度拉宽，其中 5 年期美元债利差由 95 个基点拉宽至 130 个基点，10 年期美元债利差由 145 个基点拉宽至 170 个基点。混合资本工具方面，受境内包商银行被接管、锦州银行未及时公布年报及安永辞任审计师事件影响，境外城商行 AT1 板块总体下跌。其中锦州银行境外 AT1 近 3 日跌幅超过 20%，目前净价在 65 元左右，其他城商行如徽商银行、郑州银行、青岛银行等也均有不同程度的下跌。T2 二级资本债由于偿付顺序在 AT1 之前且境外 T2 中资发行人主要为国有大行，因此受影响较小。

第四节　市场主要参与者

一、投资者类型与特点

　　通常来说，美元债券的投资者以机构投资者为主，除了极少数高净值个人客户可以通过私人银行渠道购买之外，大多数个人投资者无法直接涉足该市场，只能通过共同基金等金融工具间接参与该市场。

　　美元债券的投资者结构与其市场特征密切相关。首先，该市场具有较高的信息知识壁垒，相较于股票等权益工具，债券种类和风险特征更加复杂。同一个发行人可以发行不同结构、具有不同风险特征的债券，比如高级有担保债券、高级无担保债券、次级债券和永续债券等，一般的个人投资者对于上述不同类型的债券的风险特征缺乏足够的认识。其次，该市场具有较高的进入壁垒。一般来说，股票一二级市场交易均在场内交易所进行，而美元债券一二级市场交易一般都在场外柜台市场，主要通过承销商和做市商进行。

债券承销商和做市商的主要交易对手基本都是机构投资者，门槛相对较高，单笔交易金额相对较大，一般个人投资者很难参与其中。

美元债券的投资者主要包括国内外的主权财富基金、商业银行、共同基金等资产管理机构、对冲基金、保险公司、私人银行等。

表5-2 美元债券主要投资者类型

投资者类型	代表性机构
主权财富基金	淡马锡、卡塔尔投资局、阿布扎比投资局、科威特投资局、国家外汇管理局、中国投资有限公司等
商业银行	国内商业银行总行及部分海外分支机构、外资商业银行等
共同基金等资产管理机构	国内具有合格的境内机构投资者（QDII）资格的公募基金、证券公司或其境外子公司，太平洋资产管理、富达投资、贝莱德等外资基金
保险公司	国内具有合格的境内机构投资者（QDII）资格的保险公司（中国人寿、中国人保、平安保险等）或其境外子公司，安联保险、友邦保险等外资保险公司
私人银行	国外大型商业银行的私人银行，如瑞士银行、汇丰银行等

不同特征的企业发行的美元债券的投资者的地域和类型分布具有明显差异。投资者地域分布方面，一般来说，国内城投发行的美元债券的投资者基本以国内背景的投资者为主，真正外资背景的投资者屈指可数。例如，2019年6月24日，中原豫资投资控股集团有限公司以Reg S的结构发行5年期美元债，发行规模为5亿美元，最终订单量超过29亿美元，认购倍数为5.8倍，共有70个投资者账户。投资者地域分布方面，亚洲投资者（以中资为主）占比为94%，欧洲、中东、非洲地区（EMEA）投资者占比为6%。而像腾讯、阿里巴巴、中海油等在境外上市并且具有国际知名度的跨国企业发行的美元债券，其投资者分布相对广泛，外资投资者占比相对较高。例如，2018年1月，中国海洋石油有限公司以SEC注册的结构发行5年期和10年期美元债，合计规模为14.5亿美元，投资者的地域分布更加广泛。其中5年期以美国投资者为主，占比为51%，其次为亚洲投资者，占比为31%，最后是欧洲投资者；而10年期债券以亚洲投资者为主，占比为70%，其次为美国和欧洲投资者，占比分别为24%和6%。

投资者类型方面，美元债券的一级市场投标是单一价格的荷兰式招标，投资者均以最终确定的收益率投标，在投标结束后，发行人和主要的承销商将共同商量并决定债券在不同投资者之间的分配。一般来说，发行人和承销商希望把债券更多地分给主权基金、共同基金、商业银行等具有真实需求的投资者（Real Money），因为这类投资人一般以买入持有为主，不会在二级市场立刻卖掉新发债券，导致二级市场价格下跌。另外，也会将少部分债券分配给对冲基金等快钱投资者（Fast Money），这部分投资者以赚取资本利得为主要目的，通常会在短期内卖掉该债券，这也让他们成为二级市场流动性重要的提供者。

例如，上述中原豫资美元债的投资者类型以商业银行为主，其占比为46%，基金和其他资产管理机构占比为36%，公司投资者和金融机构为16%，私人银行为2%。而中海油发行的美元债投资者类型方面，5年期债券以共同基金等资产管理机构为主，占比为53%，其次为商业银行，占比为33%，最后是主权财富基金和私人银行，占比分别为12%和2%；而10年期债券却以主权财富基金和保险公司为主，占比为61%，其次为共同基金等资产管理机构，占比为27%，最后是商业银行和私人银行，占比分别为9%和3%。

二、做市商及其报价方式

做市商在美元债券二级市场中起到非常重要的作用，它是连接市场不同类型投资者的中介和桥梁，是市场正常运转的中枢，做市商向投资者提供债券的买入和卖出报价服务，做市商的买卖活动提高了市场的流动性。通常来说，做市商从投资者手中买入该债券的价格低于向投资者卖出该债券的价格，做市商通过债券买卖价差赚取资本利得，这构成了做市商的主要盈利来源。

在2010年之前，中资美元债券市场规模相对较小，二级市场做市商主要以高盛、摩根士丹利、花旗银行、德意志银行、巴克莱银行等欧美主要的大型商业银行、投资银行为主。随着近年来中资美元债券市场快速扩容，其中的市场机遇与日俱增，国内大型国有商业银行、排名靠前的证券公司纷纷在该市场投入大量的人力、财力等资源，中资做市商的市场地位和影响力大幅提升。中资做市商逐步具备与传统外资做市商分庭抗礼的实力，导致美元债券做市商之间的市场竞争日益激烈。

不同类别的美元债券的买卖报价方式和价差大小具有明显差异。通常来说，投资级美元债券一般都是用基准利率加信用利差的报价方式，而且买卖价差相对较小。而高收益美元债券通常是直接以收益率或者现金价格报价，而且买卖价差相对较大。

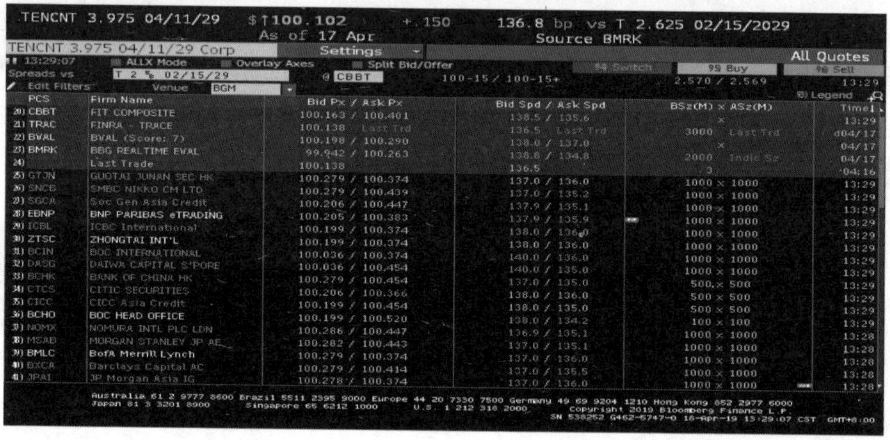

资料来源：Bloomberg。

图 5 - 16   腾讯控股 2029 年到期的美元债买卖报价

图 5 - 16 为腾讯控股 2029 年到期的美元债（穆迪评级 A1/标普评级 A + /惠誉评级 A + ）在 Bloomberg 终端显示的各家做市商的买卖价格，其中 Bid Px 为做市商愿意从投资者手中买入该债券的价格，Ask Px 为做市商愿意向投资者卖出该债券的价格。Bid Spd 和 Ask Spd 代表做市商的买卖利差，例如排在第一行的做市商（国泰君安证券）的买卖报价分别为 137/136，即做市商愿意以 10 年期国债收益率加 137 个基点所对应的价格从投资者手中买入该债券，以 10 年期国债收益率加 136 个基点所对应的价格向投资者卖出该债券，做市商的买卖利差只有 1 个基点。

图 5 - 17 为房地产公司佳兆业 2023 年到期的美元债（穆迪评级 B2/惠誉评级 B）在 Bloomberg 终端显示的买卖价格。该债券的买卖价格均是直接以现金价格或者收益率报价，例如排在第一行的做市商（新加坡星展银行）的买卖报价分别为 99.125 美元和 99.875 美元，其对应的买卖收益率分别为11.775% 和 11.516%，可见，该债券的买卖利差为 0.75 美元或 25.9 个基点。

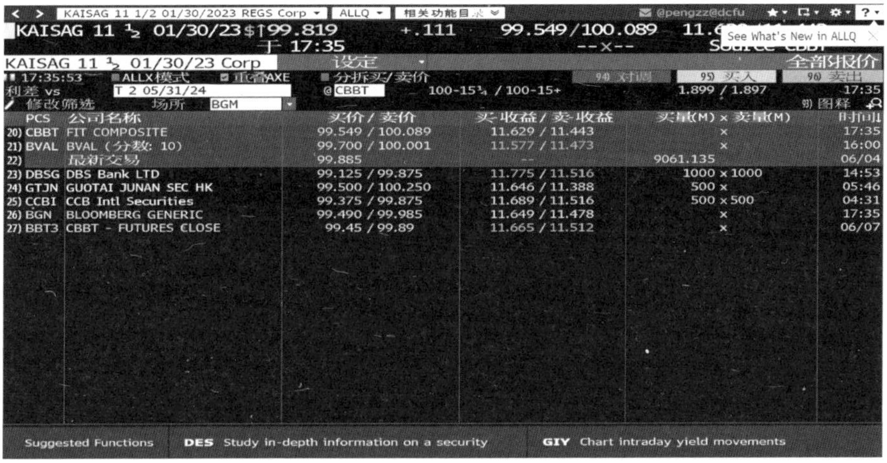

数据来源：Bloomberg。

图 5 - 17　佳兆业 2023 年到期的美元债买卖报价

上述做市商的二级市场报价利差一般是按照市场报价惯例，在相应期限国债等基准利率基础上的利差，该利差也称 T 利差。美元债券二级市场有以下约定俗成的报价惯例：剩余期限为 3 年期及以内的债券以最新的 2 年期美国国债收益率为报价基准，剩余期限为 4～6 年的债券以最新的 5 年期美国国债收益率为报价基准，剩余期限为 7～15 年的债券以最新的 10 年期美国国债收益率为报价基准，剩余期限 15 年以上债券以次新的 30 年期美国国债收益率为报价基准。

第五节　近年来美元债券信用违约案例分析

一、佳兆业集团

（一）事件概述

2014 年 12 月 10 日，佳兆业集团控股有限公司（以下简称佳兆业集团）在香港交易所公告称公司董事局主席郭英成由于健康原因而辞职。2015 年 1 月 1 日，佳兆业集团公告称公司于 2013 年 8 月 2 日与汇丰银行签订一笔 4 亿港元的定期融资贷款协议，但该公司董事会主席辞任事项已触发该融资协议项下的强制性提前还款条款，应于 2014 年 12 月 31 日偿还本息，但截至公告日，佳兆业集团未能偿还上述贷款。2015 年 4 月 20 日，公司称没有支付 2017 年到期的美元债券的利息（这笔 1610 万美元的利息应在 2015 年 3 月 18 日支付），也无法兑付两项 2018 年到期债券的利息（利息应于 3 月 19 日支付），共计 3550 万美元。公司未能在付息日期之后的 30 日内支付上述利息，成为首家美元债违约的中国地产商。

截至 2014 年底，佳兆业集团共计发行了 4 笔美元债以及 1 笔可换股人民币债，其中美元债到期日分别为 2017 年 9 月、2018 年 3 月、2019 年 6 月和 2020 年 1 月，合计规模为 22 亿美元，另外还有一笔 2015 年 12 月到期的 15 亿元人民币的可换股"点心债"。佳兆业集团债务违约消息爆出之后，其存量债券价格出现大幅下跌。根据 Bloomberg 系统显示，在债务违约爆发之后短短几天时间内，上述美元债价格大幅下挫，价格在 35 ~ 40 美元。

（二）经营业务和财务分析

佳兆业集团成立于 1999 年，是珠江三角洲地区领先的物业发展商之一，主要从事大型住宅物业及综合商用物业的发展。集团在各地的发展组合，包括深圳、广州、东莞、惠州及珠海及其他地区的项目。佳兆业集团于 2006 年、2007 年及 2008 年被中国房地产 Top10 研究组评选为华南地区的十大最具价值房地产品牌（Top10 Valuable Real Estate Brands）之一。2008 年，集团在深圳市规划及土地资源委员会（前称深圳市土地资源及楼房管理局）公布的综合全年优质地产发展企业评级名单中名列第二。佳兆业集团于 2009 年在香港证券交易所上市，2013 年公司增加戏院、百货店及文化中心业务。

表 5 - 3　　　　　　　　近年佳兆业集团财务报表概况　　　　　单位：亿元、%

项目	2018 年	2017 年	2016 年	2015 年	2014 年	2013 年
利润表摘要						
营业总收入	387.48	327.79	177.72	109.27	196.21	195.25
营业总支出	314.4	272.59	180.85	122.37	186.99	147.37
营业利润	73.08	55.21	- 3.14	- 13.1	9.23	47.88

项目	2018 年	2017 年	2016 年	2015 年	2014 年	2013 年
利润表摘要						
净利润	27.5	32.85	−6.12	−11.22	−12.87	28.57
息税前利润（EBIT）	73.08	55.21	−3.14	−13.1	9.23	47.88
息税折旧摊销前利润（EBITDA）	—	57.56	−1.2	−11.99	10.29	48.61
资产负债表摘要						
流动资产	1631.13	1598.30	1312.19	1050.68	1024.67	772.7
权益性投资	157.5	121.03	22.63	7.83	7.78	0
资产总计	2290.28	2133.88	1658.22	1275.47	1206.43	878.08
流动负债	964.1	898.74	587.98	727.79	995.2	465.49
非流动负债	962.79	935.16	839.78	415.68	66.74	195.01
负债总计	1926.89	1833.90	1427.76	1143.47	1061.94	660.5
股东权益	363.39	299.98	230.46	132	144.49	217.58
现金流量表摘要						
经营活动现金流量	—	−34.31	69.63	−42.79	−167.62	−13.99
投资活动现金流量	—	−194.98	−119.47	−3.93	−45.22	−39.94
筹资活动现金流量	—	240.38	134.68	38.73	176.51	74.87
现金净增加额	—	11.79	84.95	−8.07	−36.35	20.83
期末现金余额	—	119.98	108.19	23.25	31.31	67.66
关键比率						
ROE（%）	13.51	20.51	−4.62	−7.95	−8.06	18.06
ROA（%）	1.24	1.73	−0.42	−0.9	−1.24	3.92
销售毛利率（%）	28.75	27.26	13.01	3.14	14.65	33.81
销售净利率（%）	8.5	9.29	−1.96	−11.48	−6.63	14.66
资产负债率（%）	84.13	85.94	86.1	89.65	88.02	75.22
流动负债/负债（%）	50.03	49.01	41.18	63.65	93.72	70.47
资产周转率（倍）	0.18	0.17	0.12	0.09	0.19	0.27
流动比率	1.69	1.78	2.23	1.44	1.03	1.66
速动比率	0.88	0.82	0.93	0.32	0.22	0.56
息税折旧摊销前利润/负债	—	0.04	0.02	0.01	0.02	0.08
已获利息倍数	8.41	6.38	3.02	1.15	2.9	43.11
长期债务与营运资金比率	1.44	1.34	1.16	1.29	2.26	0.63

数据来源：Wind。

近年来，公司的资产规模稳步增长，2018 年末公司资产规模为 2290.28 亿元，较 2013 年增加 1412.2 亿元，增长幅度为 160.8%。偿债能力方面，近年来公司资产负债率在 2014 年之前维持逐步走高的态势，在 2015 年发生债务违约事件之后，其资产负债率小幅下降，从 2015 年最高峰的 89.65% 下降为 2018 年的 84.13%。类似地，公司流动负债与负债的比例也经历了先升后降的趋势，流动负债比率最高达到 93.72%，2018 年底已经下降为 50% 左右。其他偿债指标如流动比率、速动比率、已获利息倍数等在 2015 年之后均呈现企稳回升的态势。这表明公司在经历 2015 年的债务危机和重组事件之后，公司偿债压力有所减轻，偿债能力逐步提高。

盈利能力方面，2015 年之前，公司主营业务收入和盈利水平均保持稳步增长。受房地产调控、旗下房地产项目锁定和债务违约等不利事件影响，2014 年至 2016 年，公司主营业务收入呈现明显下滑，净利润连续三年出现净亏损。但在 2016 年公司逐步完成债务重组并走出危机之后，逐步恢复了正常经营，加上房地产市场的回暖，公司的主营业务收入和盈利水平也大幅好转。

现金流方面，2016 年之后公司经营活动现金流明显好转，并加大对外投资，投资活动现金流逐步扩大，这主要依赖于筹资活动现金流的增长。整体来说，公司整体现金流保持净增长态势，现金余额逐步上升，公司现金流状况呈现好转态势。

（三）国内外评级行动

评级方面，由于佳兆业集团为香港上市的红筹企业，其未在境内债券市场公开发行过债券，因此国内评级公司并未对其进行评级。2018 年 5 月 25 日，国内评级机构中诚信证券评估有限公司（以下简称中诚信）发布了佳兆业集团控股（以下简称佳兆业）的主体信用评级报告，佳兆业集团主体信用等级被评定为 AA＋，评级展望为稳定。

国外评级方面，2010 年 4 月，穆迪首次给佳兆业集团授予主体评级，首次评级水平为 B1，展望稳定。2011 年 1 月，标普首次给佳兆业集团授予主体评级，首次评级水平为 BB－，展望负面。

在 2015 年债务危机爆发之前，穆迪对于佳兆业集团的评级一直保持相对稳定，在危机爆发前夕，甚至上调了公司主体评级，由 B1 上调为 Ba3，展望稳定。但好景不长，在穆迪上调其评级水平不久，佳兆业债务危机爆发，穆迪之后先后多次下调其评级，并于 2015 年 1 月 14 日下调为 Ca，展望负面。在债务危机爆发之后一周时间内，另外一个国际评级公司标普也将佳兆业主体评级由 BB－下调至选择性违约。

表 5－4　　　　国际评级公司对佳兆业集团主体评级调整情况

评级公司	评级时间	评级水平	评级行动	评级展望或观察
穆迪公司	2015 年 5 月 28 日	Ca	维持	负面
穆迪公司	2015 年 5 月 7 日	Ca	维持	正面
穆迪公司	2015 年 1 月 14 日	Ca	调低	负面
标准普尔公司	2015 年 1 月 7 日	SD（选择性违约）	调低	负面
穆迪公司	2015 年 1 月 5 日	Caa3	调低	负面
标准普尔公司	2014 年 12 月 26 日	BB－	调低	负面
穆迪公司	2014 年 12 月 11 日	Ba3	维持	负面
穆迪公司	2014 年 5 月 20 日	Ba3	调高	稳定
穆迪公司	2013 年 8 月 20 日	B1	维持	稳定
穆迪公司	2013 年 3 月 12 日	B1	维持	稳定
穆迪公司	2013 年 2 月 21 日	B1	维持	稳定
穆迪公司	2013 年 1 月 2 日	B1	维持	稳定
穆迪公司	2012 年 9 月 12 日	B1	维持	负面
穆迪公司	2012 年 8 月 23 日	B1	维持	负面
穆迪公司	2011 年 6 月 3 日	B1	维持	负面
标准普尔公司	2011 年 1 月 24 日	BB－	首次	负面
穆迪公司	2011 年 1 月 20 日	B1	维持	稳定
穆迪公司	2010 年 5 月 5 日	B1	维持	稳定
穆迪公司	2010 年 4 月 12 日	B1	首次	稳定

数据来源：Wind。

（四）违约后续进展

2015 年 11 月 12 日，佳兆业集团公布了 2015 年前 10 个月的合约销售额以及与境内债权人的协商情况、境内债务重组的最新进展。佳兆业希望就重组达成一致的主要条款，包括无本金扣减、到期后延长 3 年（投资物业的抵押贷款除外）、充足抵押品还款须符合销售进度、没有充足抵押品的根据销售进度摊还及到期时一次性偿还。同时，鼓励债权人降低融资成本，详情应就债权人个别情况各自作出适切的厘定；债权人须撤回所有诉讼、仲裁、强制执行程序，并将资产解冻。

2016 年 1 月 26 日，佳兆业集团发布公告称公司于 1 月 25 日办理完成约 333.2 亿元境内债务相关手续，完成重组。其中，中信银行股份有限公司及中信信托向本集团提供 163.5 亿元供重组之用，同时，中信等机构表示将继续向集团提供融资，支持集团业务发展。经重组后，相关法院、仲裁、强制执行程序或将撤销。2016 年 6 月佳兆业集团再次发布公告称，截至 6 月 27 日，佳兆业总金额为 465 亿元的境内债务已经办理完相关手续，完成重组。其中，中信银行股份有限公司及中信信托有限责任公司向佳兆业提供了约 166 亿元供重组之用。

境外债务重组方面，2016 年 7 月 22 日，佳兆业集团公告表示，公司境外债的重组生效日期及转换日期已于 7 月 21 日进行。协议安排的强制性可交换债券 A、B、C、D、E 系列票据及或然价值权，已于转换日期完成发行。2016 年 7 月 30 日，佳兆业公开披露，公司注销了 6 项境外证券及票据，这其中包括 18 亿元 2016 年到期的票据，以及 15 亿元以美元结算、利率为 8% 于 2015 年到期的可换股债券。此外，还有 4 项总计 19.5 亿美元（约合人民币 129.7 亿元）的债券和票据被注销。按佳兆业公布的数据，这批被注销的境外证券及票据总计约 162.7 亿元人民币。

截至 2019 年 3 月末，佳兆业集团存量债券均是境外美元债券，共计 10 期，合计规模达到 74.4 亿美元。

表 5-5 佳兆业集团存量美元债券情况

债券简称	币种	起息日	到期日	当前余额（亿美元）
佳兆业集团 9.375% N2024	美元	2017 年 6 月 30 日	2024 年 6 月 30 日	30.52
佳兆业集团 8.5% N2022	美元	2017 年 6 月 30 日	2022 年 6 月 30 日	11.46
佳兆业集团 11.25% N2022	美元	2019 年 4 月 9 日	2022 年 4 月 9 日	3.5
佳兆业集团 10.5% CB2021	美元	2019 年 1 月 14 日	2021 年 7 月 14 日	1
佳兆业集团 7.875% N2021	美元	2017 年 6 月 30 日	2021 年 6 月 30 日	5.72
佳兆业集团 11.75% N2021	美元	2019 年 2 月 26 日	2021 年 2 月 26 日	4

债券简称	币种	起息日	到期日	当前余额（亿美元）
佳兆业集团7.25% N2020	美元	2017年12月30日	2020年6月30日	3.3
佳兆业集团7.25% N2020	美元	2017年6月30日	2020年6月30日	7.9
佳兆业集团12% N2019	美元	2018年12月14日	2019年12月14日	3
Kaisa9% n190606 S	美元	2014年6月6日	2019年6月6日	4

数据来源：Wind。

二、青海省投资集团

（一）事件概述

2019年2月22日，青海省投资集团有限公司（以下简称青海投资集团）未能在付息日当天支付其2020年到期、本金规模为3亿美元的债券的当期应付利息，利息金额为1087.5万美元（约合人民币7400万元）。这是20多年来首家在境外发生违约的国有企业。

在上述美元债券违约发生三天之后，2月25日青海投资集团在境内债券市场再次发生违约，当天到期的2000万元非公开定向发行债务融资工具（18青投PPN001）未能到期支付。该PPN于2018年2月24日发行，期限为一年，发行规模仅2000万元，息票利率为7%。

2月26日上午，青海投资集团在官网发布公告称，由于技术问题截至2019年2月25日17时未能及时将2140万元本息支付到上海清算所。随后通过多方紧急处理，于2019年2月25日19时左右完成2140万元本息支付到上海清算所的操作，完成本息债券的兑付。

2月26日傍晚，青海省投资集团董事长助理关景武回应21世纪经济报道记者称，经与青海投资集团相关领导确认，海外美元债的利息1087.5万美元很快会予以支付，不会构成实质性违约。2月27日，根据Bloomberg消息，有知情人士透露青投集团于当天汇出了上述逾期的美元债利息。

其实在上述债务发生违约之前的2018年下半年，国内外媒体多次曝出青海投资集团存在流动性紧张、债务偿还压力较大等消息，其在境外发行的多只美元债券价格也出现大幅下跌。上述2020年到期的美元债一度下跌至72

美元左右，下跌幅度达到 25%。但在多方努力之下，青海投资集团 2018 年 9 月和 12 月到期的两笔美元债均最终得到偿付，可谓有惊无险。

存量债券方面，近年来青海投资集团先后在境内外债券市场发行多期债券。截至 2019 年 3 月末，青海投资集团存量债券共有 5 期债券，其中 3 期为境外美元债，合计金额为 8.5 亿美元，2 期人民币债券，合计金额为 10.08 亿元。

表 5 - 6　　　　　　　　　　青海投资集团存量债券情况

债券名称或代码	发行日	到期日	息票（%）	币种	规模
XS1793297513	2018 年 3 月 16 日	2021 年 3 月 22 日	7.875	美元	2.5 亿美元
XS1613685475	2017 年 7 月 4 日	2021 年 7 月 10 日	6.4	美元	3 亿美元
XS1552613660	2017 年 2 月 15 日	2020 年 2 月 22 日	7.25	美元	3 亿美元
12 青投债	2012 年 9 月 27 日	2022 年 10 月 8 日	7.08	人民币	0.08 亿人民币
17 青投债	2017 年 12 月 20 日	2022 年 12 月 20 日	7.2	人民币	10 亿人民币

（二）经营业务和财务分析

青海投资集团是 1993 年经青海省人民政府批准成立的国有独资公司，1997 年省政府批准为政府出资人，行使国有资产经营主体和管理主体职能，2001 年改制为集团公司。截至 2018 年 9 月，青海投资集团由青海省国资委持股约 58%，西部矿业持股 20.36%，西宁市经开区管委会持股约 13.4%，青海省国有资产投资管理有限公司持股 7.8%。公司主营业务包括铝产品、电力销售、煤炭开采等，公司是青海省最大的电解铝生产商。

公司的债券募集说明书显示，青海投资集团的收入构成以电解铝和铝加工为主，2017 年和 2018 年上半年，电解铝和铝加工板块的收入合计占比超过 80%，电力销售、煤炭销售等占比相对较小。

表 5 - 7　　　　　　　　　近年青海投资集团财务报表概况

项目	2018 年第二季度	2017 年	2016 年	2015 年	2014 年
资产负债表摘要					
总资产（亿元）	644.26	639.11	569.66	498.75	427.96
货币资产（亿元）	32.09	33.31	22.53	43.94	44.76
净资产（亿元）	143.64	150.95	132.71	105.84	91.13

续表

项目	2018 年第二季度	2017 年	2016 年	2015 年	2014 年
资产负债表摘要					
总债务（亿元）	500.62	488.16	436.95	392.9	336.83
资产负债率（%）	77.71	76.38	76.7	78.78	78.71
利润表摘要					
主营业务收入（亿元）	92.12	172.12	163.87	140.94	128.95
主营业务利润（亿元）	0.73	1.49	0.32	−5.05	0.22
EBITDA（亿元）	—	14.8	15.35	11.92	10.07
EBITDA/营业总收入（%）	—	8.6	9.37	8.46	7.81
主营业务利润率（%）	0.79	0.87	0.2	−3.58	0.17
主营业务收入增长率（%）	6.9	5.04	16.27	9.3	19.85
净利润（亿元）	0.75	1.17	1.03	0.45	0.92
现金流量表摘要					
经营活动现金流（亿元）	5.86	5.48	3.8	4.6	7.09
投资活动现金流（亿元）	−8.22	−34.13	−17.22	−30.61	−36.83
筹资活动现金流（亿元）	1.16	39.44	2.51	23.96	20.93
经营活动现金流/EBITDA	—	0.37	0.25	0.39	0.7
关键指标					
存货周转率	2.54	5.08	5.13	5.08	5.28
流动比率	0.43	0.45	0.37	0.46	0.74
速动比率	0.29	0.32	0.26	0.32	0.59
带息债务（亿元）	391.5	390.01	350.39	304.34	246.99
净债务（亿元）	359.41	356.7	327.86	260.4	202.23
总资产报酬率（%）	1.27	1.17	1.23	0.84	1.07
净资产回报率（%）	0.3	0.5	0.23	0.01	0.25
获息倍数	1.25	1.3	1.32	1.25	1.38
EBITDA/带息债务	—	3.8	4.38	3.92	4.08
短期债务/总债务（%）	49.25	53	59.6	53.18	44.33
带息债务/总投入资本（%）	73.16	72.1	78.12	80.38	79.13
货币资金/短期债务	0.15	0.15	0.12	0.22	0.32
货币资金/总债务	0.06	0.07	0.05	0.11	0.13

数据来源：Wind。

　　近年来，随着公司业务的发展，公司的资产规模稳步增长，2018 年第二季度末公司资产规模约为 644 亿元，较 2014 年增加约 216 亿元，增长幅度达到 50%。而资产规模的增长主要是以公司增加债务的方式实现的，公司总债务规模由 2014 年的 336.83 亿元快速增加至 2018 年中的 500.62 亿元，总债务规模增加约 164 亿元，债务压力逐步加大。

　　偿债能力方面，公司资产负债率维持相对较高的水平，近几年该水平均在 75% 以上。另外，公司债务短期化特征相对明显，近几年短期债务占总债务之比均在 50% 以上，而且货币资金与短期债务之比呈逐年下降的态势，2018 年第二季度末占比为 0.15，表明公司短期偿债压力较大，短期债务的现金保障程度较低。利息保障倍数方面，公司获息倍数和 EBITDA 与带息债务之比均较低，在 2017 年分别为 1.3 倍和 3.8 倍。

　　盈利能力方面，近几年公司主营业务收入保持小幅增长，受电解铝行业等产能过剩、景气度低迷等不利因素影响，公司经营压力较大，主营业务利润和净利润规模较小，2017 年公司主营业务利润和净利润规模分别仅为 1.49 亿元和 1.17 亿元，这表明公司的盈利能力较弱。

　　现金流方面，近年经营活动现金流维持相对稳定，但投资活动现金流却呈扩大趋势，筹资活动现金流也呈现不稳定态势。2018 年上半年筹资活动净现金流仅 1.16 亿元，较上年明显下降，表明其融资活动面临较大的困难，公司整体现金流状况呈现恶化态势。

　　（三）国内外评级行动

　　国内评级方面，国内评级公司中证鹏元资信评估股份有限公司对于青海省投资集团的主体评级和其 2012 年发行的人民币债券的债项评级均为 AA，展望稳定。上述主体评级和债项评级自 2012 年中证鹏元资信评估股份有限公司首次对其进行评级至今，虽然期间发行人多次出现信用风险事件，但中证鹏元对其评级水平从未发生变化。由此可见，国内评级公司在发行人信用风险水平跟踪和揭示方面存在不足。

　　国外评级方面，2017 年 2 月，标普首次给青海投资集团授予主体评级，首次评级水平为 BB－，展望稳定。2018 年 6 月，标普对其评级水平维持在 BB－，但将其列入负面观察名单，表明未来一段时期内其评级水平面临较大的下调压力。2018 年 9 月 6 日，标普将青海投资集团的长期发行人信用评级由 BB - 下调至 B + ，同时，将青海投资集团现有高级无抵押票据的长期发行评级由 BB - 下调至 B + ，所有评级维持负面观察。2019 年 2 月 26 日，标普将青海投资集团的长期主体信用评级从 B + 下调至 CCC + ，并列入负面观察名单，因公司自身的信用状况（流动性）已经恶化。标普表示，该公司管理层称，虽然在过去几个月公司的银行贷款能够滚动，但公司的部分信托贷款和融资租赁未能实现滚动。由于以上因素，该公司不受限现金迅速下降，导致其个体信用状况大幅削弱。该公司 2019 年 2 月 25 日到期的 2000 万元境内非公开定向发行债务融资工具到最后一刻才偿还，即为例证。

不过，标普并未将青海投资集团 2 月 22 日未能按期兑付利息事件视为违约，因为标普认为，该公司很有可能在青海省政府的帮助下于 5 个工作日的推定宽限期内完成兑付。标普表示，虽然政府支持随时间推移存在逐步减弱的风险，但其继续认为青海投资集团获得青海省政府特别支持的可能性较高。标普认为，虽然青海省政府过去一直为青海投资集团提供及时的信用支持，但此次利息未付事件或许表明省政府对青海投资集团的治理和管控有所变弱，且省政府为青海投资集团提供支持的意愿也可能有所弱化。据媒体报道，青海省政府正在与国家电力投资集团有限公司洽谈出售青海投资集团股份事宜。虽然该公司尚未作出正式公告，但青海省政府与青海投资集团之间的关系有可能发生变化。

（四）违约后续进展

虽然青海投资集团在 2019 年 2 月发生技术性违约的两笔债券最终均得到偿付，但境内外投资者对于青海投资集团后续进展情况依然非常关注。2019 年 4 月 4 日，根据 21 世纪经济报道记者获悉的消息，青海省投资集团向相关债权机构披露了其债务化解进展。根据该消息来源，2 月 28 日，青海省政府与国开行就公司债务化解进行座谈，并达成了国开行作为债委会牵头行的共识，拓宽了公司改革脱困的思路。3 月 26 日上午，青海省政府和青海投资集团领导到北京与国家发展改革委相关领导就青海投资集团改革脱困的方案进行了交流，同时要求加快省政府与国电投的合作，帮助其尽早改革脱困。

三、中国民生投资集团

（一）事件概述

2019 年 4 月 18 日，中国民生投资集团（以下简称中民投）在港交所发布公告，公告显示，中民投 2019 年 4 月 8 日到期的债券"16 民生投资 PPN2"，经与债券持有人协商后兑付日延期至 4 月 19 日，应付本息金额为 9.0423 亿元。中民投也已于 4 月 16 日公告，中民投于 4 月 21 日到期的本息合计 15.72 亿元的债券"18 民生投资 SCP004"的支付存在不确定性。此外，中民投涉及多起诉讼，导致旗下子公司股权遭冻结。截至 2019 年 4 月 4 日，涉诉金额合计为 29.59 亿元，具体来说，中国邮政储蓄银行、大连银行分别因 3.805 亿元、5.9265 亿元金融借款纠纷起诉中民投。上述诉讼导致中民投旗下的子公司中民嘉业、中民未来、中民投资本和中民投健康产业融资租赁公司的部分股权遭冻结。另外中民投还涉两起股权投资纠纷诉讼，争议金额分别为 12.118 亿元、0.99 亿元，导致中民嘉业、董嘉置业部分股权被冻结。中民投另有一起股权转让纠纷，争议金额为 1.5473 亿元，导致中民嘉业、中民未来部分股权遭冻结。中民投还有一起融资租赁协议纠纷，争议金额为 5.2045 亿元，导致中民投航空租赁公司部分股权遭冻结。

公告还披露，中民投持有 61.11% 股权的亿达中国（3639.HK）已在 4 月 10 日公告，中民投上述资产被冻结，技术上导致亿达中国未偿还本金总额为 42.77 亿元的贷款触发提前赎回条款。

此前债券兑付延期和法院冻结资产等事件最终触发了中民投美元债交叉违约。中民投存续美元债有两只，分别为 2019 年 8 月到期、5 亿美元规模的"CMIG 3.8 08/02/19"和 2020 年 7 月到期、3 亿美元规模的"CMIG 3.25 07/23/20"。其中后者是由建设银行香港分行提供银行备用信用证（SBLC）增信措施。2019 年 6 月 24 日，香港交易所公告显示，该笔债券被通知加速到期，建设银行香港分行全额支付了该笔债券的本金及其应付利息。

其实在上述债务违约和债务诉讼发生之前，中民投发行的 30 亿元人民币的"16 民生投资 PPN01"在 2019 年 1 月 29 日已经出现到期未及时兑付的技术性违约事件。此后市场投资者对于中民投的债务偿还能力产生怀疑，其相关债券价格出现连续下跌。2019 年 4 月 22 日晚间，中民投发布公告称该公司发行的"18 民生投资 SCP004"未能在到期日当天全额支付，最终延迟一天实现了全额兑付。

存量债券方面，截至 2019 年 6 月末，中民投存量债券共有 12 期债券，其中 1 期境外美元债，金额为 5 亿美元，11 期人民币债券，金额合计为 144.65 亿元。

表 5 - 8　　　　　　　　　中民投存量债券情况

证券代码	发行日期	到期日	币种	原币余额（亿元）	证券类别
XS1459405673	2016 年 7 月 26 日	2019 年 8 月 2 日	美元	5	境外美元债
011802542. IB	2018 年 12 月 19 日	2019 年 7 月 18 日	人民币	14.6	超短期融资债券
011802325. IB	2018 年 11 月 27 日	2019 年 8 月 26 日	人民币	8	超短期融资债券
143879. SH	2018 年 10 月 19 日	2021 年 10 月 22 日	人民币	10.1	一般公司债
011801728. IB	2018 年 8 月 30 日	2019 年 5 月 28 日	人民币	15	超短期融资债券
143697. SH	2018 年 7 月 25 日	2021 年 7 月 26 日	人民币	10	一般公司债
143443. SH	2017 年 12 月 22 日	2020 年 12 月 26 日	人民币	44.8	一般公司债
031770004. IB	2017 年 4 月 26 日	2020 年 4 月 27 日	人民币	20	定向工具
031670006. IB	2016 年 12 月 8 日	2019 年 12 月 9 日	人民币	6.4	定向工具
145076. SH	2016 年 10 月 25 日	2019 年 10 月 25 日	人民币	9.6	私募债
135685. SH	2016 年 7 月 29 日	2019 年 7 月 29 日	人民币	2.15	私募债
031660038. IB	2016 年 6 月 7 日	2019 年 6 月 8 日	人民币	4	定向工具

数据来源：Wind。

（二）经营业务和财务分析

中民投成立于 2014 年 8 月，它是由全国工商联牵头组织，由巨人集团、泛海控股等 59 家大型民营企业联合设立的投资控股公司，初始注册资本 500 亿元（截至 2018 年 10 月，中民投共有 63 位股东，实收资本 409.46 亿元）。中民投在成立之初迅速明确了其产融控股集团的整体战略。根据其 2018 年最新的债券募集说明书的介绍，中民投是以优质民营资本为纽带、以实体投资为基础，集资产管理与投资、财产再保险、融资租赁、综合物业销售及管理、新能源电力、通用航空公务机业务等实体产业于一体的大型民营实体产业集团。

公司的债券募集说明书显示，中民投的收入构成以综合物业销售及管理业务、保险业务为主。2017 年，上述业务收入分别为 108.82 亿元和 69.72 亿元，占比分别为 38.05% 和 24.38%。而受资本市场波动影响，近年来中民投资本管理和股权投资业务收入持续为负，公务机托管、新能源、融资租赁等业务占比较小。

表 5 – 9　　　　　　　　　中民投主营业务收入构成　　　　　单位：亿元、%

业务	2018 年上半年		2017 年		2016 年		2015 年	
	规模	占比	规模	占比	规模	占比	规模	占比
保险	37.83	26.15	69.72	24.38	42.98	22.02	—	0.00
资本管理和股权投资	-4.23	-2.92	-20.07	-7.02	11.81	6.05	28.11	60.28
综合物业销售及管理	44.94	31.07	108.82	38.05	71.12	36.45	2.02	4.33
公务机托管	5.38	3.72	10.54	3.69	10.89	5.58	11.74	25.17
新能源	6.07	4.19	9.44	3.30	4.33	2.22	—	0.00
融资租赁	12.62	8.73	24.4	8.53	11.83	6.06	3.28	7.03
其他	42.03	29.06	83.16	29.08	42.19	21.62	1.5	3.21
合计	144.64	100.00	286	100.00	195.15	100.00	46.63	100.00

表 5 – 10　　　　　　　　　近年中民投财务报表概况

项目	2018 年第三季度	2017 年	2016 年	2015 年	2014 年
总资产（亿元）	3108.64	3061.13	2724.7	1440.43	534.74
货币资产（亿元）	220.5	237.31	365.85	251.36	41.54
净资产（亿元）	780.72	768.66	720.24	459.41	392.79
总债务（亿元）	2327.92	2292.47	2004.46	981.03	141.95
资产负债率（%）	74.89	74.89	73.57	68.11	26.55
净利润（亿元）	16.02	55.64	36.76	46.39	40.53
主营业务收入（亿元）	246.87	286	195.15	46.64	37.78
主营业务利润（亿元）	3.33	80.81	6.15	21.08	52.31
主营业务利润率（%）	1.35	28.25	3.15	45.19	138.45
主营业务收入增长率（%）	48.17	46.56	318.45	23.43	—
总资产报酬率（%）	2.29	4.64	3.57	5.86	10.07
净资产回报率（%）	0.5	7.03	6.14	12.33	10.63

项目	2018 年第三季度	2017 年	2016 年	2015 年	2014 年
经营活动现金流（亿元）	21.04	−146.91	−147.05	−153	−242.48
投资活动现金流（亿元）	60.79	−194.65	−326.49	−137.39	−178.11
筹资活动现金流（亿元）	−145.14	223.57	583.87	431.14	462.22
经营性现金流/EBITDA	—	−1.02	−1.9	—	—
存货周转率	1.18	1.06	0.58	0.1	0.02
流动比率	1.03	1.08	1.35	1.13	5.24
速动比率	0.91	0.98	1.03	0.84	3.78
带息债务（亿元）	1570.62	1692.92	1079.82	534.03	32.35
净债务（亿元）	1350.12	1455.62	713.97	282.67	−9.19
获息倍数	1.49	2.82	2.15	11.39	—
EBITDA/带息债务	—	8.55	7.16	—	—
短期债务/总债务（%）	62	59.34	51.25	67.86	44.72
带息债务/总投入资本（%）	66.8	68.77	67.95	57.64	7.95
货币资金/短期债务	0.44	0.49	0.71	0.54	3.52
货币资金/总债务	0.09	0.1	0.18	0.26	0.29

数据来源：Wind。

2014 年成立以来，中民投通过大量举债融资进而不断对外扩张投资，资产负债规模快速增长，短短四五年时间，其资产规模由 2014 年底的 534.74 亿元增长至 2018 年第三季度末的 3108.64 亿元，资产规模增加 4.8 倍，增速惊人。然而，其资产规模的增长主要来源于其负债规模的快速增长，公司总债务规模由 2014 年的 141.95 亿元快速增加至 2018 年第三季度末的 2327.92 亿元，总债务规模增长了 15.4 倍。

偿债能力方面，随着公司债务规模的快速增长，其偿债能力逐步趋弱，资产负债率明显增长，近三年均维持在 75% 左右。另外，公司债务短期化特征日益突出，近几年短期债务占总债务之比明显增长，2018 年第三季度末达到 62%，而且货币资金与短期债务之比也呈现明显下降趋势，由 2014 年的 3.52 下降为 2018 年第三季度末的 0.44。

利息保障倍数方面，近年来公司获息倍数也快速下降，由 2015 年的 11.39 下降为 2018 年第三季度末的 1.49。上述偿债指标均表明公司债务压力日趋增长，债务短期化特征明显，债务偿还能力明显下降。

盈利能力方面，近几年公司主营业务收入保持增长。受资本市场波动、行业不景气等不利因素影响，公司主营业务利润和净利润规模波动较大，2017年总资产和净资产收益率水平分别为4.64%和7.03%，与其他可比同业或制造业企业相比，公司的盈利能力一般。

现金流方面，近年经营活动现金流持续为负而且净流出规模较大，随着近年来公司不断加大对外投资，投资活动现金流也持续为负。经营和投资活动的现金流主要通过大量的筹资活动来补充，近年来公司大量通过银行贷款、债券市场等不断加大筹资力度，2016年筹资活动现金流规模达到583.87亿元。然而2017年之后公司的筹资活动日趋紧张，筹资规模逐步减少，2018年前三个季度筹资活动净现金流为－145.14亿元，表明其债务到期偿还量远远大于其新增融资规模，公司整体现金流状况不断恶化，借新还旧的资金运营模式再也无法运转下去。

（三）国内外评级行动

国内评级方面，目前国内评级公司上海新世纪评级公司对于中民投的主体评级和发行的人民币债券的债项评级均为AAA。2018年底新世纪资信在评级报告中指出："中民投利用资本及债务杠杆不断推进战略投资及产业整合，负债水平快速攀升，目前已积累了较大规模的刚性债务，且未来公司仍存在持续的资金需求。公司本部负债中短期刚性债务占比较高，关注流动性风险管理情况。"虽然如此，但上海新世纪评级公司自2015年对中民投主体评级和债项评级首次进行评级至2019年中民投曝出多次债务违约事件之后，对其评级水平至今从未发生变化。由此可见，国内评级公司在发行人信用风险水平跟踪和揭示方面的不足。

国外评级方面，当前三大国际评级公司并未对中民投进行主体评级。债项评级方面，2015年7月，中民投通过旗下子公司中民投国际资本有限公司的境外SPV（Boom Up Investment Limited）发行了一笔5年期美元债，规模为3亿美元，该笔债券由中国建设银行香港分行提供备用信用证（SBLC），穆迪对该债券的债项评级为A1，与中国建设银行的主体评级相同。2016年7月，中民投再次通过上述SPV发行了一笔3年期美元债，规模为5亿美元，该笔债券由中民投提供维持良好（Keep well）和股权回购承诺（EIPU）增信措施。这是中民投首次以其自身信用资质发行境外美元债，该笔债券并无国际评级，也无第三方担保增信措施。

（四）违约后续进展

在上述债务危机发生之后，中民投逐步开展一系列解决危机的自救行动。通过中民投自身反馈及市场消息，当前中民投已经成立了由股东代表、董事会、监事会、经理层组成的应急管理委员会，意图通过集中股东和公司等各方力量，共同解决目前公司所面临的流动性困难；组建债委会并与各债权人进行沟通和协作，目前与多家金融机构达成了展期协议，基本稳定了银行贷款规模；与中国长城资产管理公司的部分合作项目已落地；依照公司战略和计划，有关投资项目正在陆续退出，例如，2019 年 2 月，中民投向绿地集团出售了持有 4 年多的优质地产资产上海董家渡项目。

2019 年 7 月 24 日，中民投在新交所公告称，就 2019 年 8 月 2 日到期的 5 亿美元债券开始同意征求债券持有人的意见。并且，将于 8 月 22 日召开债券持有人会议，以决定是否通过特别决议案，进而修订债券的部分条款，具体包括：将债券到期日延后 1 年至 2020 年 8 月 2 日、豁免债券违约。同意征求备忘录显示，其他的拟议修订包括（不限于）增加发行人赎回选择权，以及增加"强制部分赎回"条款，赎回日在 2019 年 9 月 6 日，赎回规模为存量规模的 10%（即 5000 万美元本金额），赎回价为本金额的 100%（另加应计利息）。另外，公司表示其计划出售离岸资产，并将所得款项净额用于偿付上述 5 亿美元债券。

第六章　境外混合资本工具

第一节　混合资本工具概述

一、混合资本工具基本概念

除了投资级债券及高收益债券外，在境外市场还有一些特殊证券，如 CoCos 债、其他一级资本工具（AT1）、二级资本债（T2）、优先股（Preferred Stock）、可转债（Convertible Bonds）、永续债（Perpetual Bonds）等，它们的共同特点是在不同程度上兼具了债务性和股权性，统称为混合资本工具（Hybrid Capital Securities）。

混合资本工具结构相对复杂，产品概念互相之间存在交叉重叠。比如，银行发行的 AT1 CoCos，既是永续债，也是可转债，目的在于补充银行其他一级资本；又如，优先股、永续债、CoCos 都有可能设置成符合监管要求的 AT1 工具。

总体而言，发行人使用混合资本工具进行融资，希望在股权和债权两种属性之间找到功能和成本的平衡点。一方面，能够保留固定收益产品的优势特性；另一方面，追求实现普通债券产品所不能达到的权益性、资本性、股权性。这里债权和股权的差别不仅是在资产负债表上的区分，而且涉及从法律、资本监管、会计、税务处理和主体评级等五个不同的角度来理解权益。每个角度对于权益定义具有相对独立性。例如，工商企业发行的永续债，在法律上可以认定为债券，在会计上计入权益，在税务上可以选择债务或者股权中的一种方式处理，而评级公司会根据内部方法论打折计算权益金额。

正是具有这样的灵活性，发行人会根据监管、市场、自身情况等诸多因素，选择不同的混合资本工具。按照发行人性质可大致分为银行混合资本债和非银行一般企业混合资本债。其中，银行是混合资本工具的主要发行主体，其核心动力来自满足巴塞尔协议Ⅲ监管资本充足率和总损失吸收能力（TLAC）监管要求。非银行企业发行的主要动力，并非来自监管，更多的是由资产负债管理、资本结构管理、国际评级管理、综合成本管理等因素推动。

对于投资人而言，混合资本工具能够提供较高收益或者较大升值空间。一方面，混合资本工具类似固定收益产品，定期进行付息或分红，且部分票息率明显高于同一发行人的高级债券，且大多数发行人为高评级的银行或企业，风险可控，比如优先股、AT1 CoCos、T2、永续债；另一方面，部分混合资本工具内嵌期权，具有潜在升值空间，比如可转债。混合资本工具的特殊性，丰富了固定收益市场证券品种，满足了不同投资人的风险偏好，为机构投资策略提供了更多选择。

二、巴塞尔协议Ⅲ对银行混合资本工具发行的影响

银行是混合资本工具的主要发行人，2010年至2018年9年间，全球共累计发行CET1（核心一级资本）53只、AT1（其他一级资本）818只、T2（二级资本）3734只。其主要推动力来自2010年巴塞尔协议Ⅲ的出台对于银行资本充足率的要求，以及后续2015年总损失吸收能力（TLAC）的监管要求。

（一）巴塞尔协议Ⅲ的背景

巴塞尔协议，是由巴塞尔银行监管委员会制定的一套完整的全球银行资本计算和资本充足监管标准的建议，先后颁布了三版。

1973年布雷顿森林体系解体，金融呈现自由化趋势，创新日新月异，衍生品层出不穷，银行经营趋于多样化、复杂化，系统性风险大幅提升。1974年，美国富兰克林国民银行和前联邦德国赫斯塔特银行相继倒闭，此后各国监管意识到必须全面审视拥有广泛国际业务的银行监管。在此背景下巴塞尔银行监管委员会应运而生，于1974年由十国集团中央银行行长倡议建立，并最终将资本充足率确定为约束银行内部经营管理的核心，建立了三大支柱（最低资本要求、外部监管、市场约束）的监管框架。协议本身不具法律约束力和强制执行性，各成员国自愿遵守并制定要求本国银行遵守的相关法规政

策。目前成员包括 27 个主要国家和地区。

　　第三版巴塞尔协议是在次贷危机后监管重塑的产物。由于大型银行"大而不倒"，欧美多国政府被迫采用政府纾困（Bail – out）和量化宽松货币政策，以公共资金向濒临破产的银行输血，这激起了各国纳税人的愤怒。在此背景下，2010 年巴塞尔协议Ⅲ颁布。巴塞尔银行监管委员会对于次贷危机的原因以及对于银行监管的影响进行了深刻的剖析和反思，认为危机产生如此严重的负面影响主要原因之一是"银行体系资产负债表内外的杠杆率过高，与之相伴的却是银行资本在数量和质量方面逐步受到侵蚀。与此同时，很多银行的流动性储备不足。因此，银行体系不能吸收由此导致的系统性交易和信贷所带来的损失，也无法应对影子银行体系大量表外风险暴露所引发的再中介化。具有亲周期性质的去杠杆化过程以及系统性金融机构之间通过复杂交易而产生的关联性进一步放大了危机的效应。在危机最为严重的阶段，市场甚至对银行机构的流动性和清偿能力丧失了信心。银行业的脆弱性迅速传染至其他金融领域以及实体经济，导致流动性和信贷供给能力大幅收缩。最终，政府部门不得不介入，并采取提供空前规模的流动性、资本支持和担保等措施，使纳税人承受不了巨大的损失"①。为了应对上述危机暴露的市场失灵问题，第三版巴塞尔协议对国际监管框架进行了一系列的改革，涵盖了宏观审慎和微观审慎要素，同时提高了资本质量和数量，扩大了风险覆盖范围，引入了杠杆率作为风险资本要求的后盾，采取了促使银行积累资本以吸收危机损失的措施，建立了流动性监控指标。

　　简而言之，巴塞尔协议Ⅲ提高了银行风险承担成本，加大了资本管理要求力度，其核心目的在于使银行在面对困境时要实现自我救赎（Bail – in），而不是等着政府纾困（Bail – out）。

　　（二）巴塞尔协议Ⅲ具体要求

　　1. 银行资本分类。巴塞尔协议Ⅲ将银行资本分为两大类：一级资本 T1（Tier 1）和二级资本 T2（Tier 2），其中一级资本又分核心一级资本 CET1（Common Equity Tier 1）和其他一级资本 AT1（Additional Tier 1）。核心一级

---

① 巴塞尔协议第三版第 4 段落。

资本 CET1 和其他一级资本 AT1 是持续经营资本，这类资本在银行出现损失时应能够无条件吸收损失，确保银行可以持续经营。二级资本 T2 是破产清算资本，这类资本可以在银行的存款人和一般债权人之前吸收损失，但仅在清算过程中。

如表 6-1 所示，根据我国 2012 年相应颁布的《商业银行资本管理办法（试行）》（中国银行业监督管理委员会令 2012 年第 1 号）规定：核心一级资本包括普通股、资本公积、盈余公积、未分配利润、一般风险准备、少数股东资本可计入部分以及可转债的权益部分；其他一级资本包括其他一级资本工具及其溢价、少数股东资本可计入部分；二级资本包括二级资本工具及其溢价、超额贷款损失准备。

表 6-1　　　　　　　　　　我国商业银行资本分类

巴塞尔协议Ⅲ监管资本分类	我国资本管理规定
CET1 核心一级资本（Going - concern Capital 持续经营状况下吸收损失的资本）	普通股
	资本公积
	盈余公积
	一般准备风险
	未分配利润
	少数股东资本可计入部分
AT1 其他 级资本（Coing - concern Capital 持续经营状况下吸收损失的资本）	其他一级资本工具及其溢价
	少数股东资本可计入部分
T2 二级资本（Gone - Concern Capital 破产清算状况下吸收损失的资本）	二级资本工具及其溢价
	超额贷款损失准备

CET1、AT1、T2 最本质的区别在于受偿顺序和损失吸收的功能，也体现了巴塞尔协议Ⅲ银行自救（Bail - in）的核心思想。混合资本工具损失吸收功能的实现方式可以是通过法律确定其为股权，如美国发行的 AT1 优先股；或者是协议条款规定其具有转股（Convertible）或减计（Write - down）的功能，如欧洲的 AT1 CoCos。其中，转股是指达到相应条件时，银行有权在无须获得债券持有人同意的情况下将该债券转换为普通股；减记是指当达到相应条件时，发行人有权在无须获得债券持有人同意的情况下少偿还或不偿还该债券的本息。

如表 6-2 所示，巴塞尔协议Ⅲ对各类资本的合格标准进行了详细明确的规定，涵盖了受偿顺序、期限、赎回机制、收益分配、损失吸收、资产负债破产测试、融资条款、担保条款、资本条款等多方面。

表 6-2 巴塞尔协议Ⅲ各类资本标准

指标	核心一级资本标准 CET1	其他一级资本标准 AT1	二级资本标准 T2
受偿顺序	受偿顺序列在最后；在所有高级追索权清算后，所剩余资产按照发行股本比例清偿	受偿顺序列在存款、一般债权人、银行的次级债务之后；任何本金的偿付都必须得到监管当局的事先批准，且银行不能假设或形成本金偿付将得到监管当局批准的市场预期	受偿顺序列在存款人和一般债权人之后；除非银行破产或清算，否则投资者无权要求加快偿付未来到期债务（本金或利息）
期限	本金具有永久性。除非清算状况下，本金永不被偿付	具有永久性，即没有到期日、没有利率跳升机制及其他赎回激励	原始期限不低于 5 年，在到期日前 5 年按照直线摊销法折扣计入监管资本；没有利率跳升机制及其他赎回激励
赎回机制	发行银行不应该形成该工具将被买回、赎回或取消的预期	发行至少 5 年后方可由发行银行赎回，并且：（a）行使赎回权必须得到监管当局的事先批准；（b）银行不得形成赎回期权将被行使的预期；（c）银行只有满足以下条件，才能行使赎回期权：（1）用同等或更高质量的资本替换赎回的资本工具，并且只有在银行收入能力具有可持续性的条件下才能实施资本工具的替换；（2）银行应证明其行权后的资本水平仍远远高于最低资本要求	发行至少 5 年后方可由发行银行赎回，并且：（a）行使赎回权必须得到监管当局的事先批准；（b）银行不得形成赎回期权被行使的预期；（c）银行只有满足以下条件，才能行使赎回期权：（1）用同等或更高质量的资本替换赎回的资本工具，并且只有在银行收入能力具有可持续性的条件下才能实施资本工具的替换；（2）银行应证明其行权后的资本水平仍远远高于最低资本要求

续表

指标	核心一级资本标准 CET1	其他一级资本标准 AT1	二级资本标准 T2
收益分配	在任何情况下，收益分配不是义务。因此不分配不应视为违约事件。分配水平不能以任何形式与发行的数量挂钩，也不应设置上限。所有其他法律和合同义务履行完毕后，并且对其他高级别资本工具的支付完成后才能进行收益支付，不享有任何优先分配权	（a）在任何时候银行都具备取消分配/支付的自主权；（b）取消分红或派息不构成违约事件；（c）银行可以自由支配取消的收益用于偿付其他到期债务；（d）取消的分派除构成对普通股的收益分配限制外，不应构成对银行的其他限制；（e）收益不应具有信用敏感性特征，不得与银行本身的评级挂钩，也不得随着评级变化而定期调整	收益不应具有信用敏感性特征，不得与银行本身的评级挂钩，也不得随着评级变化而定期调整
损失吸收	应首先按比例承担绝大多数的损失。在持续经营条件下，所有最高质量的资本工具应按同一顺序等比例吸收损失	如果该工具被确认为负债，则必须具有本金参与吸收损失的机制，具体方式：（a）如果满足事先设定的客观触发点①，该工具则转换成普通股；（b）通过减值机制，在事先设定的触发点承担损失。减值机制应具有以下效果：（1）减少破产清算状况下该工具的索偿权；（2）减少行使赎回期权时银行应付的金额；（3）部分减少或全部取消该工具的分红/派息	必须含有减记或转股条款，触发事件是以下PONV②事件的较早者：（1）监管部门决定如果不减记银行将无法生存；（2）监管部门认定公共部门如果不注入资本或提供相应支持，银行将无法生存

---

① 一般称为 CET1 触发点，即核心一级资本充足率低于某一客观数值，常见数值为 5.125% 或者 7%。

② PONV 事件（Point of Non‑Viability），无法生存事件。

续表

指标	核心一级资本标准 CET1	其他一级资本标准 AT1	二级资本标准 T2
资产负债破产测试	进行资产负债破产测试时，实缴数额应记做权益资本，而不是负债，在资产负债表中单独列示	进行资产负债破产测试时，不应促成负债大于资产的情形	—
融资条款	银行不得直接或间接为购买该工具提供融资	银行或受银行控制或重要影响的管理方均不得购买该类工具，且银行不得直接或间接为购买该工具提供融资	银行或受银行控制或重要影响的管理方均不得购买该类工具，且银行不得直接或间接为购买该工具提供融资
担保条款	实缴资本不得由发行人及其关联机构提供抵押或保证，也不得通过其他安排使其在法律或经济上享有优先索偿权	实缴资本不得由发行人及其关联机构提供抵押或保证，也不得通过其他安排提高其在法律或经济上相对于银行债权人的优先性	实缴资本不得由发行人及其关联机构提供抵押或保证，也不得通过其他安排提高其在法律或经济上相对于银行存款人和一般债权人的优先性
资本条款	—	不应包括任何阻碍资本补充的特征，比如若在一定时期内新工具的发行价格更低，发行方需要补偿原工具投资者等	—

　　其中，一级资本 CET1 和 AT1 具有永久性，T2 有固定期限但必须长于 5 年；AT1 和 T2 都可在 5 年后赎回，但不能有任何利率跳升机制及其他赎回激励机制；一级资本 CET1 和 AT1 可随时取消分配；负债类 AT1 和 T2 必须有损失吸收机制，并设置 AT1 触发条件及 T2 触发条件。

　　2. 资本充足率要求。资本充足率是指符合上述要求的资本与风险加权资产（RWA）之间的比率。根据巴塞尔协议Ⅲ资本充足率框架最低要求，核心一级资本充足率为 4.5%，一级资本充足率为 6%，总本充足率为 8.0%，另外需要计提留存超额储备资本 2.5%，由核心一级资本满足；逆周期超额资本 0 ~ 2.5%，由核心一级资本满足；系统性重要银行额外资本缓冲 1% ~ 3.5%，由核心一级资本满足。

截至 2018 年 11 月全球系统重要性银行及附加资本要求如表 6 – 3 所示，我国四大行均为 G – SIB，其中中国银行和工商银行执行 1.5% 的附加资本，农业银行和建设银行执行 1% 的附加资本。

表 6 – 3　　　　　　　　　　　G – SIB 清单（2018 年 11 月）

附加资本要求	银行
3.50%	暂无
2.50%	摩根大通集团
2%	花旗银行、德意志银行、汇丰银行
1.50%	美国银行、中国银行、巴克莱银行、法国巴黎银行、高盛集团、中国工商银行、三菱日联金融集团、美国富国银行
1%	中国农业银行、纽约梅隆银行、中国建设银行、瑞士信贷银行、法国人民储蓄银行集团、法国农业信贷银行、荷兰国际集团、日本瑞穗金融集团、摩根士丹利、加拿大皇家银行、桑坦德银行、法国兴业银行、渣打银行、道富银行、三井住友金融集团、瑞银集团、意大利联合信贷银行

我国 2012 年颁布的《商业银行资本管理办法（试行）》规定，要求 2018 年底前所有商业银行必须达标，如表 6 – 4 所示，"核心一级资本充足率不得低于 5%；一级资本充足率不得低于 6%；资本充足率不得低于 8%"，其中核心一级资本充足率 5% 比巴塞尔协议Ⅲ要求的 4.5% 更高。储备资本缓冲与巴塞尔协议Ⅲ要求一致为 2.5%，逆周期缓冲暂未施行。工行、农行、中行、建行四大行额外计提 1% ~ 1.5% 附加资本。所有上述超额资本缓冲均由核心一级资本满足。

表 6 – 4　　　　　　　　我国商业银行资本充足率要求框架

项目	核心一级资本	一级资本	总资本
最低要求	5%	6%	8%
超额储备资本	2.50%	—	—
逆周期缓冲	0%	—	—
非系统重要性银行资本充足率	7.50%	8.50%	10.50%
系统重要性银行附加资本	1% ~ 1.5%	—	—
系统重要性银行资本充足率	8.5 ~ 9%	9.5% ~ 10%	11.5% ~ 12%

(三) 巴塞尔协议Ⅲ对于中资银行的影响

1. 资本工具合格的标准提高。巴塞尔协议Ⅲ对银行资本组成结构进行更明确的规定，将原有的资本两级分类重新划分为 CET1、AT1、T2，原来符合巴塞尔协议Ⅱ的一些资本工具，比如不含减记或转股条款的次级债、混合资本债，不再满足巴塞尔协议Ⅲ规范下的监管资本的要求，银行需要发行新的工具替换旧工具。

2. 资本充足率要求提高。引入了储备资本、逆周期资本和系统重要性银行附加资本，拓展资本抵补能力边界的同时也提高了资本充足率要求，银行必须通过发行新的混合资本工具对监管资本进行补充。

从国际上看，巴塞尔协议的实施对于欧洲银行业资本缺口的压力最大，在固定收益市场，欧资银行通过发行 AT1 一级资本工具、T2 二级资本债，改善资本质量和提高资本充足率。

中国银保监会发布的 2018 年第四季度银行业主要监管指标显示，我国商业银行（不含外国银行分行）核心一级资本充足率为 11.03%，较上季末上升 0.24 个百分点；一级资本充足率为 11.58%，较上季末上升 0.25 个百分点；资本充足率为 14.20%，较上季末上升 0.38 个百分点。从指标达标来看，无论是核心一级资本充足率、一级资本充足率、还是资本充足率都满足监管要求；但从资本结构来看，核心一级资本占一级资本的比重过大，其他一级资本不足，二级资本尚可。这意味着我国商业银行目前主要通过核心一级资本来满足一级资本充足率要求，成本过高。我国商业银行亟待通过混合资本工具优化资本结构。

目前，在境内债券市场，中资银行主要运用 AT1 优先股、T2 二级资本债补充资本，截至 2018 年底，已在境内发行 27 只 AT1 优先股，发行规模 5761.50 亿元，389 只 T2 二级资本债，发行规模 17167.07 亿元，2019 年创新推出境内 AT1 永续债，继续丰富资本补充手段。

在境外债券市场，截至 2018 年底，中资商业银行已发行 16 只 AT1 优先股，发行规模 364.4 亿美元，6 只 T2 二级资本债，发行规模 73.67 亿美元，作为资本有效补充。中资银行综合考虑汇率、利率、投资人群体、创新品种等多方面因素，择机在境内外两个市场，利用混合资本工具，拓展中资银行资本补充的渠道和能力。

三、TLAC 对银行混合资本工具发行的影响

（一）TLAC 的背景及具体要求

为了防范"大而不倒"的道德风险，以及提高自救和吸收损失的能力，全球系统重要性银行（G‑SIB）除了要满足巴塞尔协议Ⅲ的资本充足率的要求，还要符合指标更加严格、内容更加广泛的 TLAC 要求。

TLAC 是 Total Loss‑absorbing Capacity 总损失吸收能力的简称，主要指的是全球系统重要性银行（G‑SIB）在进入处置程序时，能够通过转股或减记方式吸收银行损失的各类资本或债务工具的总和。TLAC 监管框架由跨国金融监管协调机构金融稳定理事会（FSB）针对 G‑SIB 提出，并在 2015 年 11 月二十国集团在土耳其安塔利亚领导人峰会上达成一致正式出台，具体要求在2019 年、2022 年分别完成相关指标达标任务。

截至 2018 年 11 月，我国的工行、农行、中行、建行四大银行在 G‑SIB名单内，需要遵守 TLAC 规则。而中国作为目前唯一拥有全球系统重要性银行的发展中国家，获得了 6 年达标宽限期，即相关指标分别在 2025 年和 2028 年开始适用。TLAC 具体指标包括以下两个方面：

1. TLAC 与风险加权资产（Risk Weighted Assets，RWA）的比率（类似于资本充足率）；

2. TLAC 与风险暴露的总资产（Leverage Ratio Exposure，LRE）的比率（类似杠杆率）。

如表 6‑5 所示，TLAC/RWA 自 2019 年 1 月 1 日起不得低于 16%，自2022 年 1 月 1 日起不得低于 18%；TLAC/LRE 自 2019 年 1 月 1 日起不得低于6%，自 2022 年 1 月 1 日起不得低于 6.75%。

表 6‑5　　　　　　　　　　TLAC 指标达标要求

指标	定义	2019 年达标要求	2022 年达标要求
TLAC/RWA	TLAC 与风险加权资产的比率	16%	18%
TLAC/LRE	TLAC 与风险暴露的总资产的比率	6%	6.75%

备注：中国作为目前唯一拥有全球系统重要性银行的发展中国家，获得了 6 年达标宽限期，即指标分别在 2025 年和 2028 年开始适用。

（二）TLAC 与监管资本的区别

因为针对最具有"大而不倒"可能性的大银行，TLAC 要求比巴塞尔协议Ⅲ更加严格、范围更广，如表6-6所示，合格的 TLAC 工具标准与巴塞尔协议Ⅲ监管资本有重叠也有区别。

第一，TLAC 不包括监管资本 CET1 中的附加缓冲资本，即超额储备缓冲资本、逆周期缓冲资本、G-SIB 附加资本，都不属于 TLAC。

第二，TLAC 不仅限于资本工具，还包括其他符合条件的债务工具，以及一些事先向债权人筹集的处置资金（虽然不符合 TLAC 标准，但在可信事先承诺下，可暂算作 TLAC 工具，当最低 TLAC 为16%时，这部分工具不超过2.5% RWA，当最低 TLAC 是18%时，这部分工具不超过3.5% RWA）。

第三，TLAC 监管框架要求合格债务工具（包括符合巴塞尔协议Ⅲ监管资本要求和不符合监管资本要求的债务工具）至少占 TLAC 三分之一。

表6-6 巴塞尔协议Ⅲ与 TLAC 的比较

巴塞尔协议Ⅲ	TLAC
	不符合 TLAC，但可暂时作为 TLAC 的处置资金（2.5%或3.5%折扣限额）
	非监管资本但符合 TLAC 标准的债务工具
T2 二级资本	T2 二级资本
AT1 其他一级资本	AT1 其他一级资本
CET1 核心一级资本最低要求	CET1 核心一级资本最低要求
CET1 储备资本缓冲	
CET1 逆周期资本缓冲	
CET1 G-SIB 资本缓冲	

TLAC 合格债务工具体现了实质重于形式的监管精神，虽然其受偿顺序在二级资本 T2 之前，但可以通过法律规定、合同约定、结构设计等方式，在处置中实现减记或转股从而达到吸收损失的功能。如表6-7所示，合格债务工具要求剩余期限1年以上、无担保、无抵销或净额结算、不可被提前偿还。而在银行破产清算时享受优先受偿权的负债不能作为 TLAC 债务工具，如受保存款、活期存款、应付税金等。

表6-7 **TLAC合格项及排除项**

合格TLAC债务工具要求（TLAC-eligible debt）	TLAC排除项（Excluded Liabilities）
实缴资金	享受存款保险的存款
无担保	活期存款或者短期存款（原始期限少于1年）
在处置中，不存在影响损失吸收能力的抵销或者净额结算的权利	衍生工具产生的负债；具有衍生性特征的债务工具，如结构性票据
剩余期限不低于一年或者永久期限	非合同产生债务，如应付税金
投资者在到期前不可要求赎回	受偿顺序优于一般高级无担保债权人的债务
不能被处置实体或者关联方直接或间接购买	被处置当局排除在外的债务

（三）TLAC对于我国银行的影响

TLAC虽然可以延后到2025年达标，但合格债务工具至少占TLAC三分之一的要求还是存在较大压力和达标缺口的。由于四大行在满足巴塞尔协议Ⅲ的杠杆率时都显著高于最低要求，因此对杠杆率的达标压力较小。在满足了巴塞尔协议Ⅲ监管资本的前提下，TLAC的缺口主要来自合格债务工具。

TLAC的缺口测算要满足两个层级：

1. 整体缺口 =（最低TLAC/RWA要求 - 折扣限额2.5%或3.5%）-（资本充足率 - 所有缓冲和附加资本）

2. 合格债务工具缺口 = 最低TLAC×1/3 - 折扣限额2.5%或者3.5% - 监管资本中的合格债务工具

假设我国的一家G-SIB需满足18% TLAC最低要求，其资本充足率为15%，G-SIB附加资本1.5%，超额储备资本2.5%，监管资本中2%为合格债务工具。计算可得，整体TLAC缺口为3.5%，合格债务工具缺口为0.5%，因此银行需要发行TLAC合格债务工具为3.5%。

1. 整体TLAC缺口：（18% - 3.5%）-（15% - 1.5% - 2.5%）= 3.5%

2. 合格债务工具缺口：18%×1/3 - 3.5% - 2% = 0.5%

3. TLAC合格债务工具：max（3.5%，0.5%）= 3.5%

目前，欧美国家的商业银行已积极发行TLAC合格债务工具，如表6-8所示，一般通过法律规定（Statutory）、合同约定（Contractual）或者结构设计（Structural）等方式，实现TLAC合格债务工具在受偿次序上列在TLAC排除项之后，以达到实际吸收损失的功能。

表 6 - 8   TLAC 合格工具实现方式

方式	各国实现方式举例
法律规定（Statutory）	德国在法律上，规定高级债按受偿顺序列在 TLAC 排除项之后
合同约定（Contractual）	欧洲大陆法系国家一般通过合同约定的方式，发行以吸收损失为目的 NPS（Non Preferred Senior），区别于以融资为目的排除项高级债务
结构设计（Structural）	在美国、英国、日本、瑞士，一般通过控股的集团母公司而不是经营主体子公司发行 TLAC 合格债务（TLAC - eligible Debt），实质形成其结构性次级于经营主体子公司的其他债务

目前中国补充混合资本的工具比较单一，还尚未发行过任何 TLAC 合格债务工具，监管层积极引导商业创新产品补充 TLAC。中国银监会、中国人民银行、中国证监会、中国保监会、国家外汇管理局于 2018 年 1 月联合下发《关于进一步支持商业银行资本工具创新的意见》（银监发〔2018〕5 号），明确鼓励银行发行损失吸收能力债务工具。

四、非银行一般企业发行混合资本工具的动因

与银行发行人出于监管要求不同，非银行发行人更多从自身发展的阶段、资产负债的情况、资本结构管理、市场融资成本、国际评级等因素出发，考虑发行混合资本工具。中资企业境外主要发行的品种包括可转债、永续债、优先股等。对于发行人而言，混合资本工具有特别的优势。

第一，获得远低于普通债券成本的长期融资。例如，可转债票息低于一般高级债；优先股融资成本低于普通股；永续债虽然在成本上高于一般债券，但发行人具有递延票息，递延赎回的灵活性，实现长期融资，且在会计上可记为权益。

第二，锁定潜在股权融资来源，具有灵活改善资本结构的功能。比如可转债，当公司发展较快投资机会多时，股价上扬，投资者行权转股，公司实现权益融资，资产负债结构自动改善。

第三，没有股权稀释问题或具有递延股权稀释的作用，如永续债、不转换优先股。

第四，具有税盾优势。如可转债、永续债利息都可实现税前抵扣。

第五，与普通股发行相比，发行效率较高。

五、混合资本工具的分类

如表 6 - 9 所示，银行发行人主要的混合资本工具包括补充二级资本的 T2 债券、补充其他一级资本的 AT1 CoCos 和 AT1 优先股，以及转股后可补充核心一级资本的可转债。中资银行目前在境外以 AT1 和 T2 发行为主，由于可转债转股节奏不可控，发行时不能直接补充资本，在境外并非银行主流的资本补充工具。

表 6 - 9　　　　　　　　　银行发行人主要的混合资本工具

银行监管资本	银行境外市场工具	
核心一级资本 CET1	定增	
	配股	
	IPO	
	可转债（发行时金额较小的期权估值部分，转股后全部可计入）	
其他一级资本 AT1	AT1 CoCos/AT1 永续债	
	AT1 优先股	
二级资本 T2	T2 工具	
其他 TLAC	TLAC 合格债务工具	

如表 6 - 10 所示，非银行企业发行人主要的混合资本工具包括可转债、永续债和优先股。可转债一般为高级债券，永续债既可为高级债券也可为次级债券，在境外发行的中资企业永续债以无抵押高级债券为主。优先股在法律上是股权，受偿顺序在次级债券之后。

表 6 - 10　　　　　　　　非银行企业发行人主要的混合资本工具

法律受偿次序	证券种类	资产负债表
高级债券	可转债（转股前）	部分债务，部分权益
	永续债（高级无抵押）	权益
次级债券	永续债（次级无抵押）	权益
股票	优先股	权益

常见的境外混合资本工具概念如下，在本章的第二节至第六节将进行详细的介绍。

（一）可转债

可转债是指投资人有权利但无义务，在规定时间范围内，将其持有的债券按照转股价格转换成发行公司的普通股。可以将其理解为有固定期限的普通债券结合标的股票看涨期权的金融衍生产品，发行时估值包括债底价值和期权价值。对于银行而言，在转股前只有金额较小的期权价值可以记作核心一级资本；在转股后，全部记作核心一级资本。对于一般企业而言，特别适合未来股票价值提升潜力较大的快速发展企业，如高科技行业，最终实现低成本股权融资，以时间换空间。

（二）CoCos

全称为 Contingent Convertible Bonds，翻译成或有可转债/应急可转债，是应对监管要求，创新的银行类混合资本工具。当银行触发了某些条件，其本金就必须立即通过转换成普通股或者全部或部分减记的方式吸收损失。CoCos 根据条款的设置分为 AT1 CoCos、T2 CoCos、一般 CoCos。其中，以 AT1 CoCos 为主。

（三）优先股

优先股相对于普通股而言，在利润分红及剩余财产分配的权利方面，优先于普通股，股息率固定，但没有选举权和被选举权，条款设计灵活，具有较长发展历史和成熟的市场，适合银行以及一般企业发行人。从银行监管资本角度考量，如果银行发行人优先股的条款设计符合 AT1 的要求，则可作为 AT1 工具计为监管资本。

（四）AT1 工具

AT1 工具指条款设计符合巴塞尔协议 Ⅲ 要求的，补充其他一级资本的混合资本工具。清偿顺序列于存款人、一般债权、次级债务之后，核心一级资本之前，具有永久性，没有利率跳升机制，没有赎回激励机制。AT1 工具是持续经营资本，如果是债权工具，在核心一级资本低于预先设定的比例或者监管认为银行已无法生存时，必须具有转股或减记条款。AT1 工具主要包括 AT1 CoCos 和 AT1 优先股。

（五）T2 二级资本债

T2 二级资本债是符合巴塞尔协议Ⅲ要求的，补充二级资本的混合资本工具。清偿顺序列于存款人和一般债权人之后，而列在其他一级资本、核心一级资本之前，期限至少 5 年，没有利率跳升机制，没有赎回激励机制，属于破产清算资本，在监管认为银行无法生存时，能够转换成普通股或者直接减记进行损失吸收。

（六）永续债

永续债指没有固定到期期限，永续存在的债券，是银行和一般企业常用的混合资本工具。对于一般企业而言，会计计量上可记为权益，而税务处理上可实现税前抵扣。对于银行而言，我国银行在境内发行的资本永续债在条款上与 AT1 CoCos 基本一致。

第二节　其他一级资本应急可转债

一、AT1 工具的基本概念和特点

（一）AT1 工具的定义

AT1 工具因巴塞尔协议Ⅲ的分层次资本充足率要求应运而生，是由银行发行，符合监管资本合格要求的混合资本工具。它同时具有债权和股权的特点，既能像固定收益产品一样定时派发利息，也能够如同股权一样在受偿顺序上劣后吸收损失。前者特性表现在银行正常运营期间，后者发生在银行触发某些条件后转股或减记。

AT1 工具受偿顺序在银行次级债务之后，永久存在没有到期日，5 年后在符合一定条件和监管同意前提下才可赎回，且与其他可赎回债券不同，不得设有任何利率调升或其他赎回激励机制。AT1 利息可随时被银行取消支付，且不累计，不构成违约。如果是债务，本金必须有吸收损失的功能，包括转股或减记方式。

目前境外市场上有两种主流的 AT1 工具模式：应急可转债（AT1 CoCos）和优先股（AT1 Preferred Stock），我们在本节和第三节分别讨论。

（二）CoCos 的定义

CoCos 的全称为 Contingent Convertible Bonds，翻译成或有可转债/应急可转债，当 CoCos 触发了某些条件，无须获得持有人同意，本金强制立即转换成普通股或者全部或部分减记，从而达到吸收损失、有序处置的目的。

CoCos 起源于欧洲，由英国的劳埃德银行集团（Lloyds Banking Group）在 2009 年首次发行。随着 2014 年欧盟监管法律（CRD/CRR IV[①]）明确发行具体要求，市场规模不断扩大。目前已累计发行约 200 只银行 CoCos，规模近 1800 亿美元。主要由欧洲银行发行，亚洲银行也有参与，但美资银行因为税法、监管等原因一般不通过 CoCos 补充资本。根据条款设置，可分为 AT1 Co-Cos、T2 CoCos 和其他 CoCos，从发行只数和规模来看，以 AT1 CoCos 为主。

从监管角度看，不同国家对于 CoCos 的功能存在分歧。欧洲的监管认为 CoCos 除了在数量上补充银行资本外，在机制上也能制约股东，使其尽量避免激进的经营策略导致损失吸收条件触发。投资人为专业固定收益机构投资人，甄别风险能力较强，形成市场制约。而美国监管及学术界认为 CoCos 结构过于复杂，对于其是否能够真正实现银行自救功能则持十分谨慎怀疑的态度，更倾向于通过优先股等方式补充资本。

从投资人角度看，CoCos 提供了比普通高级债券更高的收益，且发行人一般为相对稳健的投资级大型银行。但同时由于产品结构更加复杂、市场风险波动更大，且存在超出个体的系统风险传染性，投资人承担更高的风险。

从发行人角度看，CoCos 受到欧洲银行的青睐，主要原因在于其补充资本满足监管要求的同时，融资的成本相对于普通股而言更低，在转股前不存在稀释股权的问题，且在大多数欧洲国家能实现利息支出税前抵扣。

二、CoCos 与 AT1 工具的关系

理论上，CoCos 不能直接与 AT1 画等号。对比两者定义，AT1 要求更加严格，CoCos 范围更宽。CoCos 虽然具有转股或减记的关键损失吸收条款，但对于其转股前的受偿顺序、期限、赎回、利息递延等其他条款都没有法律限

---

① Capital Requirement Directive /Capital Requirement Regulation IV.

制，具有商业灵活性，可以根据银行的需求设计成为符合 AT1 资本、T2 资本、TLAC 合格债务工具、一般高级债等多种形式，在触发条款启动后可以转换成普通股，补充核心一级监管资本，或直接减记提高吸收损失能力。

从实际发行情况来看，根据德国央行 2018 年统计，超过 80% 的欧洲银行发行的 CoCos 是满足巴塞尔协议Ⅲ AT1 监管资本要求的，英国、瑞士、法国、西班牙等国发行量居前。特别是 2014 年以后，欧盟基于颁布的《资本要求指令/资本要求规则》（CRD/CRR IV），明确了 CoCos 作为 AT1 资本的合法性和具体标准。这也是大量新闻和文献中将欧洲银行的 CoCos 和 AT1 工具画等号的原因。

欧盟国家（EU）银行发行的 AT1 CoCos 需要遵守 CRD/CRR IV 的规定[①]，非欧盟国家，如瑞士、澳大利亚、日本、印度等发行的类似 AT1 CoCos 的工具需要符合本国的法律法规，但基本以欧盟 AT1 CoCos 为蓝本，具体条款上稍有差异。

目前，在境外市场，中资银行尚未发行过 AT1 CoCos，发行过的 AT1 工具全部是优先股，但在条款上与 AT1 CoCos 类似，这将在第三节中具体讨论；在境内市场，2019 年之前 AT1 工具只有优先股，2019 年 1 月中国银行发行了首只资本永续债，可计为合格的 AT1 监管资本，其条款与欧洲 AT1 CoCos，略有差别。

三、CoCos 与可转债的区别

虽然名字里包含可转债，但 CoCos 与一般可转债存在较大区别。

第一，一般可转债的期权主动权掌握在债券持有人的手里，当股票价格达到转股价时，持有人有权利而无义务，将可转债转换成普通股。对银行发行人而言，可转债转股时间、数量不可控制，与股票表现直接挂钩。而 CoCos 的转股取决于预先设定的客观触发条款，一旦触发，立即强制性进行转股或者减记。

第二，对于一般可转债而言，投资人会选择股票价格具有上扬动能时进

---

① 巴塞尔协议本身没有法律约束力，仅为监管框架建议。

行可转债期权的行使，而 CoCos 达到触发条件时，向市场传递的是银行资本充足率过低或已无法生存的负面信息，大概率造成股票价格下行压力，CoCos 的强制性转股或减记可能进一步加剧股票抛售的情绪。

第三，可转债只能转换成普通股，而 CoCos 除了转股，还能设计成减记条款吸收损失。

四、AT1 CoCos 条款分析

如表 6 – 11 所示，通过对比汇丰银行的转股型 CoCos、德意志银行的减记型 CoCos、中国银行在境内发行的减记型永续债，来分析关键条款差异。

表 6 – 11　　　　　中外资银行 AT1 CoCos 的关键条款对比

发行人	汇丰银行	德意志银行	中国银行
证券类别	CoCos（转股型）	CoCos（减记型）	永续债（减记型）
发行日期	2018 年 3 月 23 日	2014 年 11 月 21 日	2019 年 1 月 29 日
监管资本	AT 1	AT1	AT1
期限	永续（2023 年 3 月 23 日首次可赎回，以后的每隔 5 年赎回日可赎回）	永续（2025 年 4 月 30 日首次可赎回，以后的每隔 5 年赎回日可赎回）	永续（2024 年 1 月 29 日首次可赎回，以后每年付息日可赎回）
发行金额	23.5 亿美元	15 亿美元	400 亿元人民币
主体评级	标普 A/穆迪 A2/惠誉 AA –	标普 BBB +/穆迪 A3/惠誉 BBB +	标普 A/穆迪 A1/惠誉 A
国际债项评级	穆迪 Baa3/惠誉 BBB	标普 BB/穆迪 Ba3/惠誉 BB +（后降级为标普 B +/穆迪 B1/惠誉 BB –）	无
票息	6.25% 发行日至第一个重新定价日（5 年后）	7.5% 发行日至第一个重新定价日（5 年后）	4.5% 发行日至第一个重新定价日（5 年后）
票息重置	每满 5 年重新定价，第一个重新定价日开始的每 5 年定价为（5 年期 Mid – Swap + 3.453%）	每满 5 年重新定价，第一个重新定价日开始的每 5 年票息重新定价为（5 年期 Mid – Swap + 5.003%）	每满 5 年重新定价，第一个重新定价日开始的每 5 年票息重新定价为（5 年期中国国债 + 1.57%）
利息跳升	无	无	无

续表

发行人	汇丰银行	德意志银行	中国银行
利息支付取消权	银行可在任何时间任何理由，取消全部或部分利息，不累计，不构成违约	银行可在任何时间任何理由，取消全部或部分利息，不累计，不构成违约	银行可在任何时间任何理由，取消全部或部分利息，不累计，不构成违约
利息支付强制性限制	根据CRD第141（2）款规定，若银行未通过监管"最大可分配量"（MDA）测试，不能支付全部或部分利息	（1）若银行未通过"可分配项"计算测试，不能支付全部或部分利息（2）监管不允许支付部分或全部利息	无
分红制动机制	无	无	若本期债券取消派息，发行人不得向普通股股东进行收益分配
本金赎回权	在监管同意且满足行权条件前提下，银行可在赎回日行使赎回权（只有遇到税收和资本监管特殊事件银行可在符合条件下随时赎回），全部赎回	在监管同意且满足行权条件前提下，银行可在赎回日行使赎回权（只有遇到税收和资本监管特殊事件银行可在符合条件下随时赎回），全部赎回	在监管同意且满足行权条件前提下，自发行之日起5年后，发行人有权于每年付息日全部或部分赎回本期债券。监管规则变化导致本期债券不再计入其他一级资本，银行有权全部赎回
投资人回售权	投资人无回售权	投资人无回售权	投资人无回售权
转股（全部/部分）	全部转股	全部或部分转股	无
转股触发事件	（1）核心一级资本CET1低于7%；（2）PONV无法生存事件[1]（监管要求转股）	PONV无法生存事件（根据监管决议要求转股）	无

---

[1] 无法生存事件（Point of Non - Viability，PONV）是指：（1）监管部门决定如果不减记银行将无法生存；（2）监管部门认定公共部门如果不注入资本或提供相应支持，银行将无法生存。

发行人	汇丰银行	德意志银行	中国银行
转股机制	转股价 USD 3.7881（HSBC 拥有转股要约权和现金对价支付权）	无	无
是否可以减记（全部/部分）/（永久/暂时）	是（全部或者部分）/（永久）	是（全部或者部分）/（暂时，可恢复）	是（全部或者部分）/（永久）
减记触发事件	PONV 无法生存事件（根据监管要求减记）	（1）核心一级资本 CET1 低于 5.125%；（2）PONV 无法生存事件	（1）核心一级资本 CET1 低于 5.125%；（2）PONV 无法生存事件
利息税法	利息支出可税前抵扣	利息支出可税前抵扣	可选择，可实现税前抵扣

（一）发行期限和赎回设置

三只证券都符合 AT1 监管资本要求，为永续存在，5 年以后才可赎回，但汇丰银行和德意志银行都是每满 5 年才可赎回，中国银行在 5 年以后每年都可赎回。明显中国银行的条款对于投资人更加友善，当然也给发行人再融资更多弹性。

（二）利率跳升或激励机制

为符合 AT1，三只证券都没有利率跳升的安排。前 5 年都是固定利率，每 5 年的利率调整采用的是"参考基准市场利率 + 初始发行时与基准利率的利差"。汇丰银行和德意志银行采用的是 5 年期 Mid - Market Swap 利率，而中国银行采用的是 5 年期中国国债。

非银行企业的可赎回债券为了让市场形成第一个赎回日发行人会行使赎回权的明确预期，一般会设置 150 ~ 600 个基点不等的利率跳升机制，形成对于发行人不赎回成本大幅增加的实际约束。

对于银行发行的 AT1 可赎回债券，投资人完全基于信任和惯例，相信银行为了持续融资能力和保持良好投资人关系，即使没有任何硬性约束，也会默契地在第一个赎回日行使赎回权。但 2019 年初投资人失望地发现，西班牙的桑坦德银行并没有在第一个赎回日对 15 亿欧元票息 6.25% 的 CoCos 行使赎回权，造成了 AT1 CoCos 市场的动荡。

（三）利息支付取消

三只证券都赋予发行人以任何理由全部或部分取消利息支付、不累计、不构成违约的自主裁量权。另外，汇丰银行和德意志银行都有监管强制取消利息的规定，具体遵守 CRD IV 第 141 条款，在支付所有一级资本分配时要先计算"最大可分配量"，只有通过相关计算测试才能进行分配。所以除了管理层对于银行经营状况而作出的是否付息的主观判断外，欧洲的银行还要受到监管硬性要求限制。中国银行条款没有特别规定，当然监管的任何要求，都可以通过窗口指导发行人自主裁量最终实现。

（四）股息制动机制

中国银行的资本永续债具有股息制动机制（Dividend Stopper），即若发行人决定不支付当期永续债利息，则不能分配普通股的红利，这与受偿顺序保持一致，是对投资人友好的条款。

欧洲的 AT1 CoCos 监管禁止股息制动机制，导致可能会出现普通股投资人收到分红而 CoCos 投资人被取消利息的极端情况，所以有人称 CoCos 是次级股（Junior Equity），表明了其不合理性。

欧洲监管初衷是鼓励急需资本的商业银行发行 CoCos 补充资本，认为如果设置对普通股股息分配限制条款，股东同意发行 CoCos 的意愿会大大降低，从而影响资本金的补充。近期欧洲监管正在考虑取消对于股息制动机制的限制，保护 CoCos 投资人的正当权益。

（五）损失吸收机制

汇丰银行是全部转股型，德意志银行是可恢复的部分减记型，中国银行是永久部分减记型。从理论上探讨，全部转股型对于核心资本补充的效果最好，也是结构最为复杂的。因为涉及原有股东股权稀释和转股价格设定合理性的问题，汇丰银行在发行之初就设定了固定的转股价格，但同时赋予银行转股要约的权利，即可以向所有或部分原股东要约出售强制转股的份额，并将获得的现金按比例支付给原 CoCos 的持有人，通过此机制缓解股权稀释的问题。

相较而言，减记型直接简单，可恢复的部分减记型对于投资人较为友好。德意志银行的条款规定，在减记后的财务年度，如果银行年利润符合一定条件，则减记部分可以恢复。减记型并没有直接增加核心一级资本，且欧洲 CoCos 没有股息制动机制，对于原股东也并没有形成制约，激进的经营策略触发减记，导致直接损失的是 CoCos 投资人的利益。

（六）触发条件

三只证券都具备两个条件，满足其一即可触发：（1）CET1 充足率降到某一比率；（2）无法生存条件（PONV）。

汇丰银行采用的是较高的 CET1 资本充足率触发条件 7%，即巴塞尔协议 Ⅲ 要求的 4.5% 最低要求加 2.5% 超额储备资本，意味着在银行尚未出现较大问题时就及时转股补充资本，防患于未然，但从另一个角度而言对于投资人风险更大。

德意志银行和中国银行采用的是 5.125% 的较低触发条件，这个比率来自欧盟 CRD/CRR IV 中明确规定的 AT1 trigger 5.125%。如果追溯其由来，巴塞尔协议 Ⅲ 中关于额外储备资本管理规定，当银行不能全部满足额外储备资本要求，CET1 处于 4.5% ~7% 时，银行下一年的利润只允许部分分配，并设定强制留存比例。其中，如果处于 4.5% ~5.125%，监管认为银行已经遇到大麻烦，需要 100% 留存利润。

另一个触发条件无法生存事件（PONV）是指：（1）监管机构认定不减记或转股，该商业银行将无法生存；（2）若相关部门认定不进行公共部门注资或同等效力支持，该商业银行将无法生存。PONV 的核心观念是拿纳税人的钱救助（Bail - out）前，银行需要先自救（Bail - in）。

（七）税务处理

在英国和德国税法明确 AT1 CoCos 的利息支出是可以进行税前抵扣的，这是与 AT1 优先股在税后进行分红的重要区别，也是欧洲银行发行 AT1 CoCos 的重要动力。

在我国境内，财政部、国家税务总局《关于永续债企业所得税政策问题的公告》明确规定符合条件永续债可以选择适用股息、红利所得税政策，或者债券利息所得税适用政策，政策理论上可以实现税前抵扣，但是实操层面如何获得税前抵扣凭证（因为付息没有发票）还有待进一步明确。

（八）债项评级

AT1 CoCos 一般是需要债项评级的。虽然发行主体多为投资级的大型银行，其债项评级往往是非投资级的，从而体现出其"利息可随时被取消、本金可被减记或转股"的特性。

汇丰银行的主体评级为"标普 A/穆迪 A2/惠誉 AA –"，AT1 CoCo 的债项评级为"穆迪 Baa3/惠誉 BBB"，穆迪下调了 4 档至投资级的最低档，惠誉下调幅度更大，下调了 6 档。

德意志银行的主体评级是"标普 BBB +/穆迪 A3/惠誉 BBB +"，为投资级，而在其 AT1 CoCos 发行之初的债项评级为"标普 BB/穆迪 Ba3/惠誉 BB +"，为非投资级。这恰好反映了 AT1 CoCos "较稳健主体发行的高风险产品"的特性，而德意志银行也印证了这一观点。2016 年德意志银行自 2008 年国际金融危机以后首次全年记录损失，并领到了美国监管的巨额罚单，市场担忧其可能无法支付包括这只证券在内 CoCos 的利息，市场收益率曾一度飙升到 18%，三家国际评级公司将其 AT1 工具的评级降低了两档至"标普 B +/穆迪 B1/惠誉 BB –"。这意味着 30% ~45% 的可能性发行人将不能还本付息，当然在法律意义上 AT1 CoCo 不付息并不违约，正好诠释了投资风险。

中国的永续债由于在境内以人民币计价发行，没有采用国际评级。国内给出了跟主体一致的 AAA 的评级，可以粗略诠释为国内评级公司认为该笔 AT1 取消支付、取消本金的风险概率极小。中国银行在境外发行过 AT1 优先股，与 AT1 CoCos 条款设置相似，其评级"标普 BB/穆迪 Ba1"为非投资级，比主体评级"标普 A/穆迪 A1/惠誉 A"降低了 3 个子级。

（九）条款小结

从上面的条款可以看出，CoCos 的结构相对复杂，每一只证券条款设置都具有商业灵活性。国内的首笔 AT1 永续债采用了对于投资人较为友好和相对简单的结构：

1. 5 年以后每年都有赎回权，降低赎回延期风险；

2. 设定了股息制动机制，给 CoCos 的投资人相较于普通股投资人更多的保护；

3. 采用了较低 CET1 充足率触发条件（5.125%），降低了触发可能性；

4. 采用了永久减记型，结构更为简单明了，减少不确定性，不存在股权稀释的问题。

五、AT1 CoCos 的优势和潜在问题

（一）AT1 CoCos 的优势

第一，AT1 CoCos 作为巴塞尔协议Ⅲ监管资本的产物，结合了债权和股权的特点，为商业银行补充一级资本拓展渠道。

第二，相较于普通股10%～12%的回报率要求，6%～9%的票面利率的 AT1 CoCos 融资成本更低。

第三，在发行的时候不会产生股权稀释的问题影响股票价格。

第四，大多数欧洲国家可实现利息税前抵扣，我国也出台规定允许合格的永续债选择利息税前抵扣。

第五，减记型的 AT1 CoCos 可以适用于非上市银行。

第六，转股型在转股前形成对普通股股东行为的制约。为防止股权稀释，股东会尽量避免激进策略导致触发转股。

第七，为专业投资人提供了一种高收益的投资产品，且机构投资人经验丰富，识别风险能力更高，形成市场制约机制。

（二）AT1 CoCos 潜在问题的讨论

AT1 CoCos 市场并不平静，在 2016 年和 2018 年都经历了大幅的价格下行。2019 年初西班牙的桑坦德银行出人意料地在第一个赎回日没有行使赎回权，成为首笔未赎回 AT1 CoCos，恐慌迅速传染，市场价格大幅受挫。

与欧洲不同，美国的监管和学术界对于 AT1 CoCos 保持观望和谨慎的态度，在经过大量的研究和论证后，认为 CoCos 条款过于复杂，是否能够实现损失吸收仍待验证。再加上 AT1 工具在美国税法中无法进行利息抵扣这一重大障碍，美资银行一般只通过优先股补充 AT1。对于 CoCos 潜在的主要问题包括：

首先，难以制定合理的触发条件。7%是否触发太早，引起市场不必要的恐慌？5.125%是否触发太迟，已经于事无补？

其次，难以制定合理的转股价格。股权稀释和负面情绪，可能引发市场做空，造成股票价格的自我下坠。

再次，股权稀释问题导致股东倾向于减记型而非转股型。但只有转股型能对股东行为形成制约，原股东为了防止触发稀释股权，会尽量避免激进的经营方式和策略。加之欧洲没有股息制动机制，减记型对于 CoCos 的投资人不友好，反而造成由 CoCos 投资人承担后果。

最后，过于复杂和个性化的结构，使得投资人并不真正理解产品，造成二级市场缺乏流动性，且容易引发抛售的连锁反应，个体银行或个别国家的负面操作，会轻易引起整个市场动荡，情绪传染性强。

我们将在下一节详细对比欧洲 AT1 CoCos 和美国的 AT1 优先股，用具体案例分析异同。

第三节　优先股

一、优先股的基本概念

（一）优先股定义

与 CoCos 创新问世仅有 10 年历史不同，优先股（Preferred Stocks/Preference Shares）早在 100 多年前就在欧美产生，具有成熟的产品结构、稳定的投资群体和完备的法律框架，是当今全球企业股本融资的重要方式之一。次贷危机中，美国政府就是通过 1250 亿美元购入摩根大通、花旗等 9 家银行的优先股进行注资救助，既解大银行急需股本的燃眉之急，又将经营的控制权留给银行自身，在平稳渡过危机后美国政府也获得了稳定的银行股息分红，彰显了优先股的特殊作用。

优先股是一种混合资本，同时具有股性债性，既可为企业筹集长期稳定的公司股本又固定付息，降低企业融资成本，且避免经营决策权的分散。对于投资人而言，股息收入稳定可靠，清偿顺序优于普通股，定价逻辑及估值波动类似于固定收益类产品，被认为是一种较为安全的投资对象。相对于普通股而言，优先股股东享有某些约定的优先权利，如优先分配盈利、收取股息固定、优先分配剩余财产，但也放弃普通股股东原有的某些基本权利，如投票权和被选举权，这些权利和限制是写入公司章程的。

（二）优先股分类

优先股的条款设计十分灵活、种类很多，主要分类包括：

1. 累积优先股和非累积优先股：前者指未付股息可以累计，由以后年度盈利付清；

2. 参与优先股和非参与优先股：前者指除分取当年定额股息外，还有权与普通股股东一同参加利润分配；

3. 可转换优先股和不可转换优先股：前者指在特定条件下可以转换成普通股股票；

4. 可赎回优先股和不可赎回优先股：前者指附加赎回条件的优先股。

（三）优先股和普通股的区别

第一，普通股股东可以全面参与公司的经营管理，享有资产收益、参与重大决策和选择管理者等权利，而优先股股东一般不参与公司的日常经营管理，一般情况下不参与股东大会投票，但在某些特殊情况下，例如，公司决定发行新的优先股，优先股股东才有投票权。同时，为了保护优先股股东利益，如果公司在约定的时间内未按规定支付股息，优先股股东按约定恢复表决权；如果公司支付了所欠股息，已恢复的优先股表决权终止。

第二，相对于普通股股东，优先股股东在公司利润和剩余财产的分配上享有优先权。

第三，普通股股东的股息收益并不固定，既取决于公司当年盈利状况，还要看当年具体的分配政策，很有可能公司决定当年不分配。而优先股的股息收益一般是固定的，尤其对于具有强制分红条款的优先股而言，只要公司有利润可以分配，就应当按照约定的数额向优先股股东支付。

第四，普通股股东除了获取股息收益外，二级市场价格上涨也是重要的收益来源；而优先股的二级市场股价波动相对较小，依靠买卖价差获利的空间也较小。

第五，普通股股东不能要求退股，只能在二级市场上变现退出；如有约定，优先股股东可依约将股票回售给公司。

（四）优先股与债券的区别

优先股与永续债、可转债同属股债混合资本工具，固定分配收益，市场价格受到利率影响，但优先股与债券是有显著区别的。

首先，法律属性不同，优先股的法律属性为股票。当然在会计处理上，发行的优先股作为权益还是负债入账需要视条款不同，由会计师出具意见判断。

其次，优先股没有到期概念，发行人没有偿还本金压力。可转债有固定到期日，永续债虽然无固定到期日，但一般会设置赎回条款，非银行企业发行人会设置利率跳升机制，对于不赎回进行惩罚。

最后，付息非强制性，可累计或不可累计，视条款而定。当公司出现无法支付股息的情况，优先股有相应恢复表决权的条款；而对于一般债券，还本付息属于强制义务，不付息构成违约事件。

二、AT1 优先股定义

优先股天然的股债混合的性质，在满足一定条件下，成为补充 AT1 资本的合适对象。AT1 优先股是指符合巴塞尔协议Ⅲ"其他一级资本"标准的优先股，主要合格标准包括：受偿顺序在银行次级债务之后；永久存在没有到期日；5 年后在符合一定条件和监管同意前提下才可赎回，但不得设有任何利率跳升或其他赎回激励机制；利息可随时被银行取消支付，且不累计，不构成违约；如果是债务，本金必须有吸收损失的功能，包括转股或减记方式等。

三、AT1 优先股与 AT1 CoCos 的区别

区别于欧洲的银行通过 AT1 CoCos 补充其他一级资本，美国的银行主要利用优先股补充 AT1 资本，亚洲地区银行两种工具都使用。欧洲的 AT1 CoCos 和美国的 AT1 优先股在资本补充功能上一致，但在条款上有着明显的差异。

中资银行 AT1 工具条款在境内外基本保持一致，即境外 AT1 优先股与境内 AT1 优先股、AT1 永续债条款基本保持一致，与欧洲的 AT1 CoCos 的条款类似，与美国的 AT1 优先股差异较大。

如表 6 - 12 所示，以中国银行境外 AT1 优先股、摩根大通 AT1 优先股、汇丰银行转股型 AT1 CoCos 为例，进行条款对比分析。

表 6 - 12　　　　　　　　　AT1 优先股与 AT1 CoCos 关键条款比较

发行人	中国银行	摩根大通	汇丰银行
证券类别	境外非累积优先股	非累积优先股	CoCos（转股型）
发行日期	2014 年 10 月 23 日	2016 年 4 月 15 日	2018 年 3 月 23 日
合格监管资本	AT1	AT1	AT1
期限	永续（2019 年 10 月 23 日可赎回，以后每年付息日可赎回）	永续（2024 年 3 月 1 日可赎回，以后每季支付可赎回）	永续（2023 年 3 月 23 日首次可赎回，以后每隔 5 年赎回日可赎回）
发行金额	65 亿美元	18.5 亿美元	23.5 亿美元
发行机构评级	标普 A/穆迪 A1/惠誉 A	标普 A -/穆迪 A2/惠誉 AA -	标普 A/穆迪 A2/惠誉 AA -
证券国际评级	标普 BB/穆迪 Ba1	标普 BBB -/穆迪 Baa2/惠誉 BBB	穆迪 Baa3/惠誉 BBB
股息率/票息	6.75%（前 5 年）	6%	6.25%（前 5 年）
分配频率	每年	2019 年 6 月 1 日起每季度	每半年
股息率/票息重置	发行日每满 5 年重新定价，第一个重新定价日开始的每 5 年票息重新定价为 5 年期美国国债 +5.46%；股息率不超过 18.07%（即发行时最近两年加权平均 ROE）	无	发行日每满 5 年重新定价，第一个重新定价日开始的每 5 年定价为 5 年期 Mid - Swap +3.453%
利息跳升	无	无	无
股利/利息支付裁量权	银行可在任何时间任何理由，取消全部或部分利息，不累计，不构成违约	银行可在任何时间任何理由，取消全部或部分利息，不累计，不构成违约	银行可在任何时间任何理由，取消全部或部分利息，不累计，不构成违约

续表

发行人	中国银行	摩根大通	汇丰银行
利息强制性支付限制	分配前必须满足（1）银行资本充足率符合监管要求；（2）在满足法定公积和储备要求后，有税后可分配利润	有税后可分配利润	根据 CRD 第 141（2）条款规定，若银行未通过监管"最大可分配量"（MDA）测试，不能支付全部或部分利息
是否存在分红制动机制	如若不分配股利，构成对发行人普通股的收益分配限制	如若不分配股利，构成对发行人普通股的收益分配限制	否
本金赎回权	在监管同意且满足行权条件前提下，自发行之日起5年后，发行人有权于每年付息日全部或部分赎回本期债券	在监管同意前提下，2024年3月1日起及以后每季支付日，发行人有权于每年付息日全部或部分赎回本期债券。（只有遇到资本监管特殊事件银行可在符合条件下随时全部赎回）	在监管同意且满足行权条件前提下，银行可在赎回日行使赎回权（只有遇到税收和资本监管特殊事件银行可在符合条件下随时赎回），全部赎回
回售权	投资人无回售决定权	投资人无回售决定权	投资人无回售决定权
投票权	一般无投票权（约定的特殊情况外）	一般无投票权（约定的特殊情况外）	无
投票权恢复	累计3年或者连续2年未按约定支付股息，则恢复与普通股股东一样的投票权	累计6个季度未支付股利，则董事会自动多出2个新的董事席位，由全部优先股股东选出，直到连续4个季度支付股利为止	无
是否可转股	是（全部或部分）	无	是（全部）
转股触发事件	（1）核心一级资本 CET1 低于5.125%；（2）PONV 无法生存事件	无	（1）核心一级资本 CET1 低于7%；（2）PONV 无法生存事件
转股机制	转股价 HKD3.44/H 股普通股	无	转股价 USD 3.7881（HSBC 拥有转股要约权和现金对价支付权）
税务处理	税后利润分配	税后利润分配	利息支出可税前抵扣

（一）中国银行 AT1 优先股条款分析

1. 中国银行该笔美元计价非累积优先股规模较大，发行金额 65 亿美元。

2. 无到期日，第 5 年以及以后的每个付息日，银行有权利赎回，投资者无回售权。

3. 一旦 AT1 或者 T2 转股触发事件发生，将强制以 3.44 港元转成 H 股普通股。

4. 初始股息率为 6.75%（当期相应美国国债利率水平 + 5.46% 利差），设置了每 5 年利率调整，初始利差 5.46% 保持不变，没有利率跳升，每 5 年调整一次美国国债水平。

5. 银行有权利取消分红，分红不累计，有普通股分红制动机制。

6. 一般没有投票权，但取消分红达到一定水平后，普通股投票权将恢复。

（二）中国银行 AT1 优先股与摩根大通 AT1 优先股比较

通过对比可以看出，中国银行与摩根大通的优先股条款最大差异在于损失吸收机制的设置。由于美国法律明确规定任何形式的 AT1 混合资本（包括 AT1 优先股和 AT1 CoCos）为股权，期间固定支付不可税前抵扣。巴塞尔协议Ⅲ规定如若 AT1 工具确定为负债的话，需要通过转股或减记吸收损失。既然美国已通过法律统一确定其为股权属性，则无须通过协议转股或减记条款来体现其吸收损失的属性。因此，摩根大通的条款设置非常简单明晰，不设定转股，不设定触发条件，不存在股权稀释问题。具体差别包括如下方面：

1. 转股机制：摩根大通 AT1 法律上确定其吸收损失功能，不设定转股机制，无触发条件，因此优先股不需要转为普通股，不存在稀释股权的问题。

2. 股息重置：摩根大通 AT1 股息固定不变，没有股息重置机制。

3. 赎回权设置：摩根大通 AT1 实际是 8 年以后首次可赎回，但之后每季度可赎回，频率更高。

4. 分红频率：摩根大通 AT1 每季度分红，但第一次分红递延到 3 年后。

5. 投票权恢复：其机制更为复杂，相当于累计 1 年半红利未支付即恢复投票权，方式是增添 2 名董事席位，由优先股股东投票选出。只有当连续 1

年再次分红后，才可取消相应董事席位。

（三）中国银行 AT1 优先股与汇丰银行 AT1 CoCos 比较

中国银行 AT1 优先股与汇丰银行 AT1 CoCos 转股吸收损失机制相同，条款相似，略有差异：

1. 股息制动机制：欧洲的 AT1 CoCo 法律上不允许对普通股股东分行进行限制，中国银行的 AT1 优先股设置该条款对于投资人更为友好。

2. 赎回频率：汇丰银行的 AT1 CoCos 发行人每五年有一次赎回权，中国银行 AT1 优先股 5 年后每年都可赎回，条款上更加灵活。

3. 投票权及投票权恢复：AT1 CoCos 没有任何投票权和恢复条款，AT1 优先股和一般优先股条款一致，在一般情况下只有很少一部分与优先股相关的投票权，但当利息支付被取消达到一定次数，很大程度上造成丧失了优先获得分配的利益时，其投票权得以恢复。

4. 转股触发事件：汇丰银行采用了高的 CET1 核心一级资本充足率（7%）触发条件，而中国银行采用了低的 CET1 核心一级资本充足率（5.125%）触发条件，2019 年中国银行在境内发行的 AT1 永续债也同样采取了 5.125% 的触发条件，对于投资人更为友好。

5. 税务处理：汇丰银行的 AT1 CoCos 的利息可以税前抵扣；而中国银行的 AT1 优先股股息是税后分配的。

（四）条款分析总结

总体来看，美国的 AT1 优先股条款与一般公司的非累积不转股的优先股条款差异不大，没有为了吸引 AT1 投资人而设置特别条款，但也没有为了符合 AT1 合格监管资本而设置过于复杂的条款。

我们回忆一下在第二节最后的讨论，美国监管和学术界质疑 AT1 CoCos 设计存在缺陷，过于复杂而使得难以辨识风险，最终无法达到吸收损失的作用，反而可能造成系统性的不稳定。从上述对比看出，由于美国的优先股法律框架比较完善、产品结构比较成熟、资本市场比较发达，通过优先股补充 AT1 的机制的确更加简单清晰。但对于中资银行而言，由于法律和市场环境不同，永续债、优先股实际采用的是欧洲 AT1 CoCos 的条款。虽然理论上的确存在之前讨论的各种风险，但由于目前中资银行的信用资信良好、经营状况稳健，监管力度较大，发行银行出现触发转股、减记、未按市场预期赎回、利息股息递延的概率较小，极端事件造成恐慌传染引发系统性危机的可能性极小。因此，在巴塞尔协议Ⅲ资本充足率和TLAC总损失吸收能力要求压力下，采用AT1 CoCos条款的永续债、优先股不失为一种实用的混合资本工具。

四、中资境外 AT1 优先股发展情况

与发达市场实践相比，我国的优先股市场起步相对较晚，2013年11月末，国务院发布《关于开展优先股试点的指导意见》（国发〔2013〕46号），标志着优先股在我国正式落地。特别是2014年4月证监会与原银监会联合颁布了《关于商业银行发行优先股补充一级资本的指导意见》（银监发〔2014〕12号）之后，优先股成为商业银行补充其他一级资本AT1的重要工具，也是2019年1月资本永续债推出之前的唯一工具。

在境外市场，中资银行从2014年开始在境外发行AT1优先股，如图6-1所示，截至2018年底累计发行16只，发行人包括五大行、股份制银行、城商行，发行规模折合394.4亿美元，其中13只美元、2只人民币、1只欧元，票面利率4.4%~6.75%。

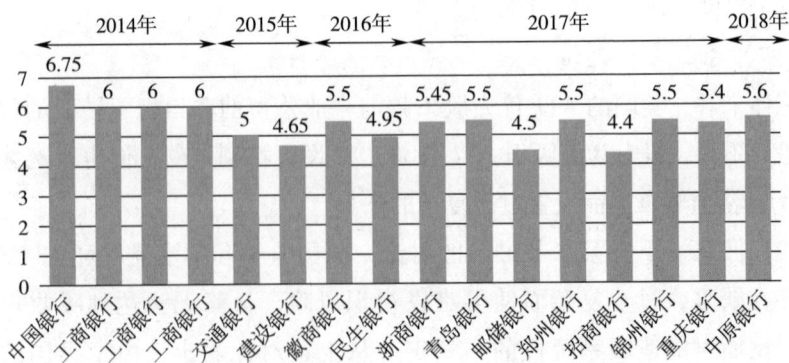

图6-1　中资银行海外AT1永续债票面利率（%）

第四节　二级资本债

一、二级资本债的概念

（一）T2 二级资本债的定义

商业银行二级资本债，是指符合巴塞尔协议Ⅲ要求的，清偿顺序列于存款人和一般债权人之后，而列在其他一级资本、核心一级资本之前的债券。二级资本属于破产清算资本，在银行无法生存时，能够转换成普通股或者直接减记进行损失吸收，从而实现自救。

从会计核算上看，二级资本债是次级债务（Subordianted Debt），有固定期限。巴塞尔协议Ⅲ要求期限不低于 5 年，且最后 5 年折扣计入监管资本，所以一般实际发行期限为 10 年或者更长。

（二）T2 债券与 AT1 工具的异同

AT1 是持续经营状态吸收损失资本，属于第一道防线；T2 是破产清算状态吸收损失资本，属于第二道防护线，表 6 - 13 展示了具体差别对比。

表 6 - 13　　　　　　　　　　　　T2 与 AT1 比较

要素	二级资本工具 T2	其他一级资本工具 AT1
偿付顺序	在存款和一般债权人之后，但先于其他一级资本工具持有人和银行股东	在存款、一般债权人和次级债券之后
期限	有明确到期日，期限不低于 5 年	永续，没有到期日
计入相应资本的比例	距到期日前最后 5 年，可计入二级资本的金额比例为 100%、80%、60%、40%、20%	无须减计
票息类型	不得含有利率跳升机制或其他赎回激励机制，不得与评级挂钩	
票息/股息支付	无要求	任何情况下均可取消，非累计
赎回条款	发行后至少 5 年方可赎回，不得形成赎回预期，且须银保监会事前批准，赎回需满足如下条件：（1）使用同等或更高质量的资本工具替换被赎回的工具，并且只有在收入能力具备可持续性的条件下才能实施资本工具的替换；（2）赎回后资本水平仍明显高于银保监会规定的监管资本要求	

要素	二级资本工具 T2	其他一级资本工具 AT1
损失吸收条款	若为债务工具，必须含有减记或转股的条款	
损失吸收的触发事件	无法生存事件（PONV）	1. CET1 充足率低于一定比例以下；
		2. 无法生存事件（PONV）
回售条款	投资人不得有回售条款	

1. 期限。AT1 要求永续存在，T2 要求不低于 5 年，但到期日前 5 年按照 100%、80%、60%、40% 和 20% 的比例计入监管资本，所以 T2 一般至少发行 10 年，中资银行一般设置赎回机制，常见 5 + 5 年或者 5 + 7 年，外资银行赎回和非赎回的两种条款都有大量发行。

2. 损失吸收机制。遵从先 AT1 吸收损失，后 T2 吸收损失。巴塞尔协议 Ⅲ 有两层损失吸收机制触发条件。（1）AT1 触发条件：CET1 核心一级资本充足率低于一定水平，一般为 5.125% 或者 7%；（2）T2 触发条件：PONV 监管认定的无法生存点。当 AT1 工具触发到上述任一条件，立即转股或减记；如若仍于事无补，T2 条件仍被触发，监管认定仍然无法生存，T2 工具转股或者减记。其中，PONV（Point of Non – Viability）无法生存触发条件指以下两者较早者：（1）监管部分认定若不进行减记发行人将无法生存；（2）相关部门认定若不进行公共部门注资或提供同等效力的支持发行人将无法生存。

3. 利息递延机制。AT1 要求发行人随时取消利息或分红，且不累计；T2 没有利息递延要求，仍然是债券，有还本付息的义务，且设定违约条款。

4. 赎回和回售。T2 二级资本债与 AT1 工具相同点体现在投资人都不可回售，发行人都有权在 5 年后赎回，但都不能有利率跳升机制或赎回激励机制。2013 年国内资本管理办法正式实施之前，国内发行过的很多次级债、混合资本债带有利率跳升机制或赎回激励机制，不再符合二级资本债的要求。

二、境外 T2 二级资本债条款分析

T2 二级资本债的关键条款包括两条：一是次级条款，即债券的受偿顺序排在存款人和一般债权人之后；二是损失吸收条款，即触发转股或减记的条

款。总体而言，二级资本债条款设置比 AT1 工具要简单，目前中资银行境外发行的 T2 都是直接减记型，条款与外资行发行的 T2，以及在境内发行的 T2 基本保持一致，略有差异。

如表 6 – 14 所示，以建设银行 2019 年 2 月发行的境外 T2 二级资本债，2018 年 10 月发行的境内 T2 二级资本债，以及汇丰银行 2016 年 11 月发行的 T2 二级资本债为例对比。

表 6 – 14　　　　　　　　　中外资银行境内外 T2 条款对比

发行人	建设银行	建设银行	汇丰银行
证券类别	境外 T2 二级资本债	境内 T2 二级资本债	T2 二级资本债
发行人评级	标普 A/穆迪 A1/惠誉 A	中诚信 AAA	标普 A/穆迪 A2/惠誉 AA –
债项评级	标普 BBB +/惠誉 BBB +	中诚信 AAA	标普 BBB +/穆迪 A3/惠誉 A +
发行金额	18.5 亿美元	400 亿元人民币	15 亿美元
发行日期	2019 年 2 月 27 日	2018 年 10 月 29 日	2016 年 11 月 23 日
到期日	2029 年 2 月 27 日（2024 年可提前赎回）	2028 年 10 月 28 日（2023 年可提前赎回）	2026 年 11 月 23 日
发行价格	99.573	100	99.992
发行利率	4.25%	4.70%	4.3750%
是否有次级条款	有	有	有
利率重置机制	5 年后利率重置（美国 5 年期国债利率 +1.88%）	无	无
发行人提前赎回权利	2024 年 2 月 27 日发行人有权赎回	2023 年 10 月 29 日发行人有权赎回	无
特别事件赎回	不再是合格二级资本时可立即赎回	无	当税法改变或者不再是合格二级资本时可立即赎回
损失吸收触发机制	触发 PONV，直接减记	触发 PONV，直接减记	触发 PONV 条件；根据监管要求"UK Bail – in Power"直接减记或者转股

（一）期限及赎回

建设银行境内外的 T2 都采用了 5＋5 年的期限模式，即 10 年到期，第 5 年发行人有权利赎回，或者发生资本不合格事件时可行使的赎回权；汇丰银行 T2 债 10 年到期，没有发行人赎回机制，只有当税法改变导致该笔债券税负大量增加，或者发生资本不合格事件特殊情况，才可提前赎回。

（二）利率重置

建设银行境外 T2 在发行 5 年后进行利率重置，美国 5 年期国债利率 ＋1.88％ 初始利差，没有利率跳升；建设银行境内 T2 虽然设置 5 年后发行人有权赎回但并未进行利率重置；汇丰银行没有赎回也没有利率重置。

（三）损失吸收机制

建设银行境内外 T2 债的损失吸收机制都采用了直接减记。汇丰银行的 T2 损失吸收机制触发条件比较特殊一点，"UK Bail－in Power" 是英国关于 PONV 无法生存事件的具体监管法规要求，英国监管当局可要求部分或全部债权减记或转股，但对于转股价格在招债通函里并没有明确。

实际上单独通过转股形式进行损失吸收的二级资本债占比较小，一般通过发行 T2 CoCos 来实现。由于转股虽然在理论上对于提高资本充足率的作用更为直接，但在实际操作层面存在稀释原有股东股权的问题，所以在发行二级资本债时，发行人更倾向于减记的方式实现损失吸收。

（四）国际评级

建设银行境外 T2 的债项评级为"标普 BBB＋/惠誉 BBB＋"，比主体评级下调一个子级；汇丰银行 T2 的债项评级为"标普 BBB＋/穆迪 A3/惠誉 A＋"，也同样比主体评级下调一个子集。

三、二级资本债发行情况

2010 年至 2018 年全球已累计发行二级资本债 3734 只，累计发行量折合 1.3 万亿美元。如图 6－2 所示，欧元、美元、人民币计价的二级资本债发行只数居前三位，印度卢比、挪威克朗、新台币、日元、南非兰特、澳大利亚元、马来西亚林吉特紧随其后。

中资银行对于二级资本的补充在过去 9 年内快速增长。以人民币计价的

发行只数

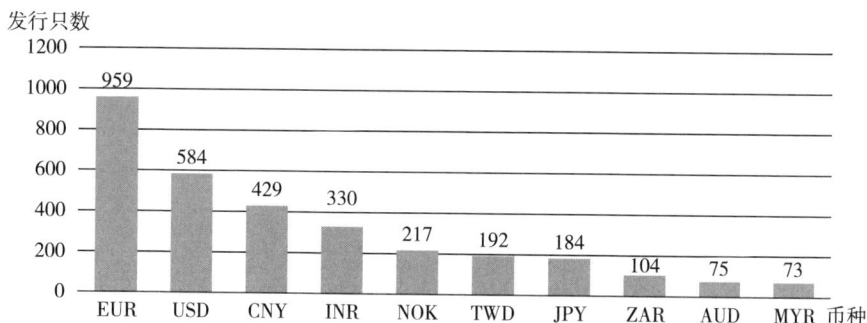

数据来源：Bloomberg。

图 6 - 2　2010—2018 年 T2 债券发行只数币种前十分布

二级资本债主要在境内发行。截至 2019 年 4 月底，中资银行在境外发行过 7 只二级资本债（见表 6 - 15），累计发行规模折合 92.17 亿美元。以美元和欧元计价为主，建设银行发过 1 只离岸人民币二级资本债。期限结构上，除交通银行 1 只为 12 年，其他均为 10 年，有 5 只设置了发行人赎回权利，中国银行及工商银行分别发行 1 只在到期日前不可赎回，票面利率 3.625% ~5%。

表 6 - 15　　　　　　　　　　　中资银行境外二级资本债

发行人	发行时间	币种	发行规模	折合美元	期限（年）	发行利率
交通银行	2014 - 09 - 24	美元	12 亿	12 亿	5 + 5	4.500%
交通银行	2014 - 09 - 24	欧元	5 亿	6.4 亿	7 + 5	3.625%
中国银行	2014 - 11 - 05	美元	12 亿	12 亿	10	5.000%
建设银行	2014 - 11 - 05	人民币	20 亿	3.27 亿	5 + 5	4.900%
建设银行	2015 - 05 - 06	美元	20 亿	20 亿	5 + 5	3.875%
工商银行	2015 - 09 - 15	美元	20 亿	20 亿	10	4.875%
建设银行	2019 - 02 - 27	美元	18.5 亿	18.5 亿	5 + 5	4.250%
			合计规模	92.17 亿		

　　理论上，二级资本债通过减记可以实现损失吸收，国内非上市银行也可以发行境外 T2 工具，但考虑到融资成本、汇率风险，以及国内二级资本债市场已较为成熟等因素，与 AT1 优先股不同，境外二级资本债仍以大行为主。

第五节　可转债

一、可转债的基本概念和特点

（一）可转债的定义

可转债（Convertible Bonds）是兼具股债双重特性的债券品种，是指投资人有权利但无义务，在规定时间范围内，将其持有的债券按照转股价格转换成发行公司的普通股。可以将其理解为有固定期限的普通债券结合标的股票看涨期权的金融衍生产品。银行及一般企业都可发行可转债。

可转债起源于19世纪的美国，作为当时的新兴市场，为了修建铁路而引入了股债结合的创新融资工具，并很快被钢铁、电话电报、基础设施等行业使用。20世纪60年代，美国繁荣的股票市场以及兼并收购浪潮，进一步推动了高增长中小型企业发行可转债。到80年代中期，由于利率高企以及普遍认为股票价格被低估，大型投资级的企业也加入了可转债发行人行列。90年代以后，华尔街的投资银行对传统的可转债进行创新，比如将底层债券和期权进行分离和再组合，创造出新的合成可转债，并结合其他衍生工具，发行更具个性化的金融产品，拓展了可转债的外延和市场规模。

全球其他市场主要包括日本、欧洲、除日本外亚洲地区，20世纪80～90年代日本曾一度超过美国成为全球可转债规模最大的市场，但随着日本经济泡沫破灭，股票市场长期低迷，持续低利率市场环境以及监管政策变化，其市场规模不断缩小。可转债市场与股票市场密切相关，美国目前仍是全球可转债最发达的市场。

典型的境外可转债一般为高级无抵押债券，在受偿顺序上和不可转的高级债没有差别。但由于含有期权价值，发行票息要远远低于普通高级债。全球范围看，非投资级的发行人是可转债的重要组成部分，超过70%的境外可转债债项没有国际评级或者低于投资级评级。

对于投资人而言，可转债进退兼顾，为投资策略提供了灵活性。当标的股票价格高于转股价格时，投资人有权利以转股价格转股，获得更高股票升值；即使股票价格始终低于转股价格，投资人也有下行保护，到期获得债券本金偿还。可转债的收益回报相较于债券更高，波动性相较于股票更低。在看好股票未来走势时，可通过持有可转债博取股票增值，并通过非对称性锁定下跌空间；当不看好股票未来走势时，可采取"做空股票＋做多可转债"的策略，降低借入股票的融资成本。

（二）非银行企业发行可转债的动力

可转债特别适合于具有高成长性、需要大量低成本长期融资支持扩张的上市公司，如互联网企业、科技企业、医药企业等。特别当处于利率上升经济复苏时期，一些大型公司或发普通债融资成本较高的上市企业，也会通过可转债进行融资。近几年中资境外可转债发行人以科技企业为引领，爱奇艺、微博、联想、携程、51Job 等境外上市公司纷纷发行可转债实现大规模较低成本融资。

对于发行人而言，通过可转债融资具有以下特别的优势：

第一，获得远低于普通债券成本的长期融资。以美国电动汽车企业特斯拉（Tesla）为例，2019 年 5 月发行的 5 年期可转债票息 2%，远低于其普通债券融资 8% 以上的收益率要求。

第二，锁定潜在股权融资来源，具有市场自发改善资本结构的功能。在经济繁荣时期，投资机会增多，反映为股价上扬，当达到转股价时，投资者行权转股，公司没有还本压力，公司股本随之增加，资产负债结构自动改善；当处于经济衰退期，股价受到抑制，投资者放弃行权，公司需要还本付息，减少不必要的资金占用，自然减少投资。这样公司资本结构伴随经济周期变化而自然调节。

第三，具有递延股权稀释的作用，避免在一个时间点大规模股票发行，递延摊薄每股收益。只有随着公司经营向好，收入利润增加，公司股票价格上扬至转股价之上时，投资人才会转股，摊薄效应弱化。

第四，具有税盾优势。可转债是一种债券，利息支出税前抵扣。

第五，可转债发行可以不用债项评级，可以私募发行，节约发行成本，提高融资效率。

虽然可转债具有以上优点，但如果不能顺利转股，发行人必须还本付息，而此时大概率只能以发行普通债实现再融资，财务成本压力将大幅增加。

（三）一般可转债作为银行混合资本的价值有限

转股前可转债价值包括了两个部分：一是作为普通债券的债底价值，核算在负债部分；二是剩余小部分期权价值，核算在权益部分，并记为核心一级资本。假如某上市公司发行 100 亿元可转债，每张券债底价值为 90%，则 90 亿元计入负债，10 亿元计入权益。当转股后，与其他普通股受偿顺序一致，可全部记为核心一级资本。

普通可转债在理论上可以作为银行核心一级资本的有益补充，但面临着如下的问题：

1. 可转债准备发行流程较长，且需要与投资者互动博弈，实现转股耗时更长，资本补充的节奏难以把控。比如，境内的工行转债（2010）从发行到完成转股耗时 4 年半左右；中行转债（2010）将近 5 年时间完成，转股进程发行人控制力较弱。

2. 适用范围具有一定局限性，适合目前负债情况尚可、资本充足率尚可，但未来需要资本金支持以扩张业务的银行，且考虑到原有股东利益，适合市净率为 1 左右的机构。

3. 境外上市中资银行较少，且核心一级资本较为充足，对于 AT1 的补充更为迫切。未在境外上市的股份制银行、城商行、农商行无法发行境外可转债。

4. 转股不确定性大，与股票市场表现直接相关，一旦没有成功转股，将会面临还本付息的压力。

5. 与一般企业被可转债较低融资成本所吸引不同，大型银行低成本融资渠道较多。

在境外市场，大多数欧资银行发行的可转债是特殊可转债 AT1 CoCos，既能直接补充 AT1 其他一级资本，又能在银行出现困难时强制转股或减记。目前，中国银行已在境外市场发行了与 AT1 CoCos 条款类似的 AT1 优先股，预计未来中资银行在境外发行可转债也会聚焦于特殊的 AT1 CoCos，而非普通可转债。

二、可转债的关键条款

可转债的条款设置较为复杂、个性化差异大，条款的灵活性充分体现了这个券种供需双方市场博弈的特点，而条款差异理论上都会在债券的定价上有所体现。

（一）初始转股比率

发行人的最终目的是实现投资人转股，从而缓解再融资的压力，转股价格自然成为可转债设定的核心。在发行之初，招债通函里会明确转股的价格或者价格区间，境外可转债转股价格一般明显高于发行当期的股票价格。当期的股票价格可以是公告当天的价格或者前 X 天的平均价格，转股价格由发行人与主承销商商议得出，30% ~ 40% 是常见的溢价水平。

通过转股价格可以计算转股比率，招债通函会设定在派送股票股利、转增股本、增发新股或配股、派送现金股利等情况下相应调整转股比率，不受稀释影响。

$$转股比率 = 债券票面价格/转股价格$$

（二）转股比率上调

关于发行人转股比率上调权利，即转股价格下修，条款设置较灵活。部分比率上调设置有利于发行人促进转股，而部分比率上调设置是对投资人权利保护。具体条款设置与当地资本市场发展情况，发行人与投资人博弈等因素相关。

国内的可转债为了防止股票价格一直低迷无法转股，一般直接给予了发行人下修转股价格权利，如明确股票价格在 N 个连续交易日中有 n 个交易日的收盘价低于 $X\%$ 的转股价时，在股东大会通过的情况下，发行人可下修转股价格，以提升转股可能性。

美国 144A 规则的可转债，一般会在企业发生了预先约定的重大根本性变化（Make Whole Fundamental Change）时，设置调升转股比率，如控制权转移、兼并收购、公司清算、股票退市等。同时给予投资人回售债券或者以调高后转股比率转股的选择权，相关的转股比率上调幅度在招债通函中预先明确约定，其与两个因素相关：一是重大根本性变化交易中，公司普通股交易价格；二是重大根本性变化发生的时间点。上述交易中普通股价格越高，转股比率提高越多；交易发生的时间越早，转股比率提高越多。

表 6 - 16 为特斯拉 2019 年 5 月发行的可转债发生重大根本性变化时额外增加的转股比率表（Make Whole Fundamental Change Conversion Rate Adjustment Table），根据交易发生的时间点和交易时普通股股票价格来锁定需要额外增加的转股比率。

表6-16　特斯拉可转债 Make – Whole 额外增加转股比率

日期	股票价格											
	$243.00	$260.00	$280.00	$309.83	$350.00	$400.00	$500.00	$750.00	$1000.00	$1500.00	$2000.00	$2500.00
2019年5月7日	0.8876	0.7790	0.6738	0.5508	0.4306	0.3279	0.2080	0.0926	0.0520	0.0199	0.0066	0.0000
2020年5月15日	0.8876	0.7738	0.6591	0.5270	0.4006	0.2958	0.1790	0.0759	0.0425	0.0165	0.0055	0.0000
2021年5月15日	0.8876	0.7565	0.6306	0.4883	0.3560	0.2509	0.1418	0.0570	0.0322	0.0129	0.0043	0.0000
2022年5月15日	0.8876	0.7248	0.5836	0.4284	0.2909	0.1894	0.0961	0.0371	0.0217	0.0090	0.0030	0.0000
2023年5月15日	0.8876	0.6708	0.5034	0.3284	0.1893	0.1032	0.0438	0.0179	0.0111	0.0047	0.0016	0.0000
2024年5月15日	0.8876	0.6185	0.3438	0.0000	0.0000	0.0000	0.0000	0.0000	0.0000	0.0000	0.0000	0.0000

资料来源：特斯拉可转债招债通函。

在 Reg S 规则下，有些可转债设定发行人新发行股票价格明显低于市场价格时，发行人有权调整转股比率；有些可转债设定发行人在履行约定程序后，有权调整转股比率。

（三）转股期限

转股期限是指可进行转股的时间段，通常设定在发行日后 30 天至 1 年开始，至可转债到期日。美国 144A 规则下的可转债常常会设置分时段转股规则。比如，在第一时间段内，投资人需满足比转股价格更加苛刻的条件才能转股，例如连续 30 个交易日的 20 个交易日，股票收盘价高于转股价的 130%；在第二时间段，可以在任意时间转股。这其实是对转股价进行结构化安排，使得可转债更加复杂，投资人需要更深入地理解和权衡，与市场预期进行博弈。

（四）赎回条款

发行人赎回权是债券常见条款，赋予发行人买入期权，其用途包括两个方面：一是在利率下行期，发行人可通过赎回债券，控制再融资成本；二是利用赎回条款进行债券结构设计，如 AT1 CoCos、永续债等。可转债的赎回条款设置属于后者，通过结构设计，促使持有人尽快转股。赎回权可以设定在固定的某一时间点或时间段，也可以设定满足一定条件下发行人方可赎回，例如，股票价格连续 20 个交易日高于可转债价格的 140% 等。

（五）回售条款

回售条款是给予投资人的卖出期权，一般是公司发生了约定的重大变化事件或者产生了对投资人特别不利的情况，投资人可要求发行人回购可转债。

国内的可转债条款主要针对对于投资人不利的情况，设置比较友好的条款，例如，当股价十分低迷连续 N 日低于转股价的 70% 时，投资人有权回售。

境外可转债一般当公司发生了重大根本性变化时，如控制权转移、兼并收购、公司清算、股票退市等，赋予投资者回售权利。回售条款通常会和转股率上调条款一并设置，投资人可选择以更高转股率转股，或者选择要求发行人赎回债券。

（六）违约条款

可转债除了设置和一般债券一样的还本付息违约条款，还包括履行转股义务的违约条款，一旦触发违约条款，发行人就需要还本付息。

如表 6-17 所示，以联想集团 2019 年 1 月在香港发行的 5 年期美元可转债、蓝思科技 2017 年 12 月在境内发行的 6 年期人民币可转债为例，进行条款对比分析。总体而言，中资境外可转债与境外普通高级债券差异不大，条款较简单，但与国内可转债条款存在较大区别。

表 6-17　　　　　　　　　　　境内外可转债条款对比

	联想集团境外可转债	蓝思科技境内可转债
发行金额	6.75 亿美元	48 亿元人民币
债项评级	无国际评级	国内评级 AA +
票面利率	3.375%	2017 - 12 - 08 至 2018 - 12 - 07，票面利率：0.3%；2018 - 12 - 08 至 2019 - 12 - 07，票面利率：0.5%；2019 - 12 - 08 至 2020 - 12 - 07，票面利率：1.0%；2020 - 12 - 08 至 2021 - 12 - 07，票面利率：1.3%；2021 - 12 - 08 至 2022 - 12 - 07，票面利率：1.5%；2022 - 12 - 08 至 2023 - 12 - 07，票面利率：1.8%
发行日期	2019 年 1 月 15 日	2017 年 12 月 8 日
期限	5 年	6 年
转股期间	发行后 41 天至到期日前 10 天	发行后 6 个月至到期日
到期本金支付	面值的 100%	面值的 106%
初始转股价格设定及溢价水平	7.99 港元/股，公告前一日股价 5.71 港元/股，股溢价率 40%；公告前 6 日到前 1 日均价 5.52 港元/股，溢价率 44.8%	36.59 元/股，不低于公告日前 20 个交易均价和前 1 个交易日交易均价
下修转股价格条款	无	当公司股票在任意连续 30 个交易日中至少有 15 个交易日的收盘价低于当期转股价格的 80% 时，公司董事会有权提出转股价格向下修正方案并提交公司股东大会表决

	联想集团境外可转债	蓝思科技境内可转债
是否有派送股票股利、转增股本、增发新股、配股以及派发现金股利率调整转股价格机制	有	有
赎回条款	由于税法调整原因导致赋税变化；少于10%可转债尚未转股	股价连续30个交易日中至少有20个交易日的收盘价不低于当期转股价格的130%，或未转股余额不足人民币3000万元时，公司有权赎回全部或部分未转股债券
回售条款	出现控制权转移、公司退市等重大影响事件	最后2个计息年度，如果股票在任何连续30个交易日的收盘价低于当期转股价格的70%时，持有人有权全部或部分回售给公司。每年仅能在回售条件首次满足后可按上述约定条件行使回售权一次

1. 利率设置。蓝思转债设置了阶梯式利率，越早转股对于发行人而言成本越低。联想境外转债无利率调整。

2. 利率补偿。蓝思转债到期回购106%，联想境外转债无利率补偿，100%面值还本。

3. 转股价下修条款。蓝思转债具下修条款，当股票价格持续低迷并符合预先设定条件下，股东大会同意前提下可下修转股价格。这是在股票价格没有进入期权行权区间时，为了促进转股的重要条款，但也因发行人、原股东、投资人多方博弈，结果不确定性较大。蓝思转债曾三次尝试下修股价，其中一次被股东大会否决。即使两次股价下修成功，但当时市场价格和情绪导致债券持有人并未行使转股权。

4. 赎回条款。蓝思转债条款约定，当股票价格持续高涨并符合预先设定条件时，发行人有权提前以本金及应付利息金额赎回可转债。这是在股票价格已经进入期权行权区间时，促进转股的重要条款。希望通过赎回条款，促使犹豫不决的可转债持有人尽快转股。联想境外转债并没有促进转股的赎回条款，仅在税务原因或90%以上可转债已完成转股时，发行人有权提前赎回。

5. 回售条款。蓝思转债条款约定，当股票价格持续低迷并符合预先设定条件时，持有人有权回售给发行人。联想境外转债仅在出现控制权变化、退市等事先约定的重大影响事件时，发行人才有权回售。

以上对比看出，国内可转债条款设置较为复杂，根据市场变化调整转股条件，促进转股达成。境外可转债条款设置较为简单，且初始转股价格溢价超过发行前的40%，更多的是留给市场博弈。

三、境外可转债市场情况

如图6-3所示，根据美国银行美林证券的统计，截至2018年底，全球可转债市场规模2926亿美元，相较于次贷危机前超过5000亿美元规模的市场有所收缩，但2009年之后一直保持在3000亿美元左右的规模水平。美国是最大的单一市场，2018年底约占市场份额的58.4%，欧洲约占24.3%，日本占7.7%，其他亚洲地区占9.6%。

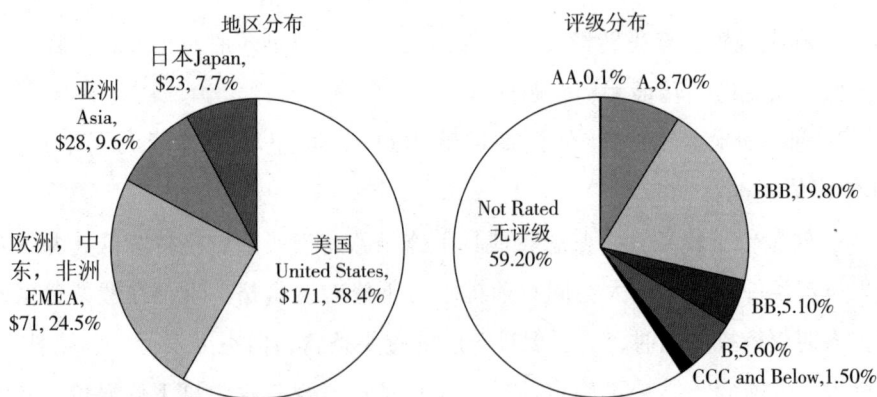

地区分布

日本Japan,
$23, 7.7%

亚洲
Asia,
$28, 9.6%

欧洲，中东，非洲
EMEA,
$71, 24.5%

美国
United States,
$171, 58.4%

评级分布

AA,0.1% A,8.70%

Not Rated
无评级
59.20%

BBB,19.80%

BB,5.10%

B,5.60%

CCC and Below,1.50%

资料来源：美国银行美林证券。

图6-3 全球可转债地区分布与评级分布（截至2018年12月31日）

大部分的可转债是高级无抵押债券，59.2%没有债项评级，投资级以下的占12.2%，投资级债项评级仅占28.6%。这与可转债发行人多为高增长的企业相关，投资人更看重的是其股票升值的价值，发行人会尽量节约评级的成本，常常选择无评级发行、私募发行。

20 世纪 90 年代中国国内才出现可转债，发展初期也有少数企业尝试在境外发行。2006 年以后，境外可转债逐渐成为中资发行人融资的重要产品之一，特别受到高科技相关的快速增长性企业欢迎，早期以新浪、搜狐为代表，近几年微博、联想、爱奇艺、哔哩哔哩、携程、奇虎 360、51Job 等企业也纷纷赴境外发行可转债进行低成本的融资。境外上市房地产公司也因其较低的融资成本，积极参与境外可转债发行。

截至 2019 年 4 月底，中资企业累计境外发行可转债 454 只，约 892.24 亿美元。2006 年以前，年均发行只数保持在个位数，2006 年以后，年均发行只数约 30 只，年均发行金额将近 60 亿美元。2018 年，中资境外可转债年度发行金额首次突破 100 亿美元，共计 51 只 140 亿美元发行量。预计未来，中资境外可转债仍将以科技相关的高增长企业为主要发行人。

第六节　永续债

一、永续债的基本概念和特点

（一）永续债的定义

永续债（Perpetual Bonds）最初由主权政府为市政建设或者战争筹款而发行，由政府信用确保其永续存在。目前最早发行仍然付息的永续债已有 370 年历史，是由荷兰水务管理机构（Hoogheemraadschap Lekdijk Bovendams）为了筹款在莱茵河流域建设码头，在 1648 年发行的浮动利率永续债。2003 年耶鲁大学以 2.7 万美元竞拍到了书写在羊皮上的债券凭证，后面附着所有付息的详细记录。耶鲁大学在 2015 年专程派人飞往阿姆斯特丹向荷兰水务管理当局收取了 12 年的利息。

永续债，简称 Perps，是指债券没有确定到期日，永续存在付息。目前大多会设置发行人赎回权机制，因此永续债应该更准确地表述为一种可能永续存在的债券。永续债可分为银行发行的 AT1 资本永续债和非银行企业发行的永续债，本节主要讨论后者。

（二）企业永续债的特点

由于永续付息的特性，永续债兼具了债务性和权益性，是一种混合型的债务工具。如表 6 - 18 所示，将非银行企业永续债、普通高级债券、可转债以及优先股的差异进行对比。

表 6 - 18 　　　　　　永续债、普通高级债券、可转债、优先股比较

	企业永续债	普通高级债权	可转债	优先股
类型	债券	债券	债券	股票
期限	永续，但可设置赎回	有固定到期日	有固定到期日	永续，但可设置赎回
票息	相对普通债券有溢价	债券公允定价	比普通债券低	按照债券逻辑定价，比普通债券高
清偿顺序	可设定为高级债券，也可设定为次级债券	偿付在次级债券之前	一般为高级债券，偿付在次级债券之前	权益，清偿顺序在债券之后，在普通股之前
投票权	无	无	转股前无，转股后有普通股投票权	仅有特殊约定的投票权，但有投票权恢复机制
违约事件	可递延付息，可累计	不可递延付息，有违约事件条款	不可递延付息，有违约事件条款	可递延付息，是否累计视条款而定
会计处理	符合条件，可以计入权益	计入负债	转股前，债底部分计入负债，期权价值计入权益；转股后，全部计入权益	计入权益
税务处理	可选择税前抵扣	税前抵扣	税前抵扣	税后分配利润，不可抵扣

第一，对比普通高级债券，企业永续债在符合会计准则要求时，可记为权益，这是企业发行永续债动力之一。一般会设置发行人赎回权，同时设置票面利率重置和利率跳升机制。一般设置利息递延机制，递延的利息可累计且复利计算，同时设置普通股股东股息制动机制。

第二，对比可转债，从票面利率设定来看，永续债因为可能永续存在，

所以相对普通高级债是有溢价的，对于投资人而言具有一定的吸引力；同为混合资本的可转债，期限固定，且因为内嵌了期权价值，票息一般比普通高级债要低很多。

第三，对比优先股，永续债在法律上仍然是一种债券，在受偿顺序上，非银行发行人的高级永续债或者次级永续债都在优先股之前。根据我国税法规定①，永续债不论是否在会计上记为权益，在税务处理上符合条件时，可选择按照债券处理，进行税前抵扣，而优先股则是税后分配利润，红利无法税前抵扣。另外，永续债没有任何投票权和投票权恢复机制。

二、非银行企业发行永续债的动因

银行发行的资本永续债的动力是符合巴塞尔协议Ⅲ监管资本的要求，一般企业永续债与其相比最大的差别在于：一是可以设置利率跳升的赎回激励机制；二是无须设定损失吸收触发机制；三是利息虽可递延，但递延的利息可累计且复利计算。

而一般企业并没有监管资本的限制，其发行永续债的动力更多的是来自企业的融资需求和永续债的会计处理。一方面，通过永续债可以实现较为长期限的融资；另一方面，符合一定条件下，永续债可以计入发行主体的权益，而不是负债。这里涉及从法律层面、资本监管层面、会计层面、税务处理层面，以及主体评级层面五个角度来理解权益。每个角度对于权益或资本的定义都遵循相应规则，具有相对的独立性。

在法律层面，永续债仍然是债券（高级债或者次级债券），不存在稀释股权的问题；在监管层面，非银行企业不涉及资本充足率的要求；在会计层面，符合条件可以记为权益；在税务层面，可以选择税前抵扣（参照 2019 年 4 月

---

①　2019 年 4 月 16 日财政部和国家税务总局发布了《关于永续债企业所得税政策问题的公告》，规定企业发行的永续债：（1）可以适用股息、红利企业所得税政策，即投资方取得的永续债利息收入属于股息、红利性质，按照现行企业所得税政策相关规定进行处理，其中，发行方和投资方均为居民企业的，永续债利息收入可以适用企业所得税法规定的居民企业之间的股息、红利等权益性投资收益免征企业所得税规定；同时发行方支付的永续债利息支出不得在企业所得税税前扣除。（2）符合规定条件的永续债，也可以按照债券利息适用企业所得税政策，即发行方支付的永续债利息支出准予在其企业所得税税前扣除；投资方取得的永续债利息收入应当依法纳税。

16 日财政部、国家税务总局发布的《关于永续债企业所得税政策问题的公告》）；在评级层面，三家国际评级机构根据各自方法论及债券条款来判断其权益属性和比例。

对于负债率较高的企业，比如房地产企业，永续债具有一般债券无法比拟的优势。但目前国内会计准则对于永续债作为权益的认定越来越严格，势必对未来发行产生影响①。

对于投资人而言，永续债票息更高，且一般设置赎回机制以及对于发行人惩罚的利率跳升机制，在市场环境和发行人经营不发生大的变化时，发行人会在第一个赎回日行使赎回权，当然投资人也承受了发行人不按时赎回的风险。

三、一般企业永续债条款分析

与一般普通债券比较，企业永续债投资人放弃了违约事件条款，主要通过利率跳升机制来约束发行人，促使其按时行使赎回权。关键条款包括以下几个方面。

（一）受偿顺序

企业永续债可以是高级债券，也可以是次级债券，在法律上没有限制。中资发行人的境外永续债以无抵押高级债券为主。

（二）赎回机制

首先没有固定到期赎回条款，但附有发行人赎回机制，常见的 PerpsNC3、PerpsNC5、PerpsNC7，即第 3、第 5、第 7 年后为首个赎回日，且此后相同间隔年数设定赎回日。

（三）利率重置

一般赎回日同时重置利率，但也有不进行利率重置的，或者结构性地设置利率重置。利率的重置的方式很多，主要分两种：

1. 重置利率 = 初始利差 + 当期基准利率 + 上浮基点。例如美元永续债"当期基准利率"一般为相应赎回间隔期限美国国债，"上浮基点"一般设置

---

① 参见 2019 年 1 月 28 日财政部印发的《永续债相关会计处理的规定》（财会〔2019〕2 号）。

150~600 个基点不等，300 个基点是常见的上浮基点，上浮基点越大对于投资人保护越足。也有永续债设置随着赎回期递延，上浮基点不断递增的。

2. 重置利率 = 上一期票息 + 上浮基点，即不考虑市场利率变化，但每一次推迟赎回，重置利率将叠加增高。

（四）利息递延

一般条款设置发行人有权选择当期利息和已递延利息及孳息推迟到下一个付息日，无次数限制，不构成违约。同时设置普通股股息制动条款，即递延利息及孳息偿付之前，不得向普通股股东及受偿顺序次于永续债的证券进行支付。

可以看出，一般企业永续债的设定比银行 AT1 CoCos 永续资本的条款对投资人更加友好。首先，如果发行人选择不赎回，利率跳升机制使得融资成本迅速抬升，发行人会选择赎回，发行新的债券进行再融资；其次，若进行利息递延，则累计且产生孳息，提高融资成本。同时，与银行资本债一样，从公司形象和信誉角度出发，不赎回或者递延付息都会严重影响再融资的能力。

四、境外永续债市场情况

截至 2019 年 5 月底，境外中资非银行发行人永续债累计发行 97 只，发行金额 464.37 亿美元，其中房地产企业为最主要的发行人，共计发行 41 只，累计发行金额 174.59 亿美元，平均票面利率在 7% 左右。对于房地产企业而言，融资受到政策影响较大，境外永续债既能成为拓展融资渠道的手段，也能在财务报表上实现计入权益，具有特殊的优势。房地产企业仍将是除金融机构、地方政府融资平台之外的重要中资发行人，而永续债也继续成为其融资的重要工具之一。

第七章　中资美元债券市场的监管政策

第一节　境内监管框架

中资机构在境外美元债券发行准备过程中，针对境内监管政策，通常最关心两个问题：境内监管审批备案流程以及募集资金回流境内方式。这同样也是境内外投资者关心的，因为上述问题涉及债券是否已履行相应手续以确保后续跨境还本付息没有监管障碍，以及资金能否按照募集用途披露和顺利使用。

在 2015 年以前，境内主体直接发行美元债券需要国务院审批；境内主体担保境外子公司间接发行，募集资金回流难度较大，监管政策实际为中资企业海外发行债券设定了一系列前置条件。近年来，随着金融体系改革进一步深化，金融双向开放程度进一步加深，宏观审慎框架逐步建立完善，相关监管政策也进行了重大改革。通过实行总量控制、简政放权，既促进了中资美元债券走向市场化健康发展道路，也使得监管机构在宏观层面能够更加全面、及时、准确掌握外债真实情况。

目前，中资美元债券的境内监管框架包括国家发展改革委负责的外债事前备案制度、中国人民银行负责的跨境融资宏观审慎管理和国家外汇管理局负责的外汇登记制度。表 7 - 1 列示了现行的主要监管政策制度，其中的要求需要同时得到满足。虽然各政策之间还存在交叉重叠、需要衔接的部分，但一系列改革措施对于中资美元债券市场的蓬勃发展起到了积极促进作用。

表 7 - 1　　　　　　　　　　　境内主要现行监管政策

监管部门	政策制度	文号
国家发展改革委	《国家发展改革委关于推进企业发行外债备案登记制管理改革的通知》	发改外资〔2015〕2044 号
	《国家发展改革委　财政部关于完善市场约束机制　严格防范外债风险和地方债务风险的通知》	发改外资〔2018〕706 号
	《国家发展改革委办公厅关于对地方国有企业发行外债申请备案登记有关要求的通知》	发改办外资〔2019〕666 号
	《国家发展改革委办公厅关于对房地产企业发行外债申请备案登记有关要求的通知》	发改办外资〔2019〕778 号
中国人民银行	《中国人民银行关于全口径跨境融资宏观审慎管理有关事宜的通知》	银发〔2017〕9 号
国家外汇管理局	《国家外汇管理局关于发布外债登记管理办法》的通知	汇发〔2013〕19 号
	《国家外汇管理局关于改革和规范资本项目结汇管理政策的通知》	汇发〔2016〕16 号
	《国家外汇管理局关于进一步推进外汇管理改革完善真实合规性审核的通知》	汇发〔2017〕3 号

备注：具体文件可见附录。

第二节　国家发展改革委的审批备案政策

一、审批制的取消和备案制的建立

（一）审批制

在 2015 年以前，中资美元债券发行长期实施审批管理，依照《国家计委、人民银行关于进一步加强对外发债管理的意见》（国办发〔2000〕23 号，以下简称"23 号文"）执行，审批规格高，获审难度大。

"23 号文"将外债定义为"我国境内机构，包括国家机关、金融机构及境内其他企事业单位和外商投资企业，在境外金融市场上发行的，以外币表示的，构成债权债务关系的有价证券。境内机构发行境外外币可转换债券、大额可转让存单、商业票据，视同对外发债进行管理"。首先，对发债资格认定要求"由国家计委会同人民银行和有关主管部门，借鉴国际惯例进行评审后报国务院批准，发债资格每两年评审一次"。其次，对发债事项的审批要求"境内机构（财政部除外）对外发债，经国家计委审核并会签国家外汇管理局后报国务院审批"，"境内机构为其海外分支机构境外发债进行融资担保，发债所筹资金不调入境内使用的，由国家外汇管理局按现行有关规定审批；若发债资金调入境内使用，按境内机构对外发债的审批程序办理"，"境内机构对外发债后，要按照国家外汇管理局的规定办理外债登记"。最后，申报的材料除了基本的财务报表和发债资金用途外，还需要"国家有关部门批复的项目可行性研究报告或利用外资方案，以及纳入国家利用外资计划的证明文件"。

从上述规定看，境内主体直接发行及担保模式下资金回流的外币债券都需要国务院审批，除极个别大型央企外，对于绝大多数境内发行人而言，无法通过该路径发行境外外币债券。事实上，中资发行人大量采用了维好模式，以境外主体作为发行人且不涉及法律意义上的担保，从操作层面绕开了境内审批，但资金不能直接回流，要通过股东贷款、贸易等其他方式回流境内使用。如此造成的局面是，一方面，监管无法全面掌握中资机构的实际外债规模；另一方面，维好模式不及直接发行结构清晰，不及担保模式增信效力强，抬高了发行成本。

另外，在境外发行以人民币计价的点心债的审批流程与外币债券还存在差异。遵循《境内金融机构赴香港特别行政区发行人民币债券管理暂行办法》（中国人民银行、国家发展和改革委员会公告〔2007〕第12号）、《关于境内非金融机构赴香港特别行政区发行人民币债券有关事项的通知》（发改外资〔2012〕1162号）规定，金融机构报送人民银行、国家发展改革委审批，非金融机构报送国家发展改革委审批。同是审批制，点心债将权限下放到了人民银行、国家发展改革委，其实为后续外币债券的备案制改革铺垫了序曲。

（二）备案制

2015年9月14日，国家发展改革委颁布《关于推进企业发行外债备案登记制管理改革的通知》（发改外资〔2015〕2044号，以下简称"2044号文"），明确取消企业发行外债的额度审批，改革创新外债管理方式，实行发行前备案登记、发行后信息报送管理。

"2044 号文"推出，既是响应 2015 年国务院简政放权措施《关于取消非行政许可审批事项的决定》的实施，也是顺应当时全球金融市场趋势。通过统筹境内外市场资源，引外资、稳增长，有利于中资境外债券融资市场化运营，有助于监管全面准确掌握中长期外债真实情况。

1. 外债定义。"2044 号文"定义外债"是指境内企业及其控制的境外企业或分支机构向境外举借的、以本币或外币计价、按约定还本付息的 1 年期以上债务工具，包括境外发行债券、中长期国际商业贷款等"。第一，"2044 号文"将中资境内外发行主体都纳入管辖，维好模式也在备案范围内，补上监管缺口，同时为结构简单清晰的直接发行模式扫清了政策障碍；第二，将本、外币外债进行了统一归口；第三，明确规定适用范围为 1 年期以上的长期债券。

2. 备案流程。"企业发行外债，须事前向国家发展改革委申请办理备案登记手续，并在每期发行结束后 10 个工作日内，向国家发展改革委报送发行信息"，备案材料包括"发行外债的申请报告与发行方案，包括外债币种、规模、利率、期限、募集资金用途及资金回流情况等"，"国家发展改革委在收到备案登记申请后 5 个工作日决定是否予以受理，自受理之日起 7 个工作日内，在外债总规模限额内出具《企业发行外债备案登记证明》"。"2044 号文"取消额度审批，实行规模控制，当外债总规模超出限额时，国家发展改革委将向社会公告，同时不再受理备案。

3. 募集资金用途。取消了审批制下"国家有关部门批复的项目可行性研究报告或利用外资方案，以及纳入国家利用外资计划的证明文件"的要求，规定"募集资金根据实际需要自主在境内外使用，优先用于支持"一带一路"、京津冀协同发展、长江经济带与国际产能和装备制造合作等重大工程建设和重点领域投资"。

关于募集资金回流，明确"外债发行人凭备案登记证明按规定办理外债资金流出流入等有关手续"。"2044 号文"为外债募集资金回流，国家外汇管理局备案登记提供了政策依据。

总体而言，与 2000 年的"23 号文"对比，无论是从形式上还是实质上，"2044 号文"取消了额度审批，简化了备案流程和内容，将话语权留给市场，扫清了"直接发行"模式的政策障碍。在实际操作层面，国家发展改革委备案工作在境外债券发行过程中是十分重要的环节，一般在项目启动之初就由全球协调人、发行人律师协助开始准备。虽然不是监管审批，但海外路演以及发行前，取得备案登记证明已成为必要前置条件。

二、外债规模切块管理改革试点的变化

2016 年，国家发展改革委同时实施外债规模切块管理改革试点，分试点地区和试点企业两个层次。

（一）试点地区

2016 年 5 月 26 日，国家发展改革委发布了《部署四个自贸区所在省市外债规模管理改革试点工作》和《国家发展改革委关于 2016 年外债管理改革试点省市规模安排的批复》（发改外资〔2016〕1139 号），将四个自贸区所在 6 省市（上海、天津、福建、广东、厦门、深圳）列为改革试点地区。规定"在外债控制规模内，除中央管理企业（含金融机构）外，辖区内注册的地方企业境外发行债券和借用中长期国际商业贷款，由 6 省市发展改革委负责出具相关企业借用外债规模登记证明"，核定的外债控制规模分别为"上海市 40 亿美元、天津市 40 亿美元、福建省 20 亿美元、广东省 20 亿美元、厦门市 20 亿美元、深圳市 40 亿美元（等值本外币）。外债规模有效期为 2016 年 12 月底，过期自动失效。如该规模不足，可在今年 10 月底前根据实际需求申请调增。"

（二）试点企业

2016 年 5 月 27 日，国家发展改革委发布《部署 2016 年度企业外债规模管理改革试点工作》和《国家发展改革委关于 2016 年度企业外债规模管理改革试点的批复》（发改外资〔2016〕1153 号），21 家企业纳入改革试点企业清单，"试点企业在年度外债规模内，可自主选择发行窗口，分期分批发行，不再进行事前登记，待发行完成后及时报送发行信息。发展改革委鼓励试点企业境内母公司直接发行外债，适当控制海外分支机构和子公司发行外债。

鼓励外债资金回流结汇，由企业根据需要在境内外自主调配使用，主要用于'一带一路'、京津冀协同发展、长江经济带等国家重大战略规划和城镇化、战略性新兴产业、'双创'、高端装备制造业、互联网＋、绿色发展等重点领域，扩大有效投资"。2017年和2018年对名单进行了动态调整。

　　然而，2019年2月18日，国家发展改革委外资司发布《关于企业申请办理外债备案登记证明的指引》，明确要求"中央管理企业和金融机构由集团总部（总公司、总行等）向国家发展改革委提出备案登记申请，地方企业（含金融机构）直接向国家发展改革委提出备案登记申请"。业界人士分析，这表明国家发展改革委从2019年起实际上取消了外债规模切块试点政策。

三、地方政府融资平台和房地产行业境外债券政策变化

（一）地方政府融资平台

国家发展改革委、财政部于2018年5月11日发布的《关于完善市场约束机制　严格防范外债风险和地方债务风险的通知》（发改外资〔2018〕706号，以下简称"706号文"）以及国家发展改革委于2019年6月6日发布的《关于对地方国有企业发行外债申请备案登记有关要求的通知》（发改办外资〔2019〕666号，以下简称"666号文"），实际对政府融资平台境外债券加大了监管力度。

　　"706号文"规定"拟举借中长期外债企业（含金融机构），要实现实体化运营，依法合规开展市场化融资，充分论证发行外债的必要性、可行性、经济性和财务可持续性，同时依托自身资信状况制订外债本息偿付计划，落实偿债保障措施。严禁企业以各种名义要求或接受地方政府及其所属部门为其市场化融资行为提供担保或承担偿债责任，切实做到'谁用谁借、谁借谁还、审慎决策、风险自担'"，"严禁将公立学校、公立医院、公共文化设施、公园、公共广场、机关事业单位办公楼、市政道路、非收费桥梁、非经营性水利设施、非收费管网设施等公益性资产及储备土地使用权计入企业资产"，"如募投项目取得投资补助、运营补贴、财政贴息等财政资金支持，有关决策程序必须依法合规，必须把地方财政承受能力和中长期财政可持续作为重要约束条件，坚决杜绝脱离当地财力可能进行财政资金支持"。"在债券募集说

明书等文件中，不得披露所在地区财政收支、政府债务数据等可能存在政府信用支持的信息，严禁与政府信用挂钩的误导性宣传，并在相关文件中明确，地方政府作为出资人仅以出资额为限承担责任，相关举借债务由发债企业作为独立法人负责偿还。有关信用评级机构不得将企业信用与地方政府信用挂钩"。

"666号文"进一步明确，"所有企业（含地方国有企业）发行外债申请备案登记应提交申请材料的真实性承诺函，并由企业主要决策人员签字确认。对于虚假承诺的企业，国家发展改革委将把企业及主要决策人员违规行为记入信用记录，并纳入全国信用信息共享平台；地方国有企业发行外债申请备案登记需持续经营不少于三年；地方国有企业作为独立法人承担外债偿还责任，地方政府及其部门不得直接或者承诺以财政资金偿还地方国有企业外债，不得为地方国有企业发行外债提供担保；承担地方政府融资职能的地方国有企业发行外债仅限用于偿还未来一年内到期的中长期外债。地方国有企业发行外债应加强信息披露。在债券募集说明书等文件中，严禁掺杂可能与政府信用挂钩的误导性宣传信息。"

（二）房地产行业

"706号文"对于房地产行业同样适用，发行人需要充分论证发行外债的必要性、可行性。另外，国家发展改革委于2019年7月9日发布《关于对房地产企业发行外债申请备案登记有关要求的通知》（发改办外资〔2019〕778号，以下简称"778号文"），明确规定房地产企业发行外债只能用于置换未来一年内到期的中长期境外债务，房地产企业在外债备案登记申请材料中要列明拟置换境外债务的详细信息，包括债务规模、期限情况、备案登记情况等，并提交《企业发行外债真实性承诺函》。

"778号文"将房地产企业境外发债的资金用途限制为外债再融资，可置换的标的主要包括境外一年内到期的中长期债券以及银行借款，无法为新增项目融资，也不能回流偿还境内债务。

四、关于备案的常见问题

虽然"2044号文"已对外债进行了较为全面明晰的定义，将担保模式、维好模式、境内银行海外分行的外债都纳入了备案范围，但在实际操作层面对于红筹架构以及"364 天"外债是否需要备案，市场上存在争议。

（一）红筹架构

所谓红筹架构，一般指母公司注册在境外、主要业务或资产在中国境内的企业。"2044 号文"的备案范围是境内企业及其控制的境外企业或分支机构的外债。红筹架构的境外母公司或境外子公司在境外发行的中长期债券，从定义上看并不完全符合"2044 号文"规定的直接发行或间接发行模式。在"2044 号文"实施之初，市场也未形成统一认识，部分红筹企业并未进行备案发行。2017 年 6 月 12 日国家发展改革委发布《企业境外发行债券风险提示》，对 5 家企业（包括 2 家红筹企业）未履行发行事前备案点名通报、责令补办，并提出不履行的惩戒措施。目前，对于红筹架构企业的中长期外债是否需要按照"2044 号文"进行备案没有明文规定，在实际操作层面，项目全球协调人及律师一般会协助发行人与国家发展改革委就备案事宜进行沟通。

（二）"364 天"外币债券

"2044 号文"明确规定 1 年期以上的债务工具需要进行备案，对于 1 年期以下的融资不需要向国家发展改革委备案，比如境内银行海外分支机构发行短期 CDs 等融资行为。当前一些在境外无实体经营的中资企业进行 364 天债券融资时，难免有规避监管的嫌疑，市场曾一度传言国家发展改革委将考虑禁止"364 天"外币债券融资。2018 年 6 月 29 日，据国家发展改革委官网发布的消息，国家发展改革委利用外资和境外投资司有关负责人向记者表示，并未考虑禁止企业境外发债，以上传言没有依据。目前看，364 天的外债不需要进行"2044 号文"备案。

第三节　中国人民银行的宏观审慎管理政策

一、跨境融资宏观审慎管理政策出台

2016 年 4 月 29 日，中国人民银行发布《关于在全国范围内实施全口径跨境融资宏观审慎管理的通知》（银发〔2016〕132 号，以下简称"132 号

文"），取消外债指标管理，取消借款主体限制，允许外债结汇使用。人民银行、外汇管理局不再实行外债事前审批，企业改为事前签约备案，金融机构改为事后备案。

国家发展改革委的"2044号文"和人民银行的"132号文"是各自独立发布的、对原有外债管理框架进行改革的重要政策，其适用范围、适用对象上既有重叠，也有差异，对于境外债券发行人而言需要同时遵守。上述两个文件之间产生的最大协同效应体现在允许募集资金回流结汇这一点上。"2044号文"明确了凭备案登记证明可按规定办理外债资金流出流入等有关手续，"132号文"就办理路径给出明确的指示。

2017年人民银行发布《关于全口径跨境融资宏观审慎管理有关事宜的通知》（银发〔2017〕9号文，以下简称"9号文"），废止"132号文"。"9号文"未对"132号文"的政策框架作出实质性的改变，而是针对适用主体范围、纳入计算的业务类型、杠杆率、过渡期等方面进行了进一步完善。

二、适用主体

"9号文"明确定义跨境融资"是指境内机构从非居民融入本、外币资金的行为。本通知适用依法在中国境内成立的法人企业和法人金融机构。本通知适用的企业仅限非金融企业，且不包括政府融资平台和房地产企业"。在适用范围上，"2044号文"的外债与"9号文"的跨境融资区别在于以下三点：

第一，"9号文"排除了政府融资平台和房地产企业，而"2044号文"适用所有行业。

第二，"9号文"明确适用于境内外商投资企业、境内外资银行，而"2044号文"未排除上述机构，但在实践中不确定，未强制执行。

第三，"9号文"包括短期、长期融资，而"2044号文"仅适用于1年期以上的外债。

三、宏观审慎规则

人民银行对27家银行类金融机构跨境融资进行宏观审慎管理，国家外汇管理局对企业和除27家银行类金融机构以外的其他金融机构跨境融资进行管理，并对企业和金融机构进行全口径跨境融资统计监测。中国人民银行、国家外汇管理局之间建立信息共享机制。

宏观审慎主要是基于主体资本或者净资产进行约束，在符合约束机制条件下，企业和金融机构均可按规定自主开展跨境融资。具体约束条件为"企业和金融机构开展跨境融资按风险加权计算余额（指已提用未偿余额），风险加权余额不得超过上限"，具体计算方法如表 7 - 2 所示。人民银行建立跨境融资宏观风险监测指标体系，在跨境融资宏观风险指标触及预警值时，采取逆周期调控措施，如调整跨境融资杠杆率和宏观审慎调节参数等总量调控措施，以及调整各类风险转换因子等结构调控措施。

表 7 - 2　　　　　　　　　宏观审慎约束条件及计算

约束条件：跨境融资风险加权余额≤跨境融资风险加权余额上限	
跨境融资风险加权余额 = ∑本外币跨境融资余额 × 期限风险转换因子 × 类别风险转换因子 + ∑外币跨境融资余额 × 汇率风险折算因子	跨境融资风险加权余额上限 = 资本或净资产 × 跨境融资杠杆率 × 宏观审慎调节参数
1. 期限风险转换因子：还款期限在 1 年（不含）以上的中长期跨境融资的期限风险转换因子为 1，还款期限在 1 年（含）以下的短期跨境融资的期限风险转换因子为 1.5 2. 类别风险转换因子：表内融资的类别风险转换因子设定为 1，表外融资（或有负债）的类别风险转换因子暂定为 1 3. 汇率风险折算因子：0.5	1. 跨境融资杠杆率：企业为 2，非银行法人金融机构为 1，银行类法人金融机构和外国银行境内分行为 0.8 2. 宏观审慎调节参数为 1

企业和金融机构因风险转换因子、跨境融资杠杆率和宏观审慎调节参数调整导致跨境融资风险加权余额超出上限的，原有跨境融资合约可持有到期；在跨境融资风险加权余额调整到上限之前，不得办理包括跨境融资展期在内的新的跨境融资业务。

四、非金融机构企业备案流程

"9 号文"要求"企业在跨境融资合同签约后但不晚于提款前三个工作日，向国家外汇管理局的资本项目信息系统办理跨境融资情况签约备案"。对于中资美元债券发行人而言，定价日即为合同签约日，交割日（一般 T + 5）即为提款日，也就意味着在定价后两天内需要完成备案。

企业融入外汇资金可意愿结汇。企业办理跨境融资签约备案后，可以根据提款、还款安排为借款主体办理相关的资金结算。

五、金融机构备案流程

27 家银行类金融机构向人民银行报送相关材料，27 家银行类金融机构以外的其他金融机构向国家外汇管理局报送相关材料。报送材料主要包括三个层次：

第一，在首次办理跨境融资业务前，应将计算的跨境融资风险加权余额、跨境融资风险加权余额上限以及计算的详细过程报送人民银行、国家外汇管理局。如余额低于上限额，则金融机构可自行与境外机构签订融资合同。

第二，在跨境融资合同签约后执行前，金融机构向人民银行、国家外汇管理局报送资本金额、跨境融资合同信息，并在提款后按规定报送本外币跨境收入信息，支付利息和偿还本金后报送本外币跨境支出信息。

第三，在每月初 5 个工作日内，需将上月本机构本外币跨境融资发生情况、余额变动等统计信息报告人民银行、国家外汇管理局。

金融机构融入资金可用于补充资本金，服务实体经济发展，经国家外汇管理局批准，融入外汇资金可结汇使用。

第四节 国家外汇管理局的外债登记政策

一、外债登记政策制度

根据国务院《中华人民共和国外汇管理条例》（国务院令第 532 号），国家对外债实行规模管理。借用外债应当按照国家有关规定办理，并到外汇管理机关办理外债登记。外债登记由国家外汇管理局负责管理。

发行外币债券涉及的国家外汇管理局政策主要包括：《国家外汇管理局关于发布〈外债登记管理办法〉的通知》（汇发〔2013〕19 号，以下简称"19 号文"）、《国家外汇管理局关于发布〈跨境担保外汇管理规定〉的通知》（汇发〔2014〕29 号，以下简称"29 号文"）、《国家外汇管理局关于进一步推进外汇管理改革完善真实合规性审核的通知》（汇发〔2017〕3 号，以下简称"3 号文"）、《国家外汇管理局关于改革和规范资本项目结汇管理政策的通知》（汇发〔2016〕16 号，以下简称"16 号文"）。国家外汇管理局的政策与中国人民银行的"9 号文"、国家发展改革委"2044 号文"之间既有交叉部分也存在差异，需要同时遵守。

二、外债登记流程

根据"19 号文"规定，外债登记是指债务人按规定借用外债后，按照规定方式向所在地外汇局登记或报送外债的签约、提款、偿还和结售汇等信息。根据债务人类型实行不同的外债登记方式。债务人为境内银行，应通过外汇局相关系统逐笔报送其借用外债信息。债务人为银行以外的其他境内债务人，应在规定时间内到所地外汇局办理签约逐笔登记或备案手续。非银行债务人应当在外债合同签约后 15 个工作日内完成外债签约登记，外汇局将发给债务人加盖资本项目业务印章的"境内机构外债签约情况表"。对比人民银行"9号文"规定的备案登记时间，两者存在差异，"9 号文"要求境内非金融企业在合同签约后但不晚于提款前 3 个工作日完成签约备案。实践中按文件出台时间顺序，一般按人民银行"9 号文"执行，即定价后立即向当地外汇局进行备案登记。

三、担保模式下的资金回流政策变化

2014 年"29 号文"定义跨境担保"是指担保人向债权人书面作出的、具有法律约束力、承诺按照担保合同约定履行相关付款义务并可能产生资金跨境收付或资产所有权跨境转移等国际收支交易的担保行为"，"按照担保当事各方的注册地，跨境担保分为内保外贷、外保内贷和其他形式跨境担保"。因而，担保发行模式的境外美元债属于"29 号文"的内保外贷形式。

"29 号文"进一步规定"未经外汇局批准，债务人不得通过向境内进行借贷、股权投资或证券投资等方式将担保项下资金直接或间接调回境内使用"。意味着担保模式下募集资金回流实现难度很大。

2017 年"3 号文"出台，明确"允许内保外贷项下资金调回境内使用。

债务人可通过向境内进行放贷、股权投资等方式将担保项下资金直接或间接调回境内使用。银行发生内保外贷担保履约的，相关结售汇纳入银行自身结售汇管理"。"3号文"的出台正式给担保发行进行了松绑，募集资金可通过备案登记正常回流使用，为企业发行结构提供了更多的选择和灵活性。

四、回流募集资金用途的限制

若希望募集资金回流，境外债发行人需在国家发展改革委事前备案中明确申请，国家发展改革委会在出具《企业发行外债备案登记证明》中注明"发行人凭本备案登记证明按规定办理外债外汇、回流结汇等相关手续"。一般而言，需要回流的募集资金用途要符合国家发展改革委鼓励的范围。

理论上，发行人持有国家发展改革委备案证明可在债券定价后向国家外汇管理局申请登记。实际操作中，发行人一般会在债券发行前，同步与当地外汇局提前沟通，以确保发行后可顺利完成登记并将资金调回。回流的募集资金需严格遵守"16号文"要求：

（一）不得直接或间接用于企业经营范围之外或国家法律法规禁止的支出；

（二）除另有明确规定外，不得直接或间接用于证券投资或除银行保本型产品之外的其他投资理财；

（三）不得用于向非关联企业发放贷款，经营范围明确许可的情形除外；

（四）不得用于建设、购买非自用房地产（房地产企业除外）。

值得一提的是，维好结构下境内主体提供的不是担保，其资金回流方式包括但不限于新设外商投资企业、并购境内企业、股东贷款、合格境外投资者、外商融资租赁公司、外商投资股权投资企业、外保内贷、贸易等，同时应遵守有关外商投资方面的法律法规。

附录：中资美元债券主要监管政策

文件一：《国家发展改革委关于推进企业发行
外债备案登记制管理改革的通知》

（发改外资〔2015〕2044 号）

各省、自治区、直辖市及计划单列市、新疆生产建设兵团发展改革委，各中央管理企业和金融机构：

为统筹用好国内外两个市场、两种资源，进一步发挥国际资本市场低成本资金在促投资、稳增长方面的积极作用，有序推进企业发行外债管理改革，创新外债管理方式，促进跨境融资便利化，支持实体经济发展，现就有关事项通知如下：

一、稳步推进企业发行外债备案登记制管理改革

（一）本通知所称外债，是指境内企业及其控制的境外企业或分支机构向境外举借的、以本币或外币计价、按约定还本付息的 1 年期以上债务工具，包括境外发行债券、中长期国际商业贷款等。

（二）取消企业发行外债的额度审批，改革创新外债管理方式，实行备案登记制管理。通过企业发行外债的备案登记和信息报送，在宏观上实现对借用外债规模的监督管理。

（三）企业发行外债，须事前向国家发展改革委（以下简称国家发改委）申请办理备案登记手续，并在每期发行结束后 10 个工作日内，向国家发改委

报送发行信息（企业发行外债信息报送表，附件1①）。

（四）在总结经验的基础上，选择若干综合经济实力较强、风险防控机制完善的省份和大型银行，扩大外债规模切块管理改革试点。根据地方和企业实际需要，国家发改委按年度一次性核定外债规模，企业可视国内外资本市场状况和项目建设需要分期分批完成发行。

二、扩大企业外债规模，支持重点领域和产业转型升级

（五）根据国际资本市场动态和我国经济社会发展需要及外债承受能力，按照"控制总量、优化结构、服务实体"的原则，国家发改委对企业发行外债实行规模控制，合理确定总量和结构调控目标，引导资金投向国家鼓励的重点行业、重点领域、重大项目，有效支持实体经济发展。

（六）为应对经济下行压力，有效利用境外低成本资金，鼓励资信状况好、偿债能力强的企业发行外债，募集资金根据实际需要自主在境内外使用，优先用于支持"一带一路"、京津冀协同发展、长江经济带与国际产能和装备制造合作等重大工程建设和重点领域投资。

三、简化企业发行外债备案登记

（七）企业发行外债应符合以下基本条件：信用记录良好，已发行债券或其他债务未处于违约状态。具有良好的公司治理和外债风险防控机制。资信情况良好，具有较强的偿债能力。

（八）企业发行外债提交的备案登记材料包括：发行外债的申请报告与发行方案，包括外债币种、规模、利率、期限、募集资金用途及资金回流情况等。申请人应对申请材料及信息的真实性、合法性和完整性负责。

（九）对于实施外债规模切块管理改革试点的省市，企业和金融机构向试点省市发展改革委提出备案登记申请。中央管理企业和金融机构，以及试点省市以外的地方企业和金融机构直接向国家发改委提出备案登记申请。

（十）国家发改委在收到备案登记申请后5个工作日决定是否予以受理，

---

① 本书略。

自受理之日起 7 个工作日内，在外债总规模限额内出具《企业发行外债备案登记证明》（附件 2①）。外债发行人凭备案登记证明按规定办理外债资金流出流入等有关手续。当外债总规模超出限额时，国家发改委将向社会公告，同时不再受理备案登记申请。

（十一）企业发行外债实际情况与备案登记情况差异较大时，应在信息报送时予以说明。对于恶意虚报外债备案登记规模的企业，国家发改委将其不良信用记录纳入国家信用信息平台。

四、加强事中事后监管，切实防范风险

（十二）为做好相关服务，国家发改委将尽快开发网上备案登记系统，方便企业办理备案登记手续。同时，会同有关部门加强对全口径外债的宏观监测和管理，及时汇总分析企业发行外债备案登记和信息报送情况，关注跨境资本流动中出现的苗头性、倾向性、潜在性问题，加强事中事后监管，确保负债率、债务率、偿债率等主要外债指标控制在安全线以内，切实有效防范外债风险。

（十三）外债规模切块管理改革试点的地方发展改革部门要简化程序、推进改革，防止以备案登记名义进行变相审批。同时，要密切关注本地区企业发行外债情况，及时了解有关动态，会同有关部门建立本地区外债风险监测指标体系，并于每年年底前向国家发改委报送外债使用基本情况（包括企业发行外债规模、结构、投向及外债偿还和余额等）。

（十四）本通知自发布之日起施行。

文件二：《国家发展改革委　财政部关于完善市场约束机制　严格防范外债风险和地方债务风险的通知》

（发改外资〔2018〕706 号）

各省、自治区、直辖市及计划单列市、新疆生产建设兵团发展改革委、财政

---

① 本书略。

厅（局）：

为深入贯彻落实党的十九大、中央经济工作会议和全国金融工作会议精神，进一步发挥国际资本市场低成本资金在支持实体经济转型升级和推进供给侧结构性改革方面的积极作用，完善市场约束机制，切实有效防范中长期外债风险和地方债务风险，现就有关事项通知如下。

一、拟举借中长期外债企业（含金融机构，下同）要实现实体化运营，依法合规开展市场化融资，充分论证发行外债的必要性、可行性、经济性和财务可持续性，同时依托自身资信状况制定外债本息偿付计划，落实偿债保障措施。严禁企业以各种名义要求或接受地方政府及其所属部门为其市场化融资行为提供担保或承担偿债责任，切实做到"谁用谁借、谁借谁还、审慎决策、风险自担"。

二、要紧密围绕推进供给侧结构性改革的方向，着力支持综合经济实力强、国际化经营水平高、风险防控机制健全的大型企业赴境外市场化融资，募集资金重点用于支持创新发展、绿色发展、战略性新兴产业、高端装备制造业以及"一带一路"建设和国际产能合作等。

三、拟举借中长期外债企业要建立健全规范的公司治理结构、管理决策机制和财务管理制度。申报企业拥有的资产应当质量优良、权属清晰，严禁将公立学校、公立医院、公共文化设施、公园、公共广场、机关事业单位办公楼、市政道路、非收费桥梁、非经营性水利设施、非收费管网设施等公益性资产及储备土地使用权计入企业资产。

四、利用外债资金支持的募投项目，要建立市场化的投资回报机制，形成持续稳定、合理可行的财务预期收益。如募投项目取得投资补助、运营补贴、财政贴息等财政资金支持，有关决策程序必须依法合规，必须把地方财政承受能力和中长期财政可持续作为重要约束条件，坚决杜绝脱离当地财力可能进行财政资金支持。

五、拟举借中长期外债企业要统筹考虑汇率、利率、币种及企业资产负债结构等因素，灵活运用货币互换、利率互换、远期外汇买卖、期权、掉期等金融产品，稳妥选择融资工具，合理持有外汇头寸，密切关注汇率变动，有效防控外债风险。

六、拟举借中长期外债企业要规范信息披露。在债券募集说明书等文件中，不得披露所在地区财政收支、政府债务数据等可能存在政府信用支持的信息，严禁与政府信用挂钩的误导性宣传，并在相关文件中明确，地方政府作为出资人仅以出资额为限承担责任，相关举借债务由发债企业作为独立法人负责偿还。有关信用评级机构不得将企业信用与地方政府信用挂钩。申报企业应对申请材料的真实性、合规性负责。

七、发展改革部门要切实加大事中事后监管力度，利用社会信用体系建设、大数据预警监测分析等多种创新方式，加强对外债资金使用情况和项目后续建设运营情况的督促检查工作。财政部门对依法合规承接政府投资项目的企业，应当按规定和批准的预算及时拨付资金，不得拖欠。

八、建立健全责任主体信用记录，对涉及地方政府违法违规融资和担保的企业、承销机构、会计师事务所、律师事务所等主体及其主要负责人，加大惩处问责力度，纳入相关领域黑名单和全国信用信息共享平台归集共享，实施跨部门联合惩戒，及时公开通报，并限制相关责任主体新申请或参与外债备案登记工作。

文件三：《国家发展改革委办公厅关于对地方国有企业发行外债申请备案登记有关要求的通知》

（发改办外资〔2019〕666号）

各省、自治区、直辖市及计划单列市、新疆生产建设兵团发展改革委，各有关企业和金融机构：

为配合做好地方政府债务管理工作，防范中长期外债风险和地方政府隐性债务风险，进一步落实《国家发展改革委关于推进企业发行外债备案登记制管理改革的通知》（发改外资〔2015〕2044号）、《国家发展改革委　财政部关于完善市场约束机制　严格防范外债风险和地方政府债务风险的通知》（发改外资〔2018〕706号）等规定要求，现就地方国有企业发行外债备案登记申请有关要求通知如下：

一、所有企业（含地方国有企业）及其控制的境外企业或分支机构发行外债，需由境内企业向国家发展改革委申请备案登记；

二、所有企业（含地方国有企业）发行外债申请备案登记应提交申请材料的真实性承诺函（见附件），并由企业主要决策人员签字确认。对于虚假承诺的企业，国家发展改革委将把企业及主要决策人员违规行为记入信用记录，并纳入全国信用信息共享平台；

三、地方国有企业发行外债申请备案登记需持续经营不少于三年；

四、地方国有企业作为独立法人承担外债偿还责任，地方政府及其部门不得直接或者承诺以财政资金偿还地方国有企业外债，不得为地方国有企业发行外债提供担保；

五、承担地方政府融资职能的地方国有企业发行外债仅限用于偿还未来一年内到期的中长期外债；

六、地方国有企业发行外债应加强信息披露。在债券募集说明书等文件中，严禁掺杂可能与政府信用挂钩的误导性宣传信息。

文件四：《国家发展改革委办公厅关于对房地产企业发行外债申请备案登记有关要求的通知》

（发改办外资〔2019〕778 号）

各省、自治区、直辖市及计划单列市、新疆生产建设兵团发展改革委，各有关企业和金融机构：

为进一步落实《国家发展改革委关于推进企业发行外债备案登记制管理改革的通知》（发改外资〔2015〕2044 号）、《国家发展改革委　财政部关于完善市场约束机制　严格防范外债风险和地方政府债务风险的通知》（发改外资〔2018〕706 号）等规定要求，完善房地产企业发行外债备案登记管理，强化市场约束机制，防范房地产企业发行外债可能存在的风险，促进房地产市场平稳健康发展，现对房地产企业发行外债申请备案登记提出如下要求。

一、房地产企业发行外债只能用于置换未来一年内到期的中长期境外债务。

二、房地产企业在外债备案登记申请材料中要列明拟置换境外债务的详细信息，包括债务规模、期限情况、经我委备案登记情况等，并提交《企业发行外债真实性承诺函》。

三、房地产企业发行外债要加强信息披露，在募集说明书等文件中需明确资金用途等情况。

四、房地产企业应制定发行外债总体计划，统筹考虑汇率、利率、币种及企业资产负债结构等因素，稳妥选择融资工具，灵活运用货币互换、利率互换、远期外汇买卖、期权、掉期等金融产品，合理持有外汇头寸，保持境内母公司外债与境外分支机构外债、人民币外债与外币外债、短期外债与中长期外债、内债与外债合理比例，有效防控外债风险。

文件五：《中国人民银行关于全口径跨境融资宏观审慎管理有关事宜的通知》

（银发〔2017〕9号）

中国人民银行上海总部，各分行、营业管理部，各省会（首府）城市中心支行、深圳市中心支行；国家外汇管理局各省、自治区、直辖市分局、外汇管理部，深圳、大连、青岛、厦门、宁波市分局；国家开发银行，各政策性银行、国有商业银行、股份制商业银行，中国邮政储蓄银行：

为进一步扩大企业和金融机构跨境融资空间，便利境内机构充分利用境外低成本资金，降低实体经济融资成本，中国人民银行在对全口径跨境融资宏观审慎管理政策实施情况进行全面评估的基础上，对政策框架进行了进一步完善。现将有关事宜通知如下：

一、本通知所称跨境融资，是指境内机构从非居民融入本、外币资金的行为。本通知适用依法在中国境内成立的法人企业（以下简称企业）和法人金融机构。本通知适用的企业仅限非金融企业，且不包括政府融资平台和房地产企业；本通知适用的金融机构指经中国人民银行、中国银行业监督管理委员会、中国证券监督管理委员会和中国保险监督管理委员会批准设立的各类法人金融机构。此外，将外国银行（港、澳、台地区银行比照适用，下同）境内分行纳入本通知适用范围，除特殊说明外，相关政策安排比照境内法人外资银行办理。

二、中国人民银行根据宏观经济热度、国际收支状况和宏观金融调控需要对跨境融资杠杆率、风险转换因子、宏观审慎调节参数等进行调整，并对27家银行类金融机构（名单见附件）跨境融资进行宏观审慎管理。国家外汇管理局对企业和除27家银行类金融机构以外的其他金融机构跨境融资进行管理，并对企业和金融机构进行全口径跨境融资统计监测。中国人民银行、国家外汇管理局之间建立信息共享机制。

三、建立宏观审慎规则下基于微观主体资本或净资产的跨境融资约束机制，企业和金融机构均可按规定自主开展本外币跨境融资。

企业和金融机构开展跨境融资按风险加权计算余额（指已提用未偿余额，下同），风险加权余额不得超过上限，即：跨境融资风险加权余额≤跨境融资风险加权余额上限。

跨境融资风险加权余额 = ∑本外币跨境融资余额 × 期限风险转换因子 × 类别风险转换因子 + ∑外币跨境融资余额 × 汇率风险折算因子。

期限风险转换因子：还款期限在1年（不含）以上的中长期跨境融资的期限风险转换因子为1，还款期限在1年（含）以下的短期跨境融资的期限风险转换因子为1.5。

类别风险转换因子：表内融资的类别风险转换因子设定为1，表外融资（或有负债）的类别风险转换因子暂定为1。

汇率风险折算因子：0.5。

四、跨境融资风险加权余额计算中的本外币跨境融资包括企业和金融机构（不含境外分支机构）以本币和外币形式从非居民融入的资金，涵盖表内融资和表外融资。以下业务类型不纳入跨境融资风险加权余额计算：

（一）被动负债：企业和金融机构因境外机构投资境内债券市场产生的本外币被动负债；境外主体存放在金融机构的本外币存款；合格境外机构投资者（QFII）或人民币合格境外机构投资者（RQFII）存放在金融机构的QFII、RQFII托管资金；境外机构存放在金融机构托管账户的境内发行人民币债券所募集的资金。

（二）贸易信贷、贸易融资：企业涉及真实跨境贸易产生的贸易信贷（包括应付和预收）和从境外金融机构获取的贸易融资；金融机构因办理基于真实跨境贸易结算产生的各类贸易融资。

（三）集团内部资金往来：企业主办的经备案的集团内跨境资金集中管理业务项下产生的对外负债。

（四）境外同业存放、拆借、联行及附属机构往来：金融机构因境外同业存放、拆借、联行及附属机构往来产生的对外负债。

（五）自用熊猫债：企业的境外母公司在中国境内发行人民币债券并以放款形式用于境内子公司的。

（六）转让与减免：企业和金融机构跨境融资转增资本或已获得债务减免等情况下，相应金额不计入。

中国人民银行可根据宏观金融调控需要和业务开展情况，对不纳入跨境融资风险加权余额计算的业务类型进行调整，必要时可允许企业和金融机构某些特定跨境融资业务不纳入跨境融资风险加权余额计算。

五、纳入本外币跨境融资的各类型融资在跨境融资风险加权余额中按以下方法计算：

（一）表外融资（或有负债）：金融机构向客户提供的内保外贷按20%纳入跨境融资风险加权余额计算；金融机构因客户基于真实跨境交易和资产负债币种及期限风险对冲管理服务需要的衍生产品而形成的对外或有负债，及因自身币种及期限风险对冲管理需要，参与国际金融市场交易而产生的或有负债，按公允价值纳入跨境融资风险加权余额计算。金融机构在报送数据时需同时报送本机构或有负债的名义本金及公允价值的计算方法。

（二）其他：其余各类跨境融资均按实际情况纳入跨境融资风险加权余额计算。

中国人民银行可根据宏观金融调控需要和业务开展情况，对跨境融资风险加权余额中各类型融资的计算方法进行调整。

六、跨境融资风险加权余额上限的计算：跨境融资风险加权余额上限＝资本或净资产×跨境融资杠杆率×宏观审慎调节参数。

资本或净资产：企业按净资产计，银行类法人金融机构（包括政策性银行、商业银行、农村合作银行、城市信用合作社、农村信用合作社、外资银行）按一级资本计，非银行法人金融机构按资本（实收资本或股本＋资本公积）计，外国银行境内分行按运营资本计，以最近一期经审计的财务报告为准。

跨境融资杠杆率：企业为2，非银行法人金融机构为1，银行类法人金融机构和外国银行境内分行为0.8。

宏观审慎调节参数：1。

七、企业和金融机构的跨境融资签约币种、提款币种和偿还币种须保持一致。

八、跨境融资风险加权余额及上限的计算均以人民币为单位，外币跨境融资以提款日的汇率水平按以下方式折算计入：已在中国外汇交易中心挂牌（含区域挂牌）交易的外币，适用人民币汇率中间价或区域交易参考价；未在中国外汇交易中心挂牌交易的货币，适用中国外汇交易中心公布的人民币参考汇率。

九、中国人民银行建立跨境融资宏观风险监测指标体系，在跨境融资宏观风险指标触及预警值时，采取逆周期调控措施，以控制系统性金融风险。

逆周期调控措施可以采用单一措施或组合措施的方式进行，也可针对单一、多个或全部企业和金融机构进行。总量调控措施包括调整跨境融资杠杆率和宏观审慎调节参数，结构调控措施包括调整各类风险转换因子。根据宏观审慎评估（MPA）的结果对金融机构跨境融资的总量和结构进行调控，必要时还可根据维护国家金融稳定的需要，采取征收风险准备金等其他逆周期调控措施，防范系统性金融风险。

企业和金融机构因风险转换因子、跨境融资杠杆率和宏观审慎调节参数调整导致跨境融资风险加权余额超出上限的，原有跨境融资合约可持有到期；在跨境融资风险加权余额调整到上限内之前，不得办理包括跨境融资展期在内的新的跨境融资业务。

十、企业跨境融资业务：

（一）企业应当在跨境融资合同签约后但不晚于提款前3个工作日，向国家外汇管理局的资本项目信息系统办理跨境融资情况签约备案。为企业办理跨境融资业务的结算银行应向中国人民银行人民币跨境收付信息管理系统报送企业的融资信息、账户信息、人民币跨境收支信息等。所有跨境融资业务材料留存结算银行备查，保留期限为该笔跨境融资业务结束之日起 5 年。

（二）企业办理跨境融资签约备案后以及金融机构自行办理跨境融资信息报送后，可以根据提款、还款安排为借款主体办理相关的资金结算，并将相关结算信息按规定报送至中国人民银行、国家外汇管理局的相关系统，完成跨境融资信息的更新。

企业应每年及时更新跨境融资以及权益相关的信息（包括境外债权人、借款期限、金额、利率和自身净资产等）。如经审计的净资产，融资合同中涉及的境外债权人、借款期限、金额、利率等发生变化的，企业应及时办理备案变更。

（三）开展跨境融资涉及的资金往来，企业可采用一般本外币账户办理，也可采用自由贸易账户办理。

（四）企业融入外汇资金可意愿结汇。企业融入资金的使用应符合国家相关规定，用于自身的生产经营活动，并符合国家和自贸实验区的产业宏观调控方向。

十一、金融机构跨境融资业务：中国人民银行总行对 27 家银行类金融机构跨境融资业务实行统一管理，27 家银行类金融机构以法人为单位集中向中国人民银行总行报送相关材料。国家外汇管理局对除 27 家银行类金融机构以外的其他金融机构跨境融资业务进行管理。金融机构开展跨境融资业务前，应根据本通知要求，结合自身情况制定本外币跨境融资业务的操作规程和内控制度，报中国人民银行、国家外汇管理局备案后实施。

（一）金融机构首次办理跨境融资业务前，应按照本通知的跨境融资杠杆率和宏观审慎调节参数，以及本机构最近一期经审计的资本数据，计算本机构跨境融资风险加权余额和跨境融资风险加权余额上限，并将计算的详细过程情况报送中国人民银行、国家外汇管理局。

金融机构办理跨境融资业务，应在本机构跨境融资风险加权余额处于上限以内的情况下进行。如跨境融资风险加权余额低于上限额，则金融机构可自行与境外机构签订融资合同。

（二）金融机构可根据《人民币银行结算账户管理办法》（中国人民银行

令〔2003〕第 5 号发布）等管理制度开立本外币账户，办理跨境融资涉及的资金收付。

（三）金融机构应在跨境融资合同签约后执行前，向中国人民银行、国家外汇管理局报送资本金额、跨境融资合同信息，并在提款后按规定报送本外币跨境收入信息，支付利息和偿还本金后报送本外币跨境支出信息。如经审计的资本，融资合同中涉及的境外债权人、借款期限、金额、利率等发生变化的，金融机构应在系统中及时更新相关信息。

金融机构应于每月初 5 个工作日内将上月本机构本外币跨境融资发生情况、余额变动等统计信息报告中国人民银行、国家外汇管理局。所有跨境融资业务材料留存备查，保留期限为该笔跨境融资业务结束之日起 5 年。

（四）金融机构融入资金可用于补充资本金，服务实体经济发展，并符合国家产业宏观调控方向。经国家外汇管理局批准，金融机构融入外汇资金可结汇使用。

十二、中国人民银行、国家外汇管理局按照分工，定期或不定期对金融机构和企业开展跨境融资情况进行非现场核查和现场检查，金融机构和企业应配合。

发现未及时报送和变更跨境融资信息的，中国人民银行、国家外汇管理局将在查实后对涉及的金融机构或企业通报批评，限期整改并根据《中华人民共和国中国人民银行法》和《中华人民共和国外汇管理条例》等法律法规进行查处。

发现超上限开展跨境融资的，或融入资金使用与国家、自贸实验区的产业宏观调控方向不符的，中国人民银行、国家外汇管理局可责令其立即纠正，并可根据实际情况依据《中华人民共和国中国人民银行法》和《中华人民共和国外汇管理条例》等有关规定对借款主体进行处罚；情节严重的，可暂停其跨境融资业务。中国人民银行将金融机构的跨境融资行为纳入宏观审慎评估体系考核，对情节严重的，中国人民银行还可视情况向其征收定向风险准备金。

对于办理超上限跨境融资结算的金融机构，中国人民银行、国家外汇管理局将责令整改；对于多次发生办理超上限跨境融资结算的金融机构，中国人民银行、国家外汇管理局将暂停其跨境融资结算业务。

十三、对企业和金融机构，中国人民银行、国家外汇管理局不实行外债事前审批，企业改为事前签约备案，金融机构改为事后备案，原有管理模式下的跨境融资未到期余额纳入本通知管理。中国人民银行、国家外汇管理局实行的本外币境外融资等区域性跨境融资创新试点，自2017年5月4日起统一按本通知模式管理。

自本通知发布之日起，为外商投资企业、外资金融机构设置一年过渡期，过渡期内外商投资企业、外资金融机构可在现行跨境融资管理模式和本通知模式下任选一种模式适用。

过渡期结束后，外资金融机构自动适用本通知模式。外商投资企业跨境融资管理模式由中国人民银行、国家外汇管理局根据本通知总体实施情况评估后确定。

十四、本通知自发布之日起施行，自施行之日起，《中国人民银行关于扩大全口径跨境融资宏观审慎管理试点的通知》（银发〔2016〕18号）和《中国人民银行关于在全国范围内实施全口径跨境融资宏观审慎管理的通知》（银发〔2016〕132号文）同时废止。中国人民银行、国家外汇管理局此前有关规定与本通知不一致的，以本通知为准。

附件：27家银行类金融机构名单

附件

27家银行类金融机构名单

1	国家开发银行
2	进出口银行
3	农业发展银行
4	中国工商银行
5	中国农业银行
6	中国银行

7	中国建设银行
8	交通银行
9	中信银行
10	中国光大银行
11	华夏银行
12	中国民生银行
13	招商银行
14	兴业银行
15	广发银行
16	平安银行
17	浦发银行
18	恒丰银行
19	浙商银行
20	渤海银行
21	中国邮政储蓄银行
22	北京银行
23	上海银行
24	江苏银行
25	汇丰银行（中国）有限公司
26	花旗银行（中国）有限公司
27	渣打银行（中国）有限公司

文件六：《国家外汇管理局
关于发布〈外债登记管理办法〉的通知》

（汇发〔2013〕19 号）

第一章　总　则

第一条　为准确、及时、完整统计外债信息，规范外债资金流出入的管理，防范外债风险，根据《中华人民共和国外汇管理条例》（以下简称《外汇管理条例》）和《外债统计监测暂行规定》，制定本办法。

第二条　债务人应按照国家有关规定借用外债，并办理外债登记。

第三条　国家外汇管理局及其分支局（以下简称外汇局）负责外债的登记、账户、使用、偿还以及结售汇等管理、监督和检查，并对外债进行统计和监测。

国家外汇管理局负责全口径外债的统计监测，并定期公布外债情况。

第四条　国家外汇管理局根据国际统计标准，结合我国实际情况，确定外债统计范围和统计方法。外债统计方法包括债务人登记和抽样调查等。

第五条　国家外汇管理局可根据国际收支变化情况，对外债登记范围和管理方式进行调整。

第二章　外债登记

第六条　外债登记是指债务人按规定借用外债后，应按照规定方式向所在地外汇局登记或报送外债的签约、提款、偿还和结售汇等信息。根据债务人类型实行不同的外债登记方式。

外债借款合同发生变更时，债务人应按照规定到外汇局办理外债签约变更登记。

外债未偿余额为零且债务人不再发生提款时，债务人应按照规定到外汇局办理外债注销登记手续。

第七条　债务人为财政部门，应在每月初 10 个工作日内逐笔向所在地外汇局报送外债的签约、提款、结汇、购汇、偿还和账户变动等信息。

第八条　债务人为境内银行，应通过外汇局相关系统逐笔报送其借用外债信息。

第九条　债务人为财政部门、银行以外的其他境内债务人（以下简称非银行债务人），应在规定时间内到所在地外汇局办理外债签约逐笔登记或备案手续。

第十条　对于不通过境内银行办理资金收付的，非银行债务人在发生外债提款额、还本付息额和未偿余额变动后，持相关证明材料到所在地外汇局办理备案手续。

第三章　外债账户、资金使用和结售汇管理

第十一条　境内银行借用外债，可直接在境内、外银行开立相关账户，直接办理与其外债相关的提款和偿还等手续。

第十二条　非银行债务人在办理外债签约登记后，可直接向境内银行申请开立外债账户。非银行债务人可开立用于办理提款和还款的外债专用账户，也可根据实际需要开立专门用于外债还款的还本付息专用账户。

第十三条　根据非银行债务人申请，银行在履行必要的审核程序后，可直接为其开立、关闭外债账户以及办理外债提款、结售汇和偿还等手续。

第十四条　外商投资企业借用的外债资金可以结汇使用。

除另有规定外，境内金融机构和中资企业借用的外债资金不得结汇使用。

第十五条　债务人在办理外债资金结汇时，应遵循实需原则，持规定的证明文件直接到银行办理。

银行应按照有关规定审核证明文件后，为债务人办理结汇手续。

第十六条　债务人借款合同中约定的外债资金用途应当符合外汇管理规定。

短期外债原则上只能用于流动资金，不得用于固定资产投资等中长期用途。

第十七条　债务人购汇偿还外债，应遵循实需原则。

银行应按照有关规定审核证明文件后，为债务人办理购付汇手续。

第四章　外保内贷外汇管理

第十八条　符合规定的债务人向境内金融机构借款时，可以接受境外机构或个人提供的担保（以下简称外保内贷）。境内债权人应按相关规定向所在地外汇局报送相关数据。发生境外担保履约的，债务人应到所在地外汇局办理外债登记。

第十九条　外商投资企业办理境内借款接受境外担保的，可直接与境外担保人、债权人签订担保合同。

发生境外担保履约的，其担保履约额应纳入外商投资企业外债规模管理。

第二十条 中资企业办理境内借款接受境外担保的，应事前向所在地外汇局申请外保内贷额度。

中资企业可在外汇局核定的额度内直接签订担保合同。

第五章 对外转让不良资产外汇管理

第二十一条 境内机构对外转让不良资产，应按规定获得批准。

第二十二条 对外转让不良资产获得批准后，境外投资者或其代理人应到外汇局办理对外转让不良资产备案手续。

第二十三条 受让不良资产的境外投资者或其代理人通过清收、再转让等方式取得的收益，经外汇局核准后可汇出。

第六章 罚 则

第二十四条 外债资金非法结汇的，依照《外汇管理条例》第四十一条进行处罚。

第二十五条 有擅自对外借款或在境外发行债券等违反外债管理行为的，依照《外汇管理条例》第四十三条进行处罚。

第二十六条 违反规定，擅自改变外债或外债结汇资金用途的，依照《外汇管理条例》第四十四条进行处罚。

第二十七条 有下列情形之一的，依照《外汇管理条例》第四十八条进行处罚：

（一）未按照规定进行涉及外债国际收支申报的；

（二）未按照规定报送外债统计报表等资料的；

（三）未按照规定提交外债业务有效单证或者提交的单证不真实的；

（四）违反外债账户管理规定的；

（五）违反外债登记管理规定的。

第二十八条 金融机构有下列情形之一的，依照《外汇管理条例》第四十七条进行处罚：

（一）违反规定办理外债资金收付的；

（二）违反规定办理外债项下结汇、售汇业务的。

第二十九条 其他违反本办法的行为，按《外汇管理条例》法律责任有关规定进行处罚。

第七章 附 则

第三十条 银行应按照外汇管理相关规定，将非银行债务人的外债账户、提款、使用、偿还及结售汇等信息报送外汇局。

第三十一条 外汇局利用抽样调查等方式，采集境内企业对外贸易中产生的预收货款、延期付款等企业间贸易信贷信息。

境内企业与境外企业间发生贸易信贷的，无需按照本办法规定办理外债登记。

第三十二条 债务人可按照有关规定签订以锁定外债还本付息风险为目的、与汇率或利率相关的保值交易合同，并直接到银行办理交割。

第三十三条 本办法由国家外汇管理局负责解释。

第三十四条 本办法自 2013 年 5 月 13 日起实施。

文件七:《国家外汇管理局关于改革和规范资本项目结汇管理政策的通知》

（汇发〔2016〕16 号）

国家外汇管理局各省、自治区、直辖市分局、外汇管理部，深圳、大连、青岛、厦门、宁波市分局；各中资外汇指定银行：

为进一步深化外汇管理体制改革，更好地满足和便利境内企业经营与资金运作需要，国家外汇管理局决定在总结前期部分地区试点经验的基础上，在全国范围内推广企业外债资金结汇管理方式改革，同时统一规范资本项目外汇收入意愿结汇及支付管理。现就有关问题通知如下：

一、在全国范围内实施企业外债资金结汇管理方式改革

在中国（上海）自由贸易试验区、中国（天津）自由贸易试验区、中国（广东）自由贸易试验区、中国（福建）自由贸易试验区相关试点经验的基础上，将企业外债资金结汇管理方式改革试点推广至全国。自本通知实施之

日起，境内企业（包括中资企业和外商投资企业，不含金融机构）外债资金均可按照意愿结汇方式办理结汇手续。

二、统一境内机构资本项目外汇收入意愿结汇政策

资本项目外汇收入意愿结汇是指相关政策已经明确实行意愿结汇的资本项目外汇收入（包括外汇资本金、外债资金和境外上市调回资金等），可根据境内机构的实际经营需要在银行办理结汇。现行法规对境内机构资本项目外汇收入结汇存在限制性规定的，从其规定。

境内机构资本项目外汇收入意愿结汇比例暂定为100%。国家外汇管理局可根据国际收支形势适时对上述比例进行调整。

在实行资本项目外汇收入意愿结汇的同时，境内机构仍可选择按照支付结汇制使用其外汇收入。银行按照支付结汇原则为境内机构办理每一笔结汇业务时，均应审核境内机构上一笔结汇（包括意愿结汇和支付结汇）资金使用的真实性与合规性。

境内机构外汇收入境内原币划转及其跨境对外支付按现行外汇管理规定办理。

三、境内机构资本项目外汇收入意愿结汇所得人民币资金纳入结汇待支付账户管理

境内机构原则上应在银行开立一一对应的"资本项目——结汇待支付账户"（以下简称结汇待支付账户），用于存放资本项目外汇收入意愿结汇所得人民币资金，并通过该账户办理各类支付手续。境内机构在同一银行网点开立的同名资本金账户、境内资产变现账户、境内再投资账户、外债专用账户、境外上市专用账户及符合规定的其他类型的资本项目账户，可共用一个结汇待支付账户。境内机构按支付结汇原则结汇所得人民币资金不得通过结汇待支付账户进行支付。

结汇待支付账户的收入范围包括：由同名或开展境内股权投资企业的资本金账户、境内资产变现账户、境内再投资账户、外债专用账户、境外上市专用账户及符合规定的其他类型的资本项目外汇账户结汇划入的资金，由同名或开展境内股权投资企业的结汇待支付账户划入的资金，由本账户合规划出后划回的资金，因交易撤销退回的资金，符合规定的人民币收入，账户利

息收入，以及经外汇局（银行）登记或外汇局核准的其他收入。

结汇待支付账户的支出范围包括：经营范围内的支出，支付境内股权投资资金和人民币保证金，划往资金集中管理专户、同名结汇待支付账户，购付汇或直接对外偿还外债、划往还本付息专用账户，购付汇或直接汇往境外用于回购境外股份或境外上市其他支出，外国投资者减资、撤资资金购付汇或直接对外支付，为境外机构代扣代缴境内税费，代境内国有股东将国有股减持收入划转社保基金，购付汇或直接对外支付经常项目支出及经外汇局（银行）登记或外汇局核准的其他资本项目支出。

结汇待支付账户内的人民币资金不得购汇划回资本项目外汇账户。由结汇待支付账户划出用于担保或支付其他保证金的人民币资金，除发生担保履约或违约扣款的，均需原路划回结汇待支付账户。

四、境内机构资本项目外汇收入的使用应在经营范围内遵循真实、自用原则

境内机构的资本项目外汇收入及其结汇所得人民币资金，可用于自身经营范围内的经常项下支出，以及法律法规允许的资本项下支出。

境内机构的资本项目外汇收入及其结汇所得人民币资金的使用，应当遵守以下规定：

（一）不得直接或间接用于企业经营范围之外或国家法律法规禁止的支出；

（二）除另有明确规定外，不得直接或间接用于证券投资或除银行保本型产品之外的其他投资理财；

（三）不得用于向非关联企业发放贷款，经营范围明确许可的情形除外；

（四）不得用于建设、购买非自用房地产（房地产企业除外）。

境内机构与其他当事人之间对资本项目收入使用范围存在合同约定的，不得超出该合同约定的范围使用相关资金。除另有规定外，境内机构与其他当事人之间的合同约定不应与本通知存在冲突。

五、规范资本项目收入及其结汇资金的支付管理

（一）境内机构使用资本项目收入办理结汇和支付时，均应填写《资本项目账户资金支付命令函》（见附件，本书略）。结汇所得人民币资金直接划入

结汇待支付账户的，境内机构不需要向银行提供资金用途证明材料。境内机构申请使用资本项目收入办理支付（包括结汇后不进入结汇待支付账户而是直接办理对外支付、从结汇待支付账户办理人民币对外支付或直接从资本项目外汇账户办理对外付汇）时，应如实向银行提供与资金用途相关的真实性证明材料。

（二）银行应履行"了解客户"、"了解业务"、"尽职审查"等展业原则，在为境内机构办理资本项目收入结汇和支付时承担真实性审核责任。在办理每一笔资金支付时，均应审核前一笔支付证明材料的真实性与合规性。银行应留存境内机构资本项目外汇收入结汇及使用的相关证明材料5年备查。

银行应按照《国家外汇管理局关于发布〈金融机构外汇业务数据采集规范（1.0版）〉的通知》（汇发〔2014〕18号）的要求，及时报送与资本金账户、境内资产变现账户、境内再投资账户、外债专用账户、境外上市专用账户、其他类型的资本项目账户、结汇待支付账户（账户性质代码2113）有关的账户、跨境收支、境内划转、账户内结售汇等信息。其中，结汇待支付账户与其他人民币账户之间的资金划转，应通过填写境内收付款凭证报送境内划转信息，并在"发票号"栏中填写资金用途代码（按照汇发〔2014〕18号文件中"7.10结汇用途代码"填写）；除货物贸易核查项下的支付，其他划转的交易编码均填写为"929070"。

（三）对于境内机构确有特殊原因暂时无法提供真实性证明材料的，银行可在履行尽职审查义务、确定交易具备真实交易背景的前提下为其办理相关支付，并应于办理业务当日通过外汇局相关业务系统向外汇局提交特殊事项备案。银行应在支付完毕后20个工作日内收齐并审核境内机构补交的相关证明材料，并通过相关业务系统向外汇局报告特殊事项备案业务的真实性证明材料补交情况。

对于境内机构以备用金名义使用资本项目收入的，银行可不要求其提供上述真实性证明材料。单一机构每月备用金（含意愿结汇和支付结汇）支付累计金额不得超过等值20万美元。

对于申请一次性将全部资本项目外汇收入支付结汇或将结汇待支付账户中全部人民币资金进行支付的境内机构，如不能提供相关真实性证明材料，银行不得为其办理结汇、支付。

六、进一步强化外汇局事后监管与违规查处

（一）外汇局应根据《中华人民共和国外汇管理条例》（国务院令第 532 号）、《国家外汇管理局关于发布〈外债登记管理办法〉的通知》（汇发〔2013〕19 号）、《国家外汇管理局关于印发〈外国投资者境内直接投资外汇管理规定〉及配套文件的通知》（汇发〔2013〕21 号）、《国家外汇管理局关于境外上市外汇管理有关问题的通知》（汇发〔2014〕54 号）等有关规定加强对银行办理境内机构资本项目收入结汇和支付使用等业务合规性的指导和核查。核查的方式包括要求相关业务主体提供书面说明和业务材料、约谈负责人、现场查阅或复制业务主体相关资料、通报违规情况等。

（二）对于违反本通知办理资本项目收入结汇和支付使用等业务的境内机构和银行，外汇局依据《中华人民共和国外汇管理条例》及有关规定予以查处。对于严重、恶意违规的银行可依法暂停其资本项下结售汇业务办理。对于严重、恶意违规的境内机构可依法暂停其办理意愿结汇资格或在外汇局资本项目信息系统中对其进行业务管控，且在其提交书面说明函并进行相应整改前，不得为其办理其他资本项下业务或取消业务管控。

本通知自发布之日起实施。《国家外汇管理局关于发布〈外债登记管理办法〉的通知》（汇发〔2013〕19 号）、《国家外汇管理局关于境外上市外汇管理有关问题的通知》（汇发〔2014〕54 号）、《国家外汇管理局关于改革外商投资企业外汇资本金结汇管理方式的通知》（汇发〔2015〕19 号）、《国家外汇管理局关于印发〈跨国公司外汇资金集中运营管理规定〉的通知》（汇发〔2015〕36 号）等此前规定与本通知内容不一致的，以本通知为准。

国家外汇管理局各分局、外汇管理部接到本通知后，应及时转发辖内中心支局、支局、城市商业银行及外资银行。各中资外汇指定银行收到本通知后，应尽快转发所辖分支行。执行中如遇问题，请及时向国家外汇管理局资本项目管理司反映。

文件八：《国家外汇管理局关于进一步推进外汇管理改革完善真实合规性审核的通知》

（汇发〔2017〕3号）

国家外汇管理局各省、自治区、直辖市分局、外汇管理部，深圳、大连、青岛、厦门、宁波市分局，各中资外汇指定银行：

为进一步深入推进外汇管理改革，简政放权，支持实体经济发展，促进贸易投资便利化，建立健全宏观审慎管理框架下的资本流动管理体系，现就有关措施通知如下：

一、扩大境内外汇贷款结汇范围。允许具有货物贸易出口背景的境内外汇贷款办理结汇。境内机构应以货物贸易出口收汇资金偿还，原则上不允许购汇偿还。

二、允许内保外贷项下资金调回境内使用。债务人可通过向境内进行放贷、股权投资等方式将担保项下资金直接或间接调回境内使用。银行发生内保外贷担保履约的，相关结售汇纳入银行自身结售汇管理。

三、进一步便利跨国公司外汇资金集中运营管理。境内银行通过国际外汇资金主账户吸收的存款，按照宏观审慎管理原则，可境内运用比例由不超过前六个月日均存款余额的50%调整为100%；境内运用资金不占用银行短期外债余额指标。

四、允许自由贸易试验区内境外机构境内外汇账户结汇。结汇后汇入境内使用的，境内银行应当按照跨境交易相关规定，审核境内机构和境内个人有效商业单据和凭证后办理。

五、进一步规范货物贸易外汇管理。境内机构应当按照"谁出口谁收汇、谁进口谁付汇"原则办理贸易外汇收支业务，及时办理收汇业务，外汇局另有规定除外。

六、完善经常项目外汇收入存放境外统计。境内机构因各种原因已将出口收入或服务贸易收入留存境外，但未按《国家外汇管理局关于印发货物贸易外汇管理法规有关问题的通知》（汇发〔2012〕38号）、《国家外汇管理局关于印发服务贸易外汇管理法规的通知》（汇发〔2013〕30号）等办理外汇管理相关登记备案手续或报送信息的，应于本通知发布之日起一个月内主动报告相关信息。

七、继续执行并完善直接投资外汇利润汇出管理政策。银行为境内机构办理等值5万美元以上（不含）利润汇出业务，应按真实交易原则审核与本次利润汇出相关的董事会利润分配决议（或合伙人利润分配决议）、税务备案表原件、经审计的财务报表，并在相关税务备案表原件上加章签注本次汇出金额和汇出日期。境内机构利润汇出前应先依法弥补以前年度亏损。

八、加强境外直接投资真实性、合规性审核。境内机构办理境外直接投资登记和资金汇出手续时，除应按规定提交相关审核材料外，还应向银行说明投资资金来源与资金用途（使用计划）情况，提供董事会决议（或合伙人决议）、合同或其他真实性证明材料。银行按照展业原则加强真实性、合规性审核。

九、实施本外币全口径境外放款管理。境内机构办理境外放款业务，本币境外放款余额与外币境外放款余额合计最高不得超过其上年度经审计财务报表中所有者权益的30%。

十、违反本通知规定的，由外汇局根据《中华人民共和国外汇管理条例》依法处罚。

十一、本通知自发布之日起施行，由国家外汇管理局负责解释。外汇局将定期评估政策实施效果，根据国际收支形势对政策进行调整。以前规定与本通知内容不一致的，以本通知为准。

各分局、外汇管理部接到本通知后，应尽快转发辖内中心支局、支局和外汇指定银行，并认真遵照执行。

参考文献

［1］安东尼·克里森兹. 债券投资策略［M］. 林东，译. 北京：机械工业出版社，2016.

［2］陈夙，彭振中. 中资非金融企业境内外债券市场融资特征比较研究［J］. 债券，2019（3）：30－35.

［3］杜玉兰. 国际金融［M］. 北京：科学出版社，2010.

［4］弗兰克·J. 法博齐. 债券市场分析与策略［M］. 路蒙佳，译. 北京：中国人民大学出版社，2011.

［5］郭飞. 外汇风险对冲和公司价值：基于中国跨国公司的实证研究［J］. 经济研究，2012（9）：18－31.

［6］郭飞，游绘新. 中国上市公司外币债务使用的风险研究——基于2015年8月11日人民币中间价调整视角［J］. 郑州航空工业管理学院学报，2016（4）：44－50.

［7］郭飞，游绘新. 为什么使用外币债务——中国上市企业的实证数据［J］. 金融研究，2018（3）：137－154.

［8］郭飞，原盼盼，游绘新. 企业外币债务使用研究回顾与展望——基于动机与经济后果的视角［J］. 郑州航空工业管理学院学报，2017（6）：106－112.

［9］韩宝兴，贾彦东. 中国外债安全的预警机制——基于症状检测思想的实证分析［J］. 财经科学，2009（4）：18－26.

［10］韩贵新. 近年来我国贷款替代及其成因分析［J］. 南方金融，2006（3）：12－14.

［11］［西］拉克尔·高科塔·阿尔库比拉，［西］杰威尔·瑞恩·德尔

珀瑞. 欧洲对信用评级机构的监管：从宽松到严格 ［M］. 高汉，译. 北京：化学工业出版社，2016.

　　［12］李超，马昀. 中国的外债管理问题 ［J］，金融研究，2012 （4）：84 - 97.

　　［13］刘川巍. 对我国外汇贷款影响因素的实证研究 ［J］. 金融发展研究，2008 （8）：16 - 18.

　　［14］刘鹏. 外汇贷款无风险套利及应对 ［J］. 中国金融，2011 （22）：80 - 81.

　　［15］彭兴韵. 外汇贷款猛增的成因及其影响 ［J］. 中国金融，2008 （11）：62 - 64.

　　［16］彭振中. 中资企业美元债券市场回顾与展望 ［J］. 债券，2018 （12）：41 - 43.

　　［17］孙玲芳. 试论我国企业外债风险管理 ［J］. 中央财经大学学报，2006 （7）：93 - 96.

　　［18］陶川，陈永伟. 基于 SVAR 模型对我国外汇贷款增长问题的实证研究 ［J］. 南方金融，2009 （12）：36 - 40.

　　［19］王培志. 中国外债风险分析及风险规避对策研究 ［J］. 财政研究，2005 （11）：35 - 37.

　　［20］王培志，李红. 我国企业外债风险及规避策略探析 ［J］. 财政研究，2006 （5）：67 - 69.

　　［21］王中昭，易扬. 汇率和外币负债对货币错配传导特征及其异质性——中国和东盟各国的经验实证 ［J］. 国际商务，2012 （4）：23 - 37.

　　［22］王静波，于洪晨. 债券博弈：弄潮国际债券市场的中国企业 ［M］. 北京：中国人民大学出版社，2014.

　　［23］薛宏立，孟芳芳. 中资发行人海外美元债市融资趋势和建议 ［J］. 清华金融评论，2015 （10）：106 - 109.

　　［24］范言慧，孔玮，陈阳. 中国短期外债增长的驱动因素分析 ［J］. 国际贸易，2014 （8）：113 - 124.

　　［25］叶伟春. 评级理论与实务（第二版）［M］. 上海：上海人民出版

社，格致出版社，2015

[26] 叶知贤，郭涛敏. 高收益债券——发行人完整指南 [R]. 孖士打律师事务所，2018.

[27] 中国人民银行南京分行课题组. 江苏省外汇贷款持续增长的成因及实证研究 [J]. 金融纵横，2011 (5)：3 - 8.

[28] 朱荣恩. 新世纪信用评级国际研究 [M]. 北京：中国金融出版社，2015.

[29] Aguiar M., Devaluation, Foreign Currency Exposure and Investment: the Case of Medico [J]. *Journal of Development Economics*, 2005 (78): 95 - 113.

[30] Agustinus Prasetyantoko. Debt Composition and Balance Sheet Effect of Currency Crisis in Indonesia. The Japan Economic Policy Association 5th International Conference, Dec. 2006.

[31] Allayannis G, Brown G, Klapper L. Capital structure and financial risk: evidence from foreign debt use in East Asia [J]. *Journal of Finance*, 2003 (58): 2667 - 2709.

[32] Allayannis G, Ofek E. Exchange Rate Exposure, Hedging, and the Use of Foreign Currency Derivatives [J]. *Journal of International Money and Finance*, 2001 (20): 273 - 296.

[33] Bae S C, Kwon T H. Asymmetric Foreign Exchange Exposure, Option Trade, and Foreign Currency - Denominated Debt: Evidence from Korea [J]. *Asia - Pacific Journal of Financial Studies*, 2013, 42 (2): 314 - 339.

[34] Bartram, S. M., G. W. Brown and B. A. Minton. Resolving the Exposure Puzzle: the Many Facets of Exchange Rate Exposure [J]. *Journal of Financial Economics*, 2010, 95 (2): 148 - 173.

[35] Bleakley H, Cowan K. Corporate Dollar debt and depreciations: much ado about nothing? [J]. *The Review of Economics and Statistics*, 2008, 90 (4): 612 - 626.

[36] Bonomo M, Martins B, Pinto R. Debt composition and exchange rate

balance sheet effects in brazil: a firm level analysis [J]. *Emerging Market Review*, 2003 (4): 368 - 396.

[37] Bordo M D, Meissner C M. The role of foreign currency debt in financial crises: 1880 - 1913 versus 1972 - 1997 [J]. *Journal of Banking & Finance*, 2006, 30 (12): 3299 - 3329.

[38] Bordo M D, Meissner C M, Stuckler D. Foreign currency debt, financial crises and economic growth: A long run view [J]. *Journal of International Money and Finance*, 2010, 29 (4): 642 - 665.

[39] Brown M, De Haas R. Foreign Banks and Foreign Currency Lending in Emerging Europe [J]. *Economic Policy*, 2012 (69): 57 - 98.

[40] Brown M, Ongena S, Yesin P. Foreign Currency Borrowing by Small Firms in the Transition Economies [J]. *Journal of Financial Intermediation*, 2011 (20): 285 - 302.

[41] Céspedes L F, Roberto C, Andrés V. Balance sheets and exchange rate policy [J]. *American Economic Review*, 2004 (4): 1183 - 1193.

[42] Chiang Yi Chein, Lin Hui Ju. The Use of Foreign Currency Derivatives and Foreign Denominated Debts to Reduce Exposure to Exchange Rate Fluctuations [J]. *International Jouranl of Management*, 2005, 22 (4): 598 - 622.

[43] Clark E, Judge A. Foreign Currency Derivatives versus Foreign Currency Debt and the Hedging Premium [J]. *European Financial Management*, 2009, 15 (3): 606 - 642.

[44] Cowan K, Gregorio D J. International borrowing, capital controls, and the exchange rate: lessons from Chile [R]. NBER Working Paper No. 11382, 2005.

[45] Cowan K, Hansen E, Herrera L O. Currency mismatches, balance sheet effects and hedging in Chilean nonfinancial corporations [R]. Working Papers Central Bank of Chile, 2005 (10): 207 - 252.

[46] Cuaresma J C, Fidrmuc J, Hake M. Demand and supply drivers of foreign currency loans in CEECs: A meta - analysis [J]. *Economic Systems*, 2014,

38（1）：26 –42.

［47］ Echeverry J, Fergusson L, Steiner R, et al. "Dollar" debt in Colombian firms：are sinners punished during devaluations? ［J］. *Emerging Markets Review*, 2003（4）：417 – 449.

［48］ Elliott W B, Huffman S P, Makar S D. Foreign Denominated Debt and Foreign Currency Derivatives：Complements or Substitutes in Hedging Foreign Currency Risk ［J］. *Journal of Multinational Financial Management*, 2003（13）：123 –139.

［49］ Du W , Schreger J. *Sovereign Risk, Currency Risk, and Corporate Balance Sheets* ［R］. Harvard Business School Working Paper, No. 17 –024, 2016.

［50］ Fidrmuc J, Hake M, Stix H. Households' foreign currency borrowing in Central and Eastern Europe ［J］. *Journal of Banking & Finance*, 2013, 37（6）：1880 – 1897.

［51］ Galindo A, Panizza U, Schiantarelli F. Debt composition and balance sheet effects of currency depreciation：a summary of the micro evidence ［J］. *Emerging Markets Review*, 2003（4）：330 –339.

［52］ Gatopoulos G, Louberge H. Combined Use of Foreign Debt and Currency Derivatives under the Threat of Currency Crises：the Case of Latin American Firms ［J］. *Journal of International Money and Finance*, 2013（35）：54 –75.

［53］ Gelos – Gaston. Foreign currency debt in emerging markets：firm – level evidence from Mexico ［J］. *Economics Letters*, 2003（3）：323 –327.

［54］ Hagelin N. Why Firms Hedge with Currency Derivatives：An Examination of Transaction and Translation Exposure ［J］. *Applied Financial Economics*, 2003（13）：55 –69.

［55］ Hagelin N, Pramborg B. Hedging Foreign Exchange Exposure：Risk Reduction from Transaction and Translation Hedging ［J］. *Journal of International Financial Mangement and Accounting*, 2004（15）：1 –20.

［56］ Harvey C, Roper A. The Asian Bet ［A］. Alison H, Robert L and Michael P. The Crisis in Emerging Financial Markets ［C］. Brookings Institution

Press, 1999: 29 - 116.

[57] Kedia S, Mozumdar A. Foreign currency - denominated debt: an empirical examination [J]. *Journal of Business*, 2003 (76): 521 -546.

[58] Keloharju M, Niskanen M. Why Do Firms Raise Foreign Currency Denominated Debt? Evidence from Finland [J]. *European Financial Management*, 2001, 7 (4): 481 -496.

[59] Kevin Cowan, José De Gregorio. International Borrowing, Capital Controls, and the Exchange Rate: Lessons from Chile [J]. *National Bureau of Economic Research*, 2007 (5): 241 - 296.

[60] Kim Y J, Tesar L L, Jing Z. The impact of foreign liabilities on small firms: Firm - level evidence from the Korean crisis [J]. *Journal of International Economics*, 2015 (97): 209 - 230.

[61] Luengnaruemitchai P. The Asian crises and the mystery of the missing balance sheet effect [D]. University of California, Berkeley, Department of Economics. Mimeograph, 2004.

[62] Nguyen H, Faff R. On the determinants of derivative usage by Australian companies [J]. *Australian Journal of Management*, 2002, 27 (1): 1 -24.

[63] Fitch Ratings, Corporate Rating Criteria. https://www.fitchratings.com/site/criteria, 2018 - 10 - 25.

[64] Fitch Ratings, Sector Navigator. https://www.fitchratings.com/site/criteria, 2018 -03.

[65] Gelos, G. Foreign Currency Debt in Emerging Markets: Firm - level Evidence from Mexico [J]. *Economics Letters*, 2003, 78 (3): 323 -327.

[66] Mizen, P., Packer F., Remoloma E. and Tsoukas S. *Why do firms issue abroad Lessons from onshore and offshore corporate bond finance in Asian emerging markets* [R]. BIS Working Paper No. 401, 2012.

[67] Moody's Investors Service, Government - Related Issuers. https://www.moodys.com/researchandratings/methodology, 2018 - 06 - 06.

[68] Moody's Investors Service, Homebuilding and Property Development In-

dustry. https：//www. moodys. com/researchandratings/methodology, 2018 － 01 － 26.

［69］Mora, N. , S. Neaime and S. Aintablian. Foreign Currency Borrowing by Small Firms in Emerging Markets： When Domestic Banks Intermediate Dollars ［J］. *Journal of Banking and Finance*, 2013, 37 （3）：1093 – 1107.

［70］Nandy, D. K. Why Do Firms Denominate Bank Loans in Foreign Currencies – Empirical Evidence from Canada and UK ［J］. *Journal of Economics and Business*, 2010, 62 （6）：577 – 603.

［71］Newberry K J, Dan S D. Cross – Jurisdictional Income Shifting by U. S. Multinationals： Evidence from International Bond Offerings ［J］. *Journal of Accounting Research*, 2001, 39 （3）：643 – 662.

［72］Peristiani, S. , & Santos, J. A. C. Has the US bond market lost its edge to the eurobond market? ［J］. *International Review of Finance*, 2010, 10 （2）：149 – 183.

［73］Pratap S, Lobato I. , Somuano A.. Debt composition and balance sheet effects of exchange rate volatility in Mexico： a firm level analysis ［J］. *Emerging Markets Review*, 2003, 4 （4）：450 – 471.

［74］Prasetyantoko A. Debt composition and balance sheet effects of currency crisis in Indonesia ［C］. Japan Economic Policy Association 5th International Conference, 2007, Tokyo, Japan.

［75］Radelet S , Sachs J D . The Onset of the East Asian Financial Crisis ［R］. NBER Working Paper No. w6680, 1998.

［76］Ross S. The determination of financial structure： the incentive – signalling approach ［J］. *Journal of Economics*, 1977, 8 （1）：23 – 40.

［77］Salomao J , Varela L . Exchange Rate Exposure and Firm Dynamics ［C］.NBER International Finance and Macroeconomics 2018 Conference Paper No. 102800, 2018.

［78］Serena J M, Sousa R. Does Exchange Rate Depreciation Have Contractionary Effects on Firm – Level Investment? ［R］. BIS Working Papers No. 624, 2017.

［79］S&P Ratings, 2018 Annual Global Corporate Default and Rating Transition Study. http：//www. spglobal. com/ratingsdirect, 2019 – 04 – 09.

［80］S&P Ratings, Corporate Methodology. http：//www. spglobal. com/ratingsdirect, 2013 – 11 – 19.

［81］S&P Ratings, Government – Related Entities：Methodology and Assumptions. http：//www. spglobal. com/ratingsdirect, 2015 – 03 – 25.

［82］S&P Ratings, Principles of Credit Ratings. http：//www. spglobal. com/ratingsdirect, 2011 – 02 – 16.

［83］S&P Ratings, S&P Rating Definitions. http：//www. spglobal. com/ratingsdirect, 2017 – 06 – 26.

［84］Shin, S. H. The second phase of global liquidity and its impact on emerging economies ［M］. Volatile Capital Flows in Korea. Palgrave Macmillan US, 2014.

［85］Shyam – Sunder L. , Myers S. The determination of financial structure：the incentive – signalling approach ［J］. *Journal of Financial Economics*, 1999, 51 (2)：219 – 244.

［86］Siegfried, N. , Simeonova, E. , & Vespro, C. Choice of Currency in Bond Issuance and the International Role of Currencies ［R］. European Central Bank Working Paper No. 814, 2007.

［87］Spaliara M E, Tsoukas S. Corporate failures and the denomination of corporate bonds：Evidence from emerging Asian economies over two financial crises ［J］. *Journal of International Financial Markets Institutions & Money*, 2017 (46), 84 – 97.

［88］Warnock V C, Burger J D. Currency Matters：Analyzing International Bond Portfolio s ［R］. NBER Working Papers No. 23175, 2017.

后　　记

撰写专业著作是一个需要花费大量时间、精力的复杂工程，本书的完成仿佛压在心头的石头终于落地。回首本书的写作过程，自 2018 年 4 月开始动笔撰写书籍大纲到 2019 年 7 月最终完成，本书写作历时一年多，虽然期间遇到一些困难，但在历经艰辛之后，本书最终成稿并出版，我们也收获较多并深感欣慰。

本书内容范围相对较广，覆盖中资美元债券的发行动机、发行程序、投资研究、国际评级、监管政策等多个主题，而美元债券市场与境内人民币债券市场在市场结构、发行和交易规则、监管政策等方面存在较大的差异，国内相关资料相对较少，写作过程中原创性的工作量较大，花费时间较多。另外，由于我们创作团队成员分布在北京、香港等不同地点，平时见面交流机会不多，主要通过电邮和手机等通信方式沟通，并且由于各自工作和家庭事务繁忙，我们只能牺牲个人假期时间来进行研究和写作，最终完成时间较最初的计划有所滞后，但在大家的相互鼓励下最终成稿。

本书仅代表作者个人观点，与所在机构无关。如果您对本书有任何建议或者咨询合作事宜，请发送电子邮件至 usdbond@163．com。

最后，我们在此感谢一直支持我们的家人、领导、同事和朋友，您们的支持和鼓励是我们写作此书的动力源泉。感谢中国金融出版社的各位编辑老师在本书编辑和出版过程中付出大量辛勤劳动，由于您们的帮助，本书才得以顺利出版。

本书作者
2019 年 7 月